KB188830

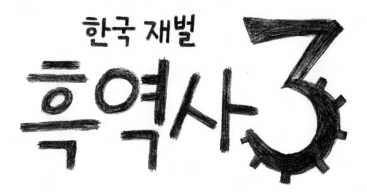

한국 재벌 흑역사 3

신세계·두산·대한항공 외

이완배
지음

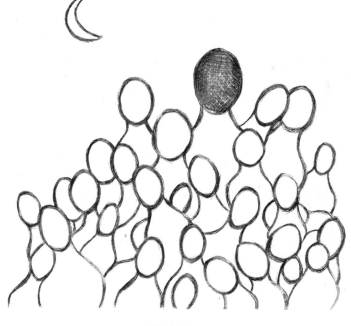

민중의소리

한국 재벌 흑역사 3

1쇄 발행 2025년 3월 20일

지은이 이완배
편집 이동권
교정교열 이정무, 홍민철, 조한무
디자인 MJ Design Center
경영지원 김대영

펴낸이 윤원석
펴낸곳 민중의소리
전화 02-723-4260
팩스 02-723-5869
주소 서울시 종로구 삼일대로 469 서원빌딩 11층
등록번호 제101-81-90731호
출판등록 2003년 1월 1일

값 22,000원 ⓒ민중의소리 ISBN 979-11-93168-13-4(04300) 979-11-93168-10-3 (세트)

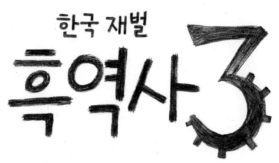

한국 재벌
흑역사 3

신세계·두산·대한항공 외

민중의소리

서문

고난이 심할수록 우리 가슴은 뛴다

행동경제학에는 현상유지 편향이라는 이론이 있다. 진보와 보수의 길이 눈앞에 놓여 있을 때 인간은 대체적으로 보수의 길을 선택한다는 이론이다.

예를 들어보자. 사바나의 연약한 동물이었던 인류는 어떻게든 포식자들 사이에서 생존하는 방법을 찾아야 했다. 이를 위한 최선의 방법은 늘 물을 마시던 곳에서 물을 마시고, 늘 과일을 따던 곳에서 과일을 따는 것이다.

그런데 무리 중 누군가가 "우리 저쪽 산 너머로 한 번 가보자. 거기에는 물이 더 맑고 과일도 더 달콤할지 몰라"라고 제안하면 어떤 반응이 나올까? 부족원 대부분은 이 제안에 단호히 반대한다. 왜냐? 지금이 안전하기 때문이다.

물론 산 너머가 더 살기 좋을 수 있다. 하지만 그곳이 사자의 영역일 수도 있다. 위험과 기회가 공존할 때 인류의 상당수는 위험을 피하는 선택을 한다. 그래야 연약한 동물인 인류가 생존 확률을 더 높일 수 있기 때문이다.

2002년 노벨경제학상을 수상한 대니얼 카너먼Daniel Kahneman은 "이런 성향이 나타나는 이유는 위협을 기회보다 더 절박하다고 보는 생물이 생존할 확률이 더 높았기 때문"이라고 분석한다. 즉 변화를 추구해 얻는 손실보다 그냥 살던 대로 살아서 얻는 안전함이 생존에 훨씬 유용했다는 이야기다.

바로 이런 이유 때문에 진보는 늘 어려웠다. 자기 것을 지키려는 사람들과 새로운 것을 찾아 도전하려는 사람이 충돌하면 대부분 전자가 이긴다. 사람들은 도전하려는 자를 무모하다고 조롱한다. 지금 이대로가 더 편하지 않냐고, 왜 나서서 굳이 세상을 바꾸려 하냐고 비난한다.

우리 속담에 "강아지도 자기 집 앞마당에서 싸우면 절반은 이기고 들어간다"는 말이 바로 그런 것이기도 하다. 실제로 강아지가 자기 집 앞에서 싸우면 평소보다 훨씬 강해진다. 왜냐? 자기 집을 지켜야 하기 때문이다. 보금자리를 지키는 것은 동물의 생존과 직결된 문제다.

반면 남의 집을 침공한 강아지는 자기 집을 지키는 강아지에 비해 절박하지 않다. 이기면 새 영역을 얻어서 기쁘긴 한데, 그렇다고 그 기쁨을 위해 목숨을 걸 정도는 아니다.

만약 둘의 전력이 비슷하다면 이 싸움은 하나마나다. 절박한 쪽이 그렇지 않은 쪽에 비해 훨씬 강한 전력을 드러내기 때문이다. 그래서 존 앨콕John Alcock 같은 행동생태학자는 "어떤 영역을 점령한 동물이 경쟁자의 도전을 받으면 거의 항상 주인이 이긴다. 그것도 대개 몇 초 안에 이긴다"라는 유명한 정리를 발표하기도 했다.

이것도 현상유지 편향의 일종이다. 안 그래도 뭔가에 도전하려는 사람들은 세상에서 환영을 받지 못한다. 그래서 그 도전에 최선을 다하지 않는 경우가 종종 생긴다. 반면 지키려는 자는 다르다. 지키지 못하면 내 것을 잃기에 거의 전력을 다해 지금의 세상을 사수하려 한다. 역사적으로 보수가 진보보다 늘 강했던 이유가 여기에 있다.

그런데 놀라운 사실은 이런 현상유지 편향이 만연한 속에서도 인류는 끝내 진보를 이뤄냈다는 점이다. 어떻게 이런 일이 벌어졌을까? 수많은 사람들이 변화를 두려워함에도 그 속에서 진보를 누구보다 절박하게 여기는 송곳 같은 돌연변이들이 꼭 존재하기 때문이다.

놀랍게도 이 돌연변이들은 때로는 변화를 위해 목숨을 건다. 고대 노예제 시절에도 목숨을 걸고 탈출을 시도해 노예 해방을 부르짖는 송곳 같은 전사가 꼭 등장한다. 중세 봉건제 시절 절대왕권의 총칼 앞에서 바리케이드를 치고 "다시는 과거로 돌아가지 않겠다"며 새 시대의 희망을 부르짖는 돌연변이가 반드시 나타난다. 프랑스 대혁명이 그랬고, 동학 혁명이 그랬다.

이게 쉬운 일일 리가 없다. 다시 한번 말하지만 인간은 현상유지를 더 선호하는 동물이다. 그 속에서 변화를 추구하는 것은 자신을 매우 불편하게 만들어야 하고, 때로는 많은 것을 잃을 각오를 해야 하는 일이다. 그럼에도 역사가 끊임없이 진보해 온 것을 보면 인류는 이 송곳 같은 돌연변이들의 삶에 많은 것을 빚지고 있다.

그렇다면 한국 사회에서 진보는 무엇을 해야 하는가? 나는 감히 이 거대한 질문에 대한 답을 내놓을 만한 식견을 가지고 있지 않다. 하지만 내가 딱 하나 자신 있게 답할 수 있는 것이 있다. 무엇을 해야 하는지는 잘 몰라도 무엇을 하지 말아야 하는지는 분명히 안다. "그래, 세상이 다 그렇지 뭐"라며 푸념하는 것, 그래서 아무것도 하지 않는 것. 이것이 절대 우리가 하지 말아야 할 일이다. 철학자 프리드리히 니체Friedrich Wilhelm Nietzsche의 말 중 내가 무척 좋아하는 것이 있다.

"풍파는 언제나 전진하는 자의 벗이다. 풍파 없는 항해, 얼마나 단조로운가? 고난이 심할수록 내 가슴은 뛴다."

그 길은 당연히 어렵겠지만 그게 뭐 어쨌다는 건가? 우리는 현실에 안주하는 현상유지 편향에서 벗어나 더 나은 세상을 꿈꾸는 송곳 같은 돌연변이여야 한다.

험한 길은 언제나 전진하는 자의 벗이다. 이승만도, 박정희도, 전두환도, 노태우도, 김영삼도, 이명박도, 박근혜도, 윤석열도 모두 역사의 진보를 꿈꾸는 이들에게 엄청난 고난이었다. 하지만 역설적이게도 그 고난은 우리의 벗이기도 하다. 고난이 심할수록, 내 가슴은 뛴다.

차례

신세계

멸공에 눈이 먼 마이너스의 손 정용진

찌개를 찌게라고 쓰신 정봉진 씨

2023년 가을, 정용진 신세계그룹 회장의 인스타그램에 사진이 하나 올라왔다. 백문이 불여일견, 이건 어떤 설명도 없이 그냥 사진을 봐야 한다.

나는 이 메시지를 보고 그야말로 일대 혼란에 빠졌다. 일단 나는 오타에 매우 관대한 사람이다. 내 직업이 글을 쓰는 것이다 보니 나 역시 오타에서 자유롭지 않다. 쓰다 보면 오타는 나올 수 있는 거다.

또 나는 '남들과 다르게 생각하기'에 대해서도 매우 관대하다. 이건 관대한 정도가 아니라 오히려 장려하는 편이다. 그래야 창의적인 발상이 나올 수 있기 때문이다.

ⓒ정용진 인스타그램

그런데 정용진의 찌게는 본인이 밝혔듯이 오타가 아니다. 그냥 자기 꼴리는 대로 쓴 거다. 그리고 이건 '남들과 다르게 생각하기'와도 아무 상관이 없다. 찌개를 찌게라고 쓰는 게 무슨 '남들과 다르게 생각하기'냐? 그리고 여기서 무슨 창의성이 나오나?

부자일수록 규칙을 무시한다는 경제학 연구가 있다. 실제 정용진은 이런 짓을 아주 천연덕스럽게 저지르는 인물이다. 2011년 정용진이 경기도 판교로 이사를 했는데, 출근 시간을 줄이겠다며 수억 원대에 이르는 20인승 벤츠 미니버스를 구입해 버스전용 차로를 타고 다닌 적이 있었다. 돈이 많으니 돈지랄하는 거야 정용진의 자유인데, 대중교통 수단인 버스가 빨리 다닐 수 있게 만든 버스전용 차로를 20인승 벤츠 미니버스에 '혼자' 타고 질주하는 건 정용진 자유가 아니다. 하지만 정용진은 이런 규칙 따위는 그냥 가볍게 무시하는 인물이다.

그런데 그런 차원에서 분석해보려 해도 찌개를 찌게라고 쓰는 건 그런 차원의 일이 아닌 것 같다. 부자들이 규칙을 무시하는 건 그게 자기에게 이익이 되기 때문이다. 규칙 위반으로 얻는 처벌은 미미하고 그로 인해 얻는 이익은 크기 때문에 그런 짓을 하는 거다. 그런데 찌개를 찌게라고 쓴다고 정용진에게 무슨 이익이 생기나? 생각이 다른 사람에게 매우 관대한 나조차도 이 사람의 정신세계를 당최 이해할 수가 없었다.

내 생각에 정용진은 이익의 여부와 상관없이 그냥 사회적으로 합의된 규범 따위는 안중에도 없는 사람인 듯하다. 그게 버스전용 차로건 맞춤법이건 말이다.

한국 재벌 흑역사 3

그런데 이건 진짜 웃긴 짓이다. 우리는 우리의 복잡한 생각을 언어로 표시한다. 그리고 그 언어를 문자라는 기호로 표현하기로 약속한다.

이런 사회에서 그 기호의 약속을 제멋대로 어기면 의사소통이 어떻게 제대로 되겠나? 인터넷에서 일부러 맞춤법을 틀리게 쓰는 사람들이 종종 있는데 이건 아무 문제가 없다. 왜냐하면 이런 표현을 쓰는 사람들은 뭐가 맞는 표현인지 아는데, 그걸 좀 편하게 쓰기 위해 틀리기 때문이다.

하지만 정용진은 다르다. 그는 그냥 자기 꼴리는 대로 쓴다. 이게 얼마나 이상한 짓이냐면 "잔디를 보호합시다—우리 아파트는 잔디를 잔듸라고 한다, 알아둬라 보행자들아"라거나 "좌물새 판매—우리 가게는 자물쇠를 좌물새라 쓴다, 알아둬라 손님들아" 뭐 이런 문구를 쓰는 것과 비슷한 짓이다. 이걸 보는 사람들이 얼마나 황당하겠나?

정용진을 따라 한다면 이런 일도 가능해진다. 정용진이 제멋대로 쓰는 것을 허용했으니 나도 정용진을 정봉진이라거나 정붕진으로 부르는 거다. 왜 안 되나? 찌개를 찌게라고 멋대로 쓰는 사람한테. 어때요? 정붕진 씨. 마음에 들어요?

멸공에 앞장선 정봉진

이런 정봉진, 아니 참, 정용진이 2022년 1월 멸공 논란을 주도한 적이 있었다. 인스타그램에 숙취해소제 사진과 함께 "끝까지 살아남을 테다. 멸공!!!"이라는 글을 올린 것이다.

이후 이 글이 인스타그램 커뮤니티 가이드라인을 위반했다는 이유로 삭

제되자 정봉진, 아니 참, 정용진은 "[보도자료] 갑자기 삭제됨 이게 왜 폭력 선동이냐 끝까지 살아남을 테다 #멸공!!", "난 공산주의가 싫다" 등의 글을 올렸다. 이튿날에도 정용진은 #멸공, #승공통일, #반공방첩, #대한민국이 여영원하라, #이것도지워라 등의 여러 태그를 올렸다.

SK그룹 최태원 회장, 조선일보 방상훈 회장 등과 함께 과체중으로 군 면제를 받으신 3대 재벌이 내용은 『한국 재벌 흑역사』 2권에 자세히 나온다 주제에 이런 이야기를 하는 것도 웃긴데, 중국에서 사업 거하게 벌이고 중국인 관광객을 상대로 면세점에서 돈 잔뜩 버는 신세계그룹 총수가 이런 짓을 한 건 더 웃기다. 그러면서 인스타그램에는 또 중국식 잡채를 만드는 사진을 올린다. "중국이 허락해 준 멸공이냐?"는 비아냥거림을 들은 이유다.

참고로 이때 정용진이 "군대 안 갔다 오면 멸공 못 하나?"라고 울분을 터뜨렸는데, 당연히 군대 안 갔다 왔어도 멸공을 해도 된다. 그런데 1kg 차이로 군대를 면제받은, 그것도 단 몇 년 만에 체중이 수십kg이나 갑자기 불어서 면제를 받은 너님이 그런 말을 하는 건 좀 웃기지 않나? 당신에게 멸공을 외칠 자격이 없다는 게 아니라 "멸공을 위해 목숨은 너희들이 걸고, 나는 주둥이만 놀리겠다"는 그 태도가 웃긴다는 이야기다. 이 간단한 이야기가 그렇게 이해가 안 되나? 정봉진 씨?

내가 당시 그가 주절주절 늘어놓은 헛소리들 중 제일 웃겼던 것은 "사업하는 집에 태어나 사업가로 살다 죽을 것이다"라며 비장해 했던 대목이다. 도대체 이 대목에서 왜 비장해지는 건가? 누가 보면 정용진이 사업가로서 역사적 사명을 띠고 태어난 사람인 줄 알겠다. 미국 NFL미국의 미식축구 리그에

©민중의소리

서 감독을 지낸 배리 스위처Barry Switzer가 금수저들을 향해 이런 이야기를 남겼다는데 그에게 꼭 들려주고 싶은 말이다.

"어떤 사람은 3루에서 태어났으면서 자기가 3루타를 친 줄 알고 살아간다. 그리고 홈에 들어오면 자기가 대단한 능력이 있는 줄 안다."

사업은 못 하는 정봉진

태어나보니 외할아버지가 이병철이었고, 그래서 아무 노력 없이 신세계 그룹을 꿀꺽 삼킨 정용진은 전형적으로 '3루에서 태어난 자'다. 그런데 그

건 뭐 대한민국 재벌들이 다 그러니 일단 넘어가자.

내가 하고 싶은 말은, 3루에서 태어났으면서 홈에 들어온 뒤 "그게 다 내 능력이다"라고 자랑하는 태도가 역겨운 것을 떠나, 그가 홈에 들어오기는 했냐는 거다. 왜 이런 말을 하냐면 정용진이 사업을 벌이는 족족 말아먹는 것으로 유명하기 때문이다. 오죽했으면 유통업계에서 그를 대놓고 '마이너스의 손'이라고 부르겠는가? 누군가가 그러더라. "대한민국에서 투자를 제일 못하는 재벌이 정용진"이라고.

이 말이 과장인지 아닌지 점검해 보자. 2016년 정용진의 이마트는 190억 원을 들여 제주소주를 인수한 뒤 소주 사업에 진출했다. 참이슬과 처음처럼에 대항하는 소주 브랜드를 만들겠다면서 말이다.

그가 보기에 소주 시장? 한참 만만해 보였을 것이다. 전국에 깔린 이마트를 통해 판촉을 하면 단번에 강자로 부상할 수 있을 것 같았겠지. 그러니 제주소주에 6차례의 유상증자를 통해 670억 원을 더 쏟아부은 거다. 그런데 결과가 어땠는가? 쫄딱 망했다. 제주소주는 어디 팔지도 못하고 그냥 사업을 접었다.

2017년 정용진은 헬스와 뷰티가 새로운 트렌드라며 부츠BOOTS라는 브랜드를 설립했다. 그리고 열심히 돈을 쏟아부어 점포 숫자를 33개까지 늘렸다. 그런데 헬스와 뷰티가 트렌드인 걸 누가 모르나? 그 분야가 트렌드이니 경쟁이 치열한 거다. 결국 부츠도 경쟁을 이기지 못하고 쫄딱 망했다. 33개까지 늘어났던 점포 숫자는 2020년 마지막 매점을 폐점하며 점포 숫자가 0개가 됐다.

2013년 변종 기업형슈퍼마켓(SSM) 의혹을 받고 국정감사에 출석해 고개를 숙인 정용진 ⓒ민중의소리

그런데 이게 진짜 웃긴 것이, 그가 헬스와 뷰티 사업에 진출한 것이 이때가 처음이 아니었다는 게 반전이다. 그는 2012년에도 헬스와 뷰티가 트렌드라며 서구식 드럭스토어 분스BOONS라는 것을 만들었다. 그런데 이것도 말아먹었다. 한번 말아먹었으면 두 번째는 좀 잘해야 정상 아니냐? 그런 능력을 정봉진에게 기대하는 건 역시 무리였던 부분이었나?

일본의 유명 잡화점 '돈키호테'를 흉내 낸 삐에로쑈핑이라는 것도 있었다. 정용진이 2018년 6월 시작한 사업이다. 그런데 이것도 딱 21개월 만에 말아먹었다. 출범 당시 언론에서는 이 삐에로쑈핑을 "정용진의 야심작"이

신세계

라며 한참 추켜세웠던데, 뭔 야심작이 2년도 못 버티고 망하냐?

그리고 정용진도 이 정도 보고는 실제 들었을 거라고 믿는다. 그 삐에로쑈핑이라는 거, 일본의 돈키호테를 베껴도 너무 베꼈다. 그런데 베낄 거면 좋은 것만 베낄 것이지 돈키호테의 안 좋은 점좁은 복도, 불편한 쇼핑 동선까지 그대로 베껴서 소비자들의 외면을 받았다. 이런 거 보면 정봉진은 베끼는 것도 잘 못한다.

남성 패션 전문숍 쇼앤텔이라는 것도 있었다. 일명 '남자들의 놀이터'를 지향한다며 2018년 선보인 숍이다. 그런데 이것도 1년 반 만에 문을 닫았다. 같은 해 문을 연 가정간편식 매장 PK피코크도 2년 만에 문을 닫았다. 둘 다 엄청난 적자를 견디지 못한 탓이었다. 이 정도면 신사업을 추진하지 말아야 하는 것 아닌가?

자기가 자기를 위로하는 코미디

더 웃긴 사실이 있다. 나는 경영자를 비롯해 그 누구라도 실패를 할 수 있다고 생각한다. 그리고 실패를 했다고 기가 죽지 않아야 한다고 믿는다. 그런데 보통 실패를 한 사람은 의기소침하고, 주위에서 "실패를 두려워하지 마. 용기를 가져!" 이런 격려를 해 주는 게 정상 아니냐?

특히 자신의 선택으로 인한 실패가 구성원들에게 큰 손해를 끼쳤다면 최소한 미안해라도 하는 것이 상식이다. 그런데 정용진에게는 그런 태도가 아예 없다. 2021년 신년사에서 그는 "평소 작은 성공과 실패의 다양한 경험을 통해 내성을 키우며, 위기도 견딜 수 있는 체질로 항상 준비하자", "절대 후

회하지 마라. 좋았다면 멋진 것이고, 나빴다면 경험인 것이다"라고 목소리를 높였다. 마치 자기의 실패가 좋은 경험이었던 것처럼 말이다.

물론 그게 좋은 경험일 수 있다. 그리고 저 말들은 다 맞는 말이고 좋은 말이다. 그런데 내가 하고 싶은 이야기는, 그걸 그 타이밍에 너님이 하면 웃기지 않냐는 거다.

뭘 계속 말아먹었으면 왜 실패했는지, 어떤 경험을 쌓았는지, 어떤 교훈을 느꼈는지 반성부터 하고 새로운 시작을 준비해야 할 것 아닌가? 그런 반성은 일언반구도 없이 "나빴다면 좋은 경험이야" 이러고 있으면 그게 안 웃긴가? "나는 3루에서 태어났으니 좀 실패해도 2루에서 다시 시작할 수 있다" 뭐 이런 태도인 건가?

2021년 정용진 신년사의 주제가 "고객에게 '광적인 집중'을 하자"였단다. 그렇게 말하는 너님은 정작 멸공 놀이나 하고 자빠졌던데, 부하 직원들이 퍽이나 광적으로 고객에게 집중을 하겠다. "사업하는 집에 태어나 사업가로 살다 죽을 것이다"라며 비장해하기 전에 제발 사업이나 좀 잘해라. 쌍칠년도에나 통할 멸공 같은 소리 작작 좀 하고. 쉰세계 그룹의 앞날이 실로 어둡지 않느냔 말이다. (나는 신세계를 쉰세계라 한다, 알아둬라 봉진아)

멸공으로부터 벌어진 코미디

이왕 멸공 이야기가 나왔으니 여담 하나만 덧붙인다. 1968년 "나는 공산당이 싫어요"라는 제목이 〈조선일보〉 1면에 대문짝만하게 걸린 일이 있었다. 그해 벌어진 울진-삼척 무장공비 침투 사건 이야기다.

당시 〈조선일보〉에 따르면 남파된 북한의 무장간첩 5명이 강원도 평창군에 있던 이승복 군의 초가집에 침입했고 그 간첩들이 이 군의 가족들에게 "남조선이 좋냐, 북조선이 좋냐?"고 질문했다는 것. 이때 이 군이 "나는 공산당이 싫어요"라고 답을 했는데 격분한 간첩 중 한 명이 이 군을 끌고 나와 입을 찢은 뒤 돌덩이로 쳐서 죽였다는 이야기다.

이후 이승복 군은 반공과 멸공의 상징이 됐다. 거의 모든 초등학교에 이승복 군 동상이 세워졌고 그의 이야기는 도덕 교과서에도 실렸다. 1975년 10월에는 평창군 대관령 정상에 '이승복 반공관'까지 설립됐다. 이후 이 군 모교로 장소를 옮기고 '이승복 기념관'으로 이름도 바꾼 이곳은 한동안 수학여행 때 반드시 들러야 하는 장소가 됐다. 1982년 전두환은 이승복 군에게 국민훈장 동백장을 추서하기도 했다.

그런데 나는 이 일련의 사태를 보며 정말 이해할 수 없었던 점이 있었다. 이승복 군이 정말로 "나는 공산당이 싫어요"라는 말을 했고, 간첩이 실제 그의 입을 찢고 돌로 내리쳐 그를 죽였다고 치자.

이게 온 국민에게, 특히 자라나는 아이들에게 미덕이라며 강조하고 영웅화를 할 일이냐? 그래서 만약 우리 아이들이 북한 간첩을 만나면 그의 영웅적 행동을 따라 "나는 공산당이 싫어요!"라고 장렬히 외치고 죽으란 말이냐?

저 사건이 사실이라면, 나는 우리의 아이들에게 "간첩을 만나면 절대 이상한 이야기 하지 말고 조용히 있어라"라고 교육하겠다. 그게 우리 아이들의 안전을 위한 가장 상식적 가르침 아닌가?

그런데도 박정희, 전두환 이 두 돌아이들은 이승복 군을 영웅화하며 우리 아이들에게 "그걸 보고 배워라"라고 강요했다. 도대체 뭘 보고 배우라는 건가? 반공을 위해서는 목숨도 바칠 줄 아는 그 용기를 배우라는 건가?

　이승복 군은 사망 당시 고작 아홉 살이었다. 그때 그가 가진 반공 사상이 정말로 목숨을 걸어야 할 정도로 투철한 사상이었을까? 세상에 아홉 살 아이가 목숨을 걸어야 할 정도의 사상이 있다면 그게 어떻게 사상인가? 사이비 종교지.

　1970년대 '북괴 만행 규탄 및 국민 총단결 전국 남녀 웅변대회'라는 행사가 있었다. 이 행사에는 초등학생들이 나와 '공산군을 이겨내자', '처부수자 공산당', '미운 공산당', '반공의 불사조' 등의 제목으로 열변을 토했다. 1980년대 초반까지 초등학생들은 때 되면 반공 포스터를 그리고 반공 구호를 외쳐야 했다.

　여기서 진짜 웃긴 이야기 하나. 1970년 재개발로 집을 강제 철거당한 한 서울 달동네의 주민이 철거반원들을 향해 "이 김일성보다 더 나쁜 놈들아!"라고 욕을 했단다. 그런데 이 사람이 반공법 위반으로 구속이 된 거다.

　구속 사유가 뭔지 짐작이 가시는가? 반공법 4조 1항 공산주의자 고무찬양죄였다. 김일성이 세상에서 가장 나쁜 놈인데, 감히 김일성보다 나쁜 놈이라고 욕을 해? 이러면 김일성이 두 번째로 나쁜 놈이 되잖아? 에라이, 너는 김일성을 찬양했으므로 반공법 위반이야! 뭐 이래서 구속됐다는 이야기다.

　이까지는 코미디인데 여기서부터는 슬픈 이야기다. 얼마 되지도 않은

2018년의 일이다. 당시 우리은행이 탁상용 달력을 제작하면서 2017년 문화체육관광부 후원으로 개최한 '제22회 우리미술대회' 유치·초등부에서 상을 받은 한 초등학생의 그림을 실었다. 이 그림에는 '통일나무'가 그려져 있었고 그 나무에는 태극기와 인공기가 함께 걸렸다. 이게 그 그림이다.

평화나무 ⓒ우리은행 달력

이때 국민의힘의 전신인 자유한국당은 "태극기와 인공기가 함께 그려지는 게 말이 되느냐? 대한민국 안보 불감증의 자화상이다!"라며 길길이 뛰었다. 심지어 이 당 국회의원들은 '우리은행 인공기 달력 규탄 기자회견'까지 열었다. 와, 이렇게 창의적으로 돌아이 짓을 할 수도 있구나. 그런데 그냥 이상하게 보이는 게 목표였다면 어렵게 규탄 대회 같은 거 열지 말고 머리에 꽃이나 한 송이 꽂아라. 그게 훨씬 쉽지 않은가?

금호아시아나

리더의 무능이 기업을 망친다

'무능' 박삼구 선생의 성추행

첫 장에서 멸공 정봉진, 아니 참 정붕진, 아, 이것도 아닌가? 멸공 정용진 선생에 대해 알아봤으니 이번 장에서는 '무능' 박삼구 선생에 대해 알아볼 차례다. 참고로 2024년 12월 대한항공의 아시아나항공 인수가 확정되면서 금호아시아나그룹은 사실상 해체됐다. 존재하지 않는 그룹이 된 것이다. 그래도 굳이 이름을 부른다면 금호그룹으로 불러야 마땅하다. 하지만 이 책은 그들의 흑역사를 다루는 책이므로 독자분들에게 익숙한 금호아시아나그룹이라는 과거의 이름을 그대로 쓰려고 한다.

노래 가사부터 하나 소개하겠다. 이 노래는 글로 표현하면 맛이 잘 안 산다. 가급적 유튜브 등을 통해 원곡을 감상해 보실 것을 권한다.

"회장님을 뵙는 날, 자꾸만 떨리는 마음에 밤잠을 설쳤었죠. 새빨간 장미만큼 회장님 사랑해 가슴이 터질 듯한 이 마음 아는지."

이 노래를 부른 목소리는 모두 젊은 여성들의 것이다. 도대체 누구를 만나기에 이렇게 마음이 설렜는지, 밤잠까지 설쳤는지, 가슴까지 터질 듯했

느지 궁금해진다. 이들이 만난 사람은 놀랍게도 박삼구다.

이 노래가 세상에 알려진 게 2018년, 박삼구 나이 73세 때 일이다. 노래를 부르는 여성들은 박삼구를 향해 "새빨간 장미만큼" 박삼구를 사랑한다고 했다. 아무리 사랑에 국경도 없고 나이도 없다지만 이게 가능할 리가 없지 않은가? 게다가 73세 박삼구를 새빨간 장미에 비유하다니, 경우가 없어도 너무 없다.

당연히 이 노래는 자발적으로 부른 것이 아니었다. 노래를 부른 이들은 당시 아시아나항공 승무원 교육생들이었는데 교육 도중 박삼구가 방문할 때마다 이런 노래를 부르도록 강요를 받았다.

우연히 한두 번 있었던 일도 아니다. 노동자들의 증언에 따르면 박삼구는 매월 이 교육 현장에 나타났다. 여성 승무원 교육생들은 매월 이 노래를 억지로 불러야 했다.

목 위에 달린 것이 뜀박질할 때 무게중심 잡는 데 쓰는 게 아니라면, 이런 노래를 노동자가 부르면 말려야 한다. 그런데 박삼구는 매월 이 노래를 들었다. 무슨 뜻이냐? 좋아했다는 뜻이다. 나이 일흔 넘게 처드신 인간이 "새빨간 장미만큼 회장님 사랑해" 노래를 듣고 헤벌쭉했다는 이야기다.

자발적인 일이었을 리가 만무하니 이걸 중간에서 시킨 골이 텅 빈 인간들이 있었을 것이다. 그 인간들을 교관이라고 불렀다. 당시 노동자들의 증언에 따르면 이 교관이라는 작자들이 "회장님 오시면 너는 울고, 너는 안기고, 너희는 달려가서 팔짱을 끼어라" 등의 주문을 했단다. 영화 찍냐? 배우들 동선 알려주냐고? 영화 제목은 〈박삼구와 또라이 교관들〉이냐? 무슨 성추행을 이렇게 정교하게 하는지 나는 당최 이해가 안 된다.

이게 웃긴 이야기가 아니고 진짜 슬픈 이야기인데, 보다 보면 웃지 않을 수 없는 대목이 있다. 저게 제정신으로 이뤄질 일이 절대 아닌 것 같은데 막상 박삼구가 교육장에 도착하면 분위기가 또 그게 아니었단다. 왜냐하면 박삼구가 도착하자마자 교관들이 먼저 눈물을 터뜨렸기 때문이다. 박삼구 회장님이 강림하신 것에 너무 감격해서 말이다.

박삼구가 복도에서 걸어오면 이미 3, 4명 정도가 달려가서 반기는 역할을 맡았다. 왼쪽 오른쪽에서 팔짱을 끼고 준비된 멘트를 날려야 한다. "회장님 이제 오셨습니까", "회장님 너무 보고 싶었습니다", "회장님 기다리느라 힘들었습니다", "회장님 보고 싶어서 밤잠을 설쳤습니다", "어젯밤 꿈에 회장님이 나오실 정도였습니다" 등이 준비된 멘트였다. 멘트가 중복이 되지 않도록 사전에 교관 앞에서 연습했단다. 웬 대본 연습? 영화 또 찍냐? 〈박삼구와 또라이 교관들〉 속편 나왔냐고?

이런 끔찍한 성추행을 당한 노동자들의 마음이 어땠겠나? 어젯밤 꿈에 박삼구가 진짜로 나왔을 것이다. 당연히 그건 악몽이었을 것이다. 밤잠도 설쳤을 것이다. 내일 또 이런 성추행을 당해야 하는 그 공포에 질려서 말이다.

아직 끝나지 않았다. 박삼구가 떠날 때 노동자들은 "회장님 가지 마세요", "저희와 더 있어 주세요", "가시려면 저희를 밟고 가세요"라고 졸라야 했다. 교관들은 노동자들에게 "회장님에게 안길 때 '회장님 한 번만 안아주십시오'라는 말은 하면 안 된다"고 주문했단다.

왜냐? '한 번만'에서 박삼구 기분이 나빠질 수 있다는 거다. 두 번 안을 수 있고 세 번 안을 수도 있는 건데 왜 한 번만 안아달라고 하냐는 이야기. 진짜 단체로 실성들을 했다.

박삼구가 매년 초 여성 노동자들만 한복을 입혀 모아놓고 세배를 받았단다. 이게 논란이 되자 2017년부터는 남자 직원에게도 세배받기 시작했단다. 이 정도면 뇌가 빠가사리 수준으로 퇴화했다고 봐야 한다. 세배를 받지 말라고, 인간아!

무능의 아이콘

한국 재벌들을 오래 지켜보면서 나는 진짜 이렇게 사업을 더럽게 못하는 재벌을 본 적이 없다. 어떻게 된 게 하는 일마다 족족 말아먹을 수 있는지 보는 내가 다 의아할 정도다.

우리나라에서 회사를 대차게 말아먹은 3대 재벌을 꼽는다면 대우 김우중, 쌍용 김석원, 그리고 금호아시아나의 박삼구가 꼽힌다. 하지만 최소한 김우중은 자기가 일군 그룹을 자기가 말아먹었다. 박삼구는 형들이 잘 일군 기업을 오로지 자기 무능으로 말아먹었다. 같은 '말아먹음'이지만 레벨이 다르다는 이야기다.

박삼구의 경영 역사는 '뱁새가 황새를 따라가려다가 가랑이가 쭉 찢어졌다'는 한 문장으로 요약할 수 있다. 사실 이 말은 '욕심내지 말고 생긴 대로 살라'는 다분히 계급 고착을 정당화하는 속담이어서 쉽게 동의가 되지 않는다. 인간은 조류와 달리 태어날 때부터 누구는 뱁새, 누구는 황새로 구분되어서는 안 된다. 때로는 가랑이가 찢어지더라도 꿈을 가지고 더 높은 곳을 향해 날아가려 하는 것이 인간이다.

그런데 문제는 이 뱁새가 재벌 2세 금수저 박삼구였다는 점이다. 그러면 자기 앞에 놓인 행운에 감사하고, 주위를 좀 돌아보고, 남의 말도 좀 듣고 그러고 살아야 한다. 그런데 박삼구는 그러지 않았다. 그는 평생 '10대 그룹'이라는 숫자에 미쳐 살았다. 금수저에 만족하지 못하고 자신보다 더 비싼 다이아몬드 수저를 입에 문 재벌들을 부러워했다.

그래서 그는 가랑이를 찢었다. 재계 10위 안에 드는 재벌이 되기 위해 입 안에 들어가지도 않는 먹이를 삼키려 했다. 문제는 그가 가랑이를 찢으면서 남의 돈을 뭉텅 끌어 썼다는 점이다. 그리고 그보다 더 큰 문제는 모험이 실패해 가랑이가 진짜 찢어졌을 때, 그 치료비를 금호아시아나그룹 다른 계열사에게 지웠다는 점이다.

2006년 2월 박삼구가 밝힌 그해의 그룹 모토는 '아름다운 기업이 되자'였다. 박삼구의 지시로 직원들이 갑자기 음악과 미술 감상에 줄줄이 동원됐다. "예술을 알아야 아름다운 기업이 될 수 있다"는 취지였단다. 이전까지 바탕체, 굴림체, 돋움체 등이 혼용됐던 금호아시아나그룹의 모든 보고서 글씨체가 박삼구의 지시로 가을체로 통일됐다. 그게 아름다운 글씨체였단다.

금호아시아나그룹이 글씨체를 가을체로 바꾸건 '진지한 궁서체'로 바꾸건, 금호 노동자들이 아마데우스를 감상하건 종합격투기를 관람하건, 이에 대해 사회가 관심을 쏟을 이유가 없다. 그런데 이 해에 유난히 금호아시아나그룹이 '아름다운 기업'을 강조하며 대외 홍보에 열을 올린 배경은 알아둘 필요가 있다.

바로 이 시기 금호아시아나그룹이 건설 분야 1위 대우건설의 인수전에 뛰어들었기 때문이다. 박삼구는 2005년 삼성그룹 X파일 사건과 두산 형제의 난 등으로 망가질 대로 망가진 재벌 그룹에 대한 여론을 의식했다. 대우건설 인수전에는 두산과 한화 등을 비롯해 무려 10개의 컨소시엄이 참여했다. 박삼구는 이 승부에서 꼭 이기고 싶었다.

박삼구는 그해 연초 기자회견에서 "확보한 자금만 1조 5,000억 원이다. 대우건설을 인수해 반드시 '아름다운 기업'으로 거듭나겠다"고 외쳤다. 그는 재계에 대한 곱지 않는 세간의 시선을 뚫고 "우리야말로 대우건설을 인수하기에 적합한 아름다운 기업이다"라는 사실을 강조하고 싶었다. 그가 가을체를 앞세워 '아름다운 기업'을 강조한 이유가 여기에 있다.

문제의 핵심은 당시 금호아시아나그룹이 아름다웠느냐 추했느냐가 아니다. 그룹의 여건이 박삼구의 호언과 달리 대우건설을 인수할 상황이 전혀 되지 않았다는 점이다. 금호아시아나그룹의 실적은 2005년 기준 매출 11조 원, 순이익 5,079억 원에 불과했다. 반면 대우건설은 수주 잔액만 22조 원에 이르는 업계 1위의 건설기업이었다.

재계 10위에 미친 박삼구

가랑이를 찢기로 결심한 뱁새는 용감했다. 당시만 해도 재계 순위 10위권 밖이었던 금호아시아나그룹은 대우건설을 인수하면 재계 8위로 오를 판이었다. 10위권 진입이라는 꿈은 뱁새의 이성을 마비시켰다.

대우건설의 적정 매각 가격은 3조 원 남짓으로 평가받았다. 하지만 지름 신이 강림한 박삼구는 무려 6조 6,000억 원을 입찰가로 써냈다. 그 무렵 대우건설 주가는 1만 2,600원이었는데, 금호는 갑절이 넘는 2만 7,000원에 이를 사겠다고 나섰다.

금호가 6조 6,000억 원을 감당할 능력이 없음은 분명했다. 자체 조달 자금은 약 2조 5,000억 원 정도였다. 박삼구는 계열사들의 자산과 매출을 담보로 1조 원가량의 돈을 은행에서 빌렸다. 대우건설 인수 실패가 엉뚱하게도 금호타이어 등 계열사 노동자들의 삶을 피폐하게 만든 이유가 이것이었다.

또 박삼구는 남의 돈을 황당한 방식으로 끌어들였다. 모자란 3조 원을 투자자로부터 조달하기 위해 풋백옵션put back option이라는 무지막지한 방법을 동원한 것이다. 이 옵션의 내용은 '2009년까지 대우건설 주가가 3만 2,576원을 넘지 않는다면 금호가 연 9%의 복리 이자를 붙여 투자자들에게 투자금을 되돌려주겠다'는 것이었다. 1만 2,600원짜리 주식을 2만 7,000원에 사들인 무모함도 문제였지만, 3년 안에 주가를 3만 2,576원까지 올려주겠다는 자신감은 무모함을 넘어 아둔함에 가까웠다.

투자자들로서는 이를 받아들이지 않을 이유가 없었다. 위험이 거의 없는 투자였기 때문이다. 2만 7,000원에 주식을 사서 3년 만에 3만 2,576원으로 오르면 20% 이상 수익을 올려서 좋다. 만약 주가가 그만큼 안 오르면 금호가 원금에 연 9% 복리 이자를 붙여줘서 좋다. 이 허황된 약속에 미래에셋

그룹 등 굴지의 금융그룹이 가담하면서 금호와 박삼구의 가랑이 찢기에 동참했다.

박삼구의 이런 태도를 한 줄로 요약하면 "지금 가진 돈은 없지만 대우건설을 경영해서 수익을 왕창 내 빚을 갚겠다"는 것이었다. 도박꾼들이 빚을 내면서 "따서 갚으면 돼!"라고 큰소리치는 것과 뭐가 다른가?

금호는 대우건설을 감당할 여력도, 능력도 없었다. 마구잡이로 끌어 쓴 돈은 2008년 금융위기의 직격탄을 맞으며 빚더미로 돌변했다. 대우건설의 2009년 주가는 3만 2,576원은 고사하고, 매입원가인 2만 7,000원에도 한참 못 미치는 1만 2,000원~1만 5,000원에 머물렀다. 금호는 수조 원에 이르는 외부 투자금에 9% 복리 이자를 물어 고스란히 토해내야 했다.

결국 박삼구는 빚을 갚기 위해 자신이 보유한 지분 대부분을 채권단에 내놓았다. 이때부터 박삼구는 금호아시아나그룹의 최대주주가 아니었다. 지분을 다 날려 먹었기 때문이다.

뱁새가 벌인 도박의 결과는 처참했다. 2009년 금호아시아나그룹은 대우건설 지분을 주당 1만 5,000원 선에서 산업은행에 매각했다. 원금의 절반가량을 날린 처참한 결과였다. 금호타이어를 비롯한 주요 계열사들은 모두 워크아웃에 돌입했다.

문제는 박삼구의 뱁새 도박이 단지 개인의 문제로 끝나지 않았다는 점이다. 그가 재계 10위에 집착하며 가랑이를 잘못 찢는 바람에 그 피해는 고스란히 그룹 노동자에게 돌아왔다.

대우건설 인수를 위해 주요 계열사들은 빚더미에 올랐다. 당연히 계열사

금호아시아나 본관 앞에서 전국금속노동조합이 기자회견을 열고 김재기 열사를 죽음으로 내몬 금호타이어의 책임 인정과 사과를 촉구하는 모습 ©민중의소리

의 경영 상황은 극도로 악화됐다. 노동자들은 갑자기 해고의 위기에 내몰렸다. 2015년 2월 금호타이어에서 김재기 노동자가 회사 측의 도급화에 반대해 분신으로 목숨을 끊으며 항의한 이유도 이것이었다.

기내식 대란, 그 와중에 딸 취업

2018년 7월 아시아나항공에서 기내식 대란이 벌어졌다. 그해 3월 아시아나항공에 기내식을 제공키로 했던 '게이트 고메 코리아'라는 회사의 공장에서 화재가 발생했고, 이 여파로 7월 1일부터 아시아나항공에 기내식이 제대로 공급되지 않는 초유의 사태가 벌어진 것이다. 이 사태로 기내식을 제공하는 협력업체 대표가 압박을 이기지 못하고 스스로 목숨을 끊는 일까지 벌어졌다.

그런데 이 사태가 시작된 게 7월 1일이었다. 비행기 승무원들은 기내식이 도착하지 않자 어쩔 줄 몰라 했고 비행기는 제때 출발을 못했다. 그야말로 아수라장이 벌어진 그날 박삼구는 딸 박세진을 금호리조트 경영관리 상무로 임명했다. 앞에서도 이야기했지만 박삼구는 대우건설 사태로 지분을 다 날려먹어 금호아시아나그룹의 최대주주가 아니었다. 그런데 태연히 자기 딸을 계열사에 낙하산으로 꽂았다.

그러면서 박삼구가 했다는 말이 "인생 공부도 하고 사회 공부도 시키기 위해 딸을 계열사에 임원으로 보냈다. 예쁘게 봐줬으면 좋겠다"였다. 고슴도치도 제 새끼는 함함하다고 박삼구 눈에 딸이 예뻐 보인 건 그럴 수 있다고 생각한다. 그런데 비행기에서 그 난리가 터졌는데 국민들 눈에 그 딸이 예뻐 보였겠냐?

더 웃긴 건 기내식 사태가 정점으로 치달았던 7월 6일 박삼구가 중국에서 열리는 골프 대회에 참석하기 위해 출국했다는 사실이다. 기내식 사태에 만전을 기해도 모자랄 판에 골프는 쳐야겠던 모양이다.

그 와중에 자기는 따뜻한 밥을 먹어야 했는지 본인이 탄 비행기에는 따뜻한 기내식을 실었다. 중세의 임금들조차 가뭄이 들면 밥을 굶고 며칠 동안 기우제를 지냈다. 그런데 항공사 총수가 고객들을 굶겨놓고 자기는 따뜻한 밥을 마음껏 처드셨다. 그 밥이 목구녕으로 넘어간 게 신기하다.

박삼구 금호아시아나그룹 회장이 기내식 대란에 대해서 기자회견을 열고 사과와 함께 취재진의 질문에 답변하는 모습. ⓒ민중의소리

개그는 여기서 그치지 않았다. 박삼구가 사과 기자회견 자리에서 "대한 항공에서 도와줬으면 해결할 수 있었는데 협조를 못 받았다"라며 대한항공을 씹은 것이다. 나도 대한항공 싫어하고 거기 조 씨 3남매를 누구보다 혐오한다. 그런데 그건 그거고, 대한항공이 아시아나항공을 왜 도와줘야 하나?

당시 기내식 사태는 아시아나항공과 새로 계약한 중국 업체가 새로 지은 공장에 불이 났기 때문에 벌어졌다. 화재가 난 시기가 3월이었다. 수습할 시간이 3개월이나 있었다는 이야기다. 협력업체의 화재를 박삼구보고 책임지라는 이야기가 아니다. 불이 났고 수습할 시간이 있었는데 그동안 뭘 하고 자빠졌다가 "대한항공이 안 도와줬어요"라고 징징거린단 말인가?

당시 기내식 사태에는 보다 본질적인 문제가 있었다. 원래 아시아나항공에 기내식을 공급했던 곳은 LSG코리아라는 회사였다. 그런데 2017년, 아시아나항공은 LSG코리아에게 엉뚱한 제안을 했다. 그룹 지주회사인 금호홀딩스에 2,000억 원 정도 투자하면 기내식 계약을 갱신해 주겠다는 요청이었다.

LSG코리아는 "그게 무슨 황당한 요구냐? 이런 요청을 들어주면 배임 소지가 있다"고 거절했다. 당연한 거절이다. 그러자 박삼구는 10여 년 동안 무탈하게 기내식을 공급해 왔던 LSG코리아와의 계약을 깨버렸다. 대신 박삼구는 투자를 하겠다는 중국 업체를 받아들였다. 그 중국 업체 공장에서 불이 나는 바람에 그 사태를 맞은 것이다.

그런데 생각해보라. 공급업체와 계약을 하면서 지주회사에 수천억 원을 투자하라는 조건을 내거는 것은 매우 이례적이다. 그렇다면 아시아나는 왜 이런 황당한 요구를 했을까?

박삼구가 과거 대우건설 사태로 잃었던 알짜 계열사 금호타이어를 다시 되찾으려 했기 때문이었다. 당시까지만 해도 주인이 없던 금호타이어를 되찾으려는 욕심에 박삼구가 기내식 업체에게 무리한 투자를 요구한 것이다.

도저히 망할 수 없는 그룹이었다

박삼구는 2021년 5월 13일 계열사 부당지원과 횡령 등의 혐의로 구속됐다. 금호아시아나그룹 역사상 최초로 구속된 총수였다. 그런데 이 일에도 황당한 일화가 있다.

2020년 11월 6일 수사 속도를 올리던 검찰이 금호아시아나그룹 본사와 아시아나항공 사무실을 압수수색했다. 그런데 바로 다음날 박삼구가 대한항공편으로 일본 출국을 시도하다가 인천공항에서 제지를 당했다. 이미 출국금지 대상에 올랐기 때문이었다.

무슨 이야기냐면 박삼구가 일본으로 튀려다가 걸렸다는 거다. 여기서 포인트는 '튀려다가'가 아니라 '대한항공편'으로 튀려고 했다는 대목이다. 이 사실이 알려지자 박삼구측은 "일본에서 지인과 미팅이 있어 출국하려던 것이었다. 도피는 전혀 아니었다"고 변명했다. 그러면 아시아나항공 타고 떠나지 왜 대한항공을 타려 했나? 아시아나는 일본행 비행기를 운항 안 하나?

사실 박삼구가 대차게 말아먹어서 그렇지 금호아시아나그룹은 망하려고 용을 써도 망하기가 어려운 구조의 그룹이었다. 주축이었던 항공사, 생명보험, 고속버스, 타이어 등은 모두 고정적으로 현금을 버는 회사다. 부동산도 풍부했다. 서울고속버스터미널과 광주유스퀘어가 모두 금호아시아나그룹 소유였다. 금호리조트의 자산가치도 만만치 않았다.

부동산 많아, 매월 현금 따박따박 들어와, 이런 회사는 허수아비를 총수로 세워도 잘 망하지 않는다. 내버려만 둬도 굴러가는 회사다. 박삼구가 날려먹은 회사가 구체적으로 어떤 회사들인지 살펴보자.

먼저 금호고속. 대한민국 고속버스 업계 압도적 1위 회사였다. 그런데 박삼구가 이걸 다 말아먹고 지금은 2021~2024년 연속 적자를 기록하며 심각한 자금난에 시달리고 있다.

금호타이어는 한국타이어, 넥센타이어와 함께 우리나라 타이어 시장 부동의 3강이었다. 한때 세계 시장에서도 10위권에도 진입했다. 그런데 박삼구가 대우건설 인수라는 가랑이 찢기를 시도하는 바람에 2009년 워크아웃에 돌입했다. 2018년 중국 기업에 팔렸다.

아시아나항공은 대한항공과 함께 우리나라를 대표하는 양대 국적기 항공사였다. 그런데 박삼구가 말아먹는 바람에 2024년 12월, 대한항공에 팔렸다.

금호렌터카는 영업점 140여 개, 보유차량 3만 8,000여 대를 자랑하던 대한민국 1위 업체였다. 박삼구의 삽질 여파로 KT에 팔렸다.

금호생명은 2000년 동아생명을 흡수합병 하며 위상을 높였다. 하지만 역시 박삼구의 가랑이 찢기 여파로 2010년 KDB금융그룹에 팔렸다.

금호리조트는 통영, 화순, 설악, 제주 등 네 곳의 국내 리조트 외에 중국과 베트남에도 리조트와 골프장을 운영했다. 박삼구의 삽질로 2021년 금호석유화학그룹에 매각됐다. 참고로 금호석유화학그룹은 박삼구의 동생인 박찬구 회장이 이끌고 있다. 이들 형제는 그룹 경영방식에 대한 이견으로 심각한 충돌을 벌인 끝에 완전히 결별했다.

대한통운은 쿠팡이 등장하기 전까지 1위 물류회사였다. 박삼구가 2008년 무려 4조 1,000억 원을 들여 대한통운을 인수했다. 하지만 가랑이 찢기에 실패한 박삼구는 2011년 이 회사를 CJ그룹에 매각했다.

ⓒ민중의소리

　아무리 면면을 살펴봐도 말아먹기가 절대 쉬운 기업들이 아니었다. 그런데도 박삼구는 이런 회사들만 골라 무더기로 말아먹었다. 이것도 능력이라면 진짜 능력 아닌가? 이 모든 사태가 자칭 '새빨간 장미' 박삼구 한 사람이 벌인 일이라는 사실이 놀랍기만 하다. 리더가 무능하면 이렇게 그룹이 망가진다. 실로 뼈아픈 교훈이다.

금호아시아나

두산

사우디 왕가의 계승 방식과 형제의 난

부러울 게 따로 있지

"우리 두산의 전통은 왕위를 한 세대가 쭉 승계하고 다음 장자로 넘어가 그 세대도 반복되는 사우디 왕가 방식이다."

2005년 두산그룹에서 이른바 '형제의 난'이 터졌을 때, 박용성 당시 두산 그룹 회장이 했다는 말이다. 나는 그때 진짜로 피식 웃었다. 그룹 회장직을 '왕위 승계'에 비유한 것도 웃겼지만, 그게 사우디 왕가의 방식을 모방한 거라고 자랑스럽게 말하는 태도에 실소를 멈출 수 없었다.

21세기 최첨단 시대에 세계는 주주자본주의냐 이해당사자 자본주의냐를 두고 수준 높은 논쟁을 벌이는데 두산그룹은 사우디 왕가 승계 방식을 따른 단다. 왜, 이왕이면 민족 정서를 발휘해 신라의 화랑제도도 도입하고 고구 려의 개마무사대도 운영하시지?

이들이 자랑스럽게 앞세우는 사우디 왕가 승계가 무엇일까? 한 세대의 형제끼리 쭉 돌아가며 나라를 운영한 뒤 다음 세대로 왕권을 넘기는 방식이 다. 여기에 자매는 당연히(!) 포함되지 않는다. 대놓고 성차별이다.

사우디아라비아에서 이런 독특한(몰상식한!) 왕위 승계 전통을 세운 인물은 초대 국왕 이븐 사우드Ibn Saud, 재위 1932~1953였다. 이븐 사우드는 부족 통합을 위해 22명의 부족장 딸과 결혼했다. 고려 태조 왕건이 지방 귀족들의 연대를 끌어내기 위해 29번이나 정략결혼을 한 것과 버금간다.

당연히 그에게는 아들이 엄청 많았다. 왕자만 무려 45명이었다. 그래서 이븐 사우드는 왕위를 차남에게 물려주면서 "나는 아들인 너에게 왕위를 물려주지만 너는 왕위를 네 동생에게 물려줘야 한다"는 유지를 남겼다. 만약 아들이 그 아들에게 왕위를 물려준다면 3대 국왕은 삼촌만 44명인 상황을 맞는다. 수양대군에게 죽임을 당한 단종도 삼촌이 17명밖에 안 됐다. 삼촌이 44명이면 3대 국왕은 거의 삼촌한테 죽는다고 봐야 한다. 그래서 이븐 사우드는 아들 세습이 아니라 형제 세습을 유지로 남긴 것이다. 두산그룹은 이게 부러워 따라 했다는 이야기고 말이다.

그래서 사우디 왕가의 승계가 어떻게 진행됐을까? 2대 국왕이 1964년까지 11년 통치했다. 그의 동생인 3대 국왕이 1975년까지 또 11년 통치했다. 그의 동생인 4대 국왕이 1982년까지 7년 통치했다. 이까지는 견딜 만한데 그의 동생인 5대 국왕이 2005년까지 무려 23년을 통치했다. 기다리는 동생이 수십 명인데 혼자서 23년을 통치하는 건 반칙 아니냐?

게다가 그의 동생인 6대 국왕도 2015년까지 10년이나 통치했다. 초대 국왕이 죽은 지 62년이 지났는데 아직도 6대다. 7대 국왕이 2025년 현재 국왕인 살만 빈Salman bin이다. 그런데 그가 왕위에 오를 때 나이가 79살이었다. 2025년 기준으로 89세인데 아직도 왕이다. 이 정도면 동생들이 돌아버리

사우디아라비아의 왕세자이자 실권자 빈 살만(오른쪽), 왼쪽은 2022년 10월부터 2024년 7월까지 영국 총리를 맡았던 리시 수낵(Rishi Sunak) ⓒNumber 10

는 거다.

그래서 살만이 이런 혼란(?)을 수습하고자 형제 승계를 중단하겠다고 선언했다. 형제끼리 돌려먹는 건 자기까지만 하고, 다음 왕부터는 아래 세대로 넘긴다는 것이다. 형의 사망만 기다리던 동생들은 그야말로 닭 쫓던 개 지붕 쳐다보는 신세가 됐다.

문제는 여기서 그치지 않았다. 살만 왕 세대 형제만 마흔넷, 게다가 사우디는 일부다처제 국가다. 당연히 다음 세대 왕자 숫자가 어마어마하다. 그 많은 형제들 중 한 명을 세자로 책봉하려니 왜 분란이 안 생기겠나? 세자로 책봉 받지 못한 나머지 사람들은 '왜 저 자식이냐? 나는 왜 안 돼?'라는 생각을 당연히 갖는다.

그래서 2017년 왕자의 난이 벌어졌다. 제 2왕세자가 제 1왕세자를 축출하고 군대를 장악한 것이다. 이 왕자의 난 승자가 지금 왕세자인 빈 살만bin Salman이다. 현재 왕세자와 총리를 겸직한 사실상 이 나라의 최고 권력자다.

이 자가 왜 수백 명의 왕자 중 세자가 됐느냐? 권모술수에 능했기 때문이다. 모략과 음모로 경쟁자들을 모조리 제거했다. 암살이나 납치도 밥 먹듯 저질렀다. 500여 명에 달하는 정재계 고위 인사들을 체포해 호텔에 감금한 전력도 있다.

이런 인간이 한 나라의 통치자다. 이게 제대로 된 나라냐? 그런데 두산그룹은 이 나라가 자기의 모델이라고 떠들고 다닌다. 나 같으면 창피해서 감출 일인데 이 인간들은 뭐가 창피한 일인지 당최 구분을 못한다.

'차차차차차차차기'는 누구인가?

그래서 두산그룹은 총수 일가 사이에 싸움이 날 수밖에 없는 구조를 태생적으로 가지고 있다. 2005년 벌어졌던 두산그룹 '형제의 난'이 대표적 사례다.

본격적으로 이 사건을 다루기 전에 이 골때리는 지배구조가 낳은 코미디부터 살펴보자. 두산그룹의 창업주는 박승직이다. 그 아들 박두병은 『한국 재벌 흑역사』 2권에서 살펴봤듯 날리던 친일파였다.

그 박승직의 유지가 형제 승계를 하라는 것이었다. 여기서부터는 이름도 헷갈리는 수많은 형제들이 등장한다. 독자분들에게 권하자면 굳이 누가 누구인지 정확하게 구분하려고 하지 않는 게 정신 건강에 좋다. 그냥 미친 인간들의 미친 짓이라고 상정하고 후다닥 읽어나가면 된다.

박두병의 장남 박용곤, 1981년부터 1996년까지 그룹 회장을 맡았다. 중간에 낙동강 페놀 오염 사건의 책임을 지고 2년 동안 회장에서 물러난 적이 있었지만 그걸 빼고도 13년이나 회장을 해먹었다.

다음 회장은 차남 박용오, 1996년부터 2005년까지 9년 동안 회장을 맡았다. 이 형제 중에 유일하게 이름을 기억할 필요가 있는 인간이다. 왜냐? 이 인간이 바로 2005년 형제의 난의 주인공이기 때문이다. 10년 동안 회장을 하고 물러날 때가 됐는데 "나 안 물러날래!"라고 버티다가 가문에서 쫓겨났다.

다음 회장이 3남 박용성, 2005년부터 회장을 맡았다. 형이었던 박용오와 목불인견의 난투극을 벌인 사람으로 유명하다. 다음 회장이 4남 박용현, 2009년부터 2012년까지 회장을 맡았다. 그다음 회장이 5남 박용만, 2012년부터 2016년까지 회장을 맡았다. 아 씨, 벌써 어지럽다.

6남도 있다. 박용욱이라는 사람이다. 순서대로 내려갔으면 6남도 회장을 맡았어야 했다. 그런데 박용욱은 일찌감치 이생그룹이라는 회사를 설립하고 독립했다. 이 덕에 겨우 한 명 줄었다. 두산그룹 입장에서는 얼마나 감사한 일이냐?

2016년 마침내 두산그룹의 경영권은 4대로 넘어왔다. 2025년 현재까지 회장을 맡고 있는 박정원이 그 주인공이다. 박정원은 창업주의 장남의 장남

의 장남, 그러니까 창업주 박승직의 장남 박두병의 장남 박용곤의 장남이다. '아 씨, 박두병이 누구였더라?'라고 헷갈리시는 분들은 너무 자책하시지 말기 바란다. 등장인물이 너무 많아서 헷갈리는 게 정상이다.

아무튼 이 창업주의 장남의 장남의 장남이 2025년 현재 무려 9년 동안 집권을 하고 있다. 2024년에 회장으로 다시 선임돼 3년 임기를 보장받았으니 2027년까지 임기가 보장된다. 이러면 12년 동안 장기집권을 하게 된다.

이게 왜 문제냐? 그 밑에 기다리는 동생들이 줄을 서 있기 때문이다. 우선 박정원의 동생 박지원이 있다. 창업주의 장남의 장남의 차남이다. 경영권에 관심이 없느냐? 당연히 있다. 2025년 현재 두산에너빌리티^{옛 두산중공업} 회장이다.

그런데 이렇게만 이야기하면 안 된다. 남자들끼리 돌려 해먹는 건 20세기에나 가능했던 일이다. 실제 3대 승계 시절, 딸^{박용언}은 아예 승계 대상으로 쳐주지도 않았다. '아들끼리도 해먹기 바쁜데 딸을 어찌 챙겨주나?'라는 중세 봉건 사고방식이 지배했다.

하지만 지금 시대에 그게 가능한가? 웃기는 이야기다. 박정원과 박지원 사이에 박혜원이라는 여성이 있다. 두산그룹 광고대행사 오리콤을 이끄는 인물이다. 만약 여성까지 승계에 가담하면 이 3남매만으로도 족히 20년은 잡아먹는다.

그다음 창업주의 장남의 차남 박용오는 다행히(응?) 그룹에서 축출됐다. 따라서 그의 자식인 박경원과 박중원은 승계 대상이 아니다. 앗싸, 두 명 제꼈다.

다음으로 창업주의 장남의 3남 박용성의 장남과 차남이 대기하고 있다. 박진원과 박석원이라는 자들이다. 모두 두산 주요 계열사에서 임원으로 일하고 있다. 그다음으로 창업주의 장남의 4남 박용현의 장남과 차남과 3남이 대기 중이다. 박태원, 박형원, 박인원이다. 역시 모두 두산 주요 계열사에서 임원으로 일하고 있다.

그다음 창업주의 장남의 5남 박용만의 장남과 차남. 이 둘은 또 다행히 (응??) 그룹에서 분리됐다. 박용만이 자식들을 이끌고 사실상 독립을 선언했기 때문이다. 앗싸, 세 명 더 제꼈다.

예상을 해보자. 현 회장은 박정원이다. 여성까지 승계 자격을 준다면 차기 회장은 박혜원, 차차기는 박지원, 차차차기는 박진원, 차차차차기는 박석원, 차차차차차기는 박태원, 차차차차차차기는 박형원, 차차차차차차차기는 박인원이다. 얘들 지금 뭐 하나? 맛집 대기표 뽑나?

외국인 투자가들이 "누가 두산의 미래 리더인가?라고 물으면 뭐라고 답할 것인가? 차기? 차차기? 차차차기? 차차차차기? 차차차차차기? 차차차차차차기? 차차차차차차차기? 이런 코미디 구조를 만들어 놓고 어떻게 책임경영을 하며 어떻게 그룹 미래를 설계하나? 진짜 웃기고 자빠진 거다.

멍청한 자들이 벌인 자살골의 대향연

시스템이 이러면 싸움이 안 날 수가 없다. 그리고 이런 구조에서는 유능한 경영자가 집권하는 게 아니라 현 사우디 왕세자처럼 권모술수에 능한 자가 집권을 한다. 경영자가 경영 서적을 공부하는 게 아니라 삼국지나 초한

지 같은 권모술수 관련 책을 읽어야 한다.

2005년 벌어진 형제의 난은 창업주의 장남의 차남, 즉 당시 그룹 회장이었던 박용오가 10년 집권에 그치지 않고 임기 연장을 시도하면서 시작됐다. 이러면 누가 가장 반발할까? 당연히 박용오 다음으로 대기표 뽑고 기다리던 창업주의 장남의 3남, 박용성이 가장 반발하는 거다.

지금부터 두산그룹 형제의 난을 자세히 설명해볼 참인데 문제는 이 사건이 등장인물 이름 때문에 매우 헷갈린다는 데 있다. 왜 헷갈리냐? 형제들답게 전부 '박용'으로 시작한다. 장남 박용곤, 차남 박용오, 3남 박용성, 5남 박용만이 주요 등장인물이다. 하지만 이걸 그대로 읽었다가는 늪에 빠지기 십상이다. 그래서 잠깐 동안 이 책에서는 이들의 이름 대신 장남, 차남, 3남, 5남으로 부르겠다. 기자인 나조차 '그때 차남이 박용오였던가, 박용성이었던가?' 헷갈리기 때문이다.

차남이 오래 해먹자 장남은 차남에게 "이제 그만 해먹고 3남에게 경영권을 넘겨라"라고 권했다. 차남은 그렇게 물러나기가 싫었다. 그래서 차남은 "물러날 테니 두산산업개발^{현 두산건설}을 떼서 나한테 달라. 독립하겠다"고 나섰다.

장남과 3남이 보기에는 웃기는 주장이었다. 이미 그룹 전체를 형제끼리 돌아가면서 먹기로 약조가 돼있는데 왜 차남만 건설을 떼어내 혼자 먹으려 한단 말인가? 장남은 차남의 주장을 일축하고 곧바로 3남을 회장으로 임명했다.

이에 열 받은 차남이 느닷없이 검찰에 진정서를 제출했다. 진정서 제목

두산그룹 박용만 전 회장 ⓒ민중의소리

은 '두산그룹 경영상 편법 활용'. 쉽게 이야기해 두산그룹의 내부 비리를 검찰에 고자질을 한 것이다. '내가 못 먹으면 너희들도 못 먹는다'라는 심리랄까?

고자질 내용에는 3남이 1,700억 원 대의 비자금을 조성했다는 내용과, 5남이 800억 원 넘는 외화를 밀반출했다는 등의 비리 내용이 포함됐다. 이 소식을 전해들은 형제들은 당연히 극도로 분노했다.

가족회의가 열렸다. 형제들은 차남을 가문에서 축출하기로 결정했다. 새롭게 회장에 오른 3남은 즉각 기자회견을 열고 형을 씹기 시작했다. 3남은 "이번 사건은 경영권 탈취 미수 사건"이라고 정의하며 "박용오 전 회장^{차남}이 두산산업개발의 경영권을 탈취하려다 실패하자 허위 사실을 투서했다"고 반박했다. 3남은 기자회견에서 형을 형이라고 부르지도 않았다. 형제의 우애 따위가 박살이 나는 순간이었다.

추태는 이것으로 끝나지 않았다. 3남은 며칠 뒤 기자회견을 열더니 "두산산업개발이 박용오 전 회장^{차남} 재임 기간 중인 1995년부터 2001년까지 약 2,797억 원을 분식회계 했다"고 폭로했다. 차남이 선공을 했으니 3남이 반격한 셈인데 알고 보면 이게 진짜 웃긴 이야기다.

왜냐하면 3남은 당시 두산그룹 신임 회장이었기 때문이다. 그룹 회장이 자기 그룹 계열사의 분식회계를 고백하는 해괴망측한 일이 벌어진 것이다. 이건 마치 이재용이 "삼성전자가 분식회계를 했다!"고 주장하는 것과 다를 바가 없었다.

하지만 3남에게는 그런 것이 전혀 중요하지 않았다. 자신의 소중한 회장

취임 차례를 빼앗으려 한 형을 씹을 수만 있다면 계열사 분식회계가 만천하에 드러나건 말건 얼마든지 감수할 수 있었다. 2남과 3남이 서로 치고받으며 "네가 이 나쁜 짓을 저질렀다!", "웃기지 마라, 너는 더 나쁜 짓을 저질렀다!" 식으로 그룹의 치부를 마구 드러냈다.

검찰이 얼마나 황당했겠나? 직접 파헤친 사건도 아닌데 재벌 형제들이 알아서 범죄 사실을 고백하고 자빠졌으니 수사를 안 할 방도가 없는 거다. 검찰은 두산그룹을 전격적으로 압수수색했고 3남을 출국금지했다. 견디다 못한 3남은 회장직에서 사퇴했다. 치고받던 차남과 3남은 모두 법원에서 징역 3년에 집행유예 5년, 벌금 80억 원을 선고받았다. 형제 죽이겠다고 횡령, 분식회계, 비자금 등 온갖 그룹 범죄를 자수한 역대급 멍청 대향연의 결과였다.

그 인간들의 수준이 이렇다

이 긴 사건을 한 줄로 요약하면 '욕심에 눈이 먼 형제들이 붕딱짓을 했다' 정도가 된다. 그런데 이 사건에는 후일담이 두 가지가 있다.

우선 3남 박용성. 욕심쟁이 형을 제치고 꿈에 그리던 그룹 회장이 됐지만 형제끼리 자살골 넣다가 회장직에서 물러난 그 인간의 이야기다. 박용성은 형제의 난이 터진지 2년 뒤인 2007년 사면과 복권을 받으면서 전격적으로 경영 일선에 복귀했다. 그리고 대부분의 재벌들이 그렇듯 전과자답지 않게 꽤 화려한 삶을 살았다.

우선 그는 2008년 두산그룹의 중앙대 인수를 주도했다. 이후 2015년까지 이 학교 재단 이사장 노릇을 했다. 2009년에는 대한체육회 회장에 당선돼 2013년까지 직을 수행했다.

그런데 순탄해 보였던 그의 삶은 뜻밖의 사건으로 암초를 만났다. 2015년 박용성은 학과제 폐지 등 대학 구조조정을 추진 중이었다. 하지만 학내 여론은 싸늘했다. 학생들은 물론이고 중앙대 교수들도 자체 투표 결과 92.4%의 반대를 보일 정도로 구조조정에 반대했다. 교수들은 박용성의 전횡을 막기 위해 학생들 및 다른 대학교 교수들과 연대해 집회를 개최할 예정이었다.

그런데 이 사실을 확인한 박용성이 3월 24일 중앙대 총장과 보직교수 등 20여 명에게 이메일을 보내면서 상상을 초월한 막말을 내뱉었다. 당시 박용성이 이메일로 보낸 주옥같은 막말들을 감상해보자.

"인사권을 가진 내가 법인을 시켜서 모든 걸 처리한다."

"그들이 제 목을 쳐달라고 목을 길게 뺐는데 안 쳐주면 예의가 아니다."

"가장 피가 많이 나고 고통스러운 방법으로 내가 쳐줄 것이다."

어이쿠, 무서워라. 목을 친단다. 이 자는 자기가 조선시대 왕인 줄 안다. 아니면 전생 직업이 망나니였냐?

박용성은 다른 이메일에서도 김누리 중앙대 독문과 교수 등이 주도했던 '중앙대 비대위'를 변기를 뜻하는 'Bidet委비데위' 또는 '鳥頭새대가리라는 뜻'라고 불렀다.

이뿐이 아니다. 그 무렵 경희대, 한양대 등 전국 45개 대학 학생회가 중앙대의 구조조정을 반대하는 기자회견을 열고 연대투쟁의 의지를 밝혔다. 그

2010년 두산중공업이 중앙대학교 퇴학생을 사찰했다는 의혹이 제기되자 중앙대 학생들이 이에 항의 시위를 벌이는 모습 ⓒ민중의소리

러자 박용성은 중앙대 총장을 비롯한 재단 임원들에게 이메일을 보내 "학생 명의로 된 현수막을 게시하라"고 지시했다.

이게 무슨 뜻이냐? 실제 당시 중앙대에는 '여러분 대학이나 개혁하세요. 우리는 개혁으로 초일류가 될꺼니까요_중앙대를 사랑하는 학생 일동'이라는 플래카드가 붙었다. 그런데 이 플래카드를 붙인 자들이 학생들이 아니라 박용성의 사주를 받은 재단 임원들이었다는 이야기다.

실제 박용성은 이메일을 통해 '환영 3류대성균관대 인문대, 경희대, 한양대 학생회 대표단, 3류인 너희 대학이나 개혁해라. 우리는 개혁으로 초일류가 되련다'

라는 현수막을 걸라고 지시했다. 여기서 주목할 대목. 남의 대학교를 3류라고 깔아뭉갠 중앙대 박용성 따까리들은 현수막에 '될 거니까요'라고 써야할 대목을 '될꺼니까요'라고 썼다는 사실이다. 그 맞춤법 실력으로 잘도 초일류가 되겠다.

아직 더 남았다. 박용성은 2015년 대입 전형 과정에서 "여학생 말고 남학생들을 더 뽑으라"는 황당한 지시를 내렸다. 그해 5월 15일 〈한겨레신문〉 보도에 따르면 박용성은 수시모집 평가위원으로 참여한 교수와 입학사정관들에게 "분 바르는 여학생들 잔뜩 입학하면 뭐하느냐? 졸업 뒤에 학교에 기부금도 내고 재단에 도움이 될 남학생들을 뽑으라"고 지시했다는 것이다.

중앙대 갤러리

| 일간 베스트 | 갤러리 검색 | 즐겨찾기 | 연관갤러리 | 갤러리 주소복사 |

| 최근 방문 갤러리 | 중앙대 | × |

제 목 **경희대, 한양대에서 손님도 오셨는데 환영현수막 하나 걸어드렸습니다.**

글쓴이 | 조회 401 | 댓글 12

ⓒ디시인사이드 중앙대 갤러리 갈무리

실제 평가에 참여한 이들은 "서류평가가 시작된 2014년 9월부터 교직원 등을 통해 '이사장님 지시 사항이니 남학생들을 많이 뽑으라'는 이야기를 여러 번 들었다"고 고백했다.

나는 이런 이야기를 들을 때마다 궁금해서 미칠 지경이다. 박용성은 아빠 배에서 태어났냐? 아버지 박두병이 사실 어머니이기도 하고 그런 거냐고? 니 엄마가 바로 여학생들이었다.

게다가 '분 바르는 여학생들'에서 나는 진짜 터졌다. 두산그룹의 모태가 '박승직 상점'이다. 원래 포목점이었던 이 상점은 '박가분'이라는 화장품을 히트시키며 거상巨商으로 성장했다. 그 박가분이 바로 하얀 분가루다. 분 바르는 여학생들에게 분가루 팔아 기틀을 다진 주제에 누가 누구 보고 '분가루 바르는 여학생'이라며 괄시를 한단 말인가? 제발 창업주 족보 정도는 파악을 하고 말을 씨불이도록 하자.

아무튼 박용성은 이런 미친 짓을 연이어 저지르다 재단 이사장과 두산중공업 회장, 대한체육회 명예회장 자리에서 물러났다. 이듬해 박용성은 중앙대에 특혜를 달라며 박범훈 청와대 교육문화수석에게 뇌물을 준 혐의가 드러나 징역 10개월에 집행유예 2년형을 받았다.

두 번째 후일담. 3남 및 형제들에게 쫓겨난 2남 박용오는 기업 경영에 미련을 버리지 못하다가 2008년 시공순위 50위권인 성지건설을 인수하면서 재기에 나섰다. 두산그룹 회장을 그만 둘 때에도 두산산업개발현 두산건설을 떼어 독립하겠다고 나설 정도였으니 자기 딴에는 건설업에 자신이 있었던 모양이었다. 하지만 그가 재기에 나선 2008년은 글로벌 금융위기로 건설

경기가 완전히 무너진 시점이었다. 당연히 사업이 제대로 될 리가 없었다.

그 와중에 박용오의 차남 박중원 당시 성지건설 부사장이 회삿돈을 횡령해 주가 조작에 가담한 사실이 알려졌다. 연이은 악재가 겹친 상태에서 박용오는 2009년 11월 4일 유서를 남기고 스스로 목숨을 끊었다.

주가조작으로 물의를 빚은 박용오의 차남 박중원은 아버지의 자살 이후 지인들로부터 돈을 빌리고 갚지 않다가 사기죄로 수배됐다. 박중원은 2013년 서울 송파구 잠실동 한 당구장에서 경찰에 붙잡혔는데, 경찰이 신분증을 요구하자 다른 사람의 신분증을 제시하며 마지막까지 버텼다는 일화를 남겼다. 사우디 왕가 승계방식을 운운하던 두산가의 형제들은 이렇듯 한국 역사 곳곳에 비루한 모습을 남겼다.

효성그룹 형제의 난

지금부터는 부록이다. 『한국 재벌 흑역사』 시리즈에서 재벌들의 다양한 분쟁을 살펴봤는데 그래도 살펴보지 못한 굵직한 형제의 난이 하나 남았다. 2014년 불거졌던 효성그룹 경영권 분쟁이다.

이 사건을 굳이 덧붙이는 이유는 사건이 굵직하기도 했지만 이들이 벌인 이전투구가 서로 고소·고발을 남발한 두산그룹 형제의 난과 닮아있기 때문이다. 이 사건을 이해하기 위해서는 효성그룹의 경영권 승계방식 변화를 살펴볼 필요가 있다.

효성그룹 창업주 조홍제는 그룹을 셋으로 쪼개 세 아들에게 나눠줬다. 조홍제는 애초부터 장남인 조석래에게 효성을, 차남인 조양래에게 한국타이

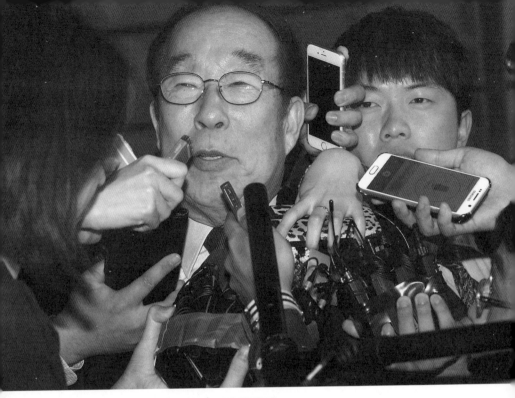
박용성이 서울 서초동 중앙지검에 출석하는 모습 ⓒ민중의소리

어를, 삼남인 조욱래에게 대전피혁을 각각 맡기며 분쟁의 싹을 잘랐다.

그런데 주축 그룹인 효성을 물려받은 조석래의 생각은 달랐다. 조석래 역시 세 아들을 뒀는데 그는 평소 세 아들에게 "가장 능력 있는 아들에게 후계를 물려주겠다"고 공언했다. 경쟁 시스템을 도입해 몰아주기 방식으로 차기를 결정하기로 한 것이다.

그런 차원에서 조석래는 세 형제에게 효성의 지분을 7%씩 똑같이 나눠줬다. 세 형제는 더 이상 우애를 나눌 수 있는 사이가 아니었다. 단 하나뿐인 왕좌를 놓고 피 튀기는 결투를 벌여야 하는 상황이 벌어졌다.

세 형제 중 둘째 조현문은 경력이 매우 특이한 사람이다. 형조현준과 동생조현상이 일찌감치 그룹에 들어가 입지를 다진 반면 조현문은 서울대학교 인류학과를 졸업한 후 미국 하버드 대학교 로스쿨을 마치면서 미국 뉴욕주 변호사 자격증을 따냈다. 이후에도 조현문은 미국에서 오랫동안 변호사로 활동하다가 2000년에야 뒤늦게 효성 전략본부 이사로 경영 일선에 뛰어들어 경쟁 구도에 합류했다.

뜬금없는 이야기지만 1988년 MBC 대학가요제에서 무한궤도라는 5인조 밴드가 대상을 차지한 일이 있었다. 당시 대상 수상곡 '그대에게'는 아직도 많은 올드팬들이 노래방에서 열창하는 명곡이다. 이때 무한궤도의 멤버는 기타와 보컬을 맡았던 신해철, 신시사이저 조현문, 신시사이저 김재홍, 베이스 조형곤, 드럼 조현찬 등 5인으로 구성됐다.

이쯤에서 "어?" 하신 독자분들은 감각이 있으신 거다. 무한궤도의 제1 신시사이저를 맡았던 조현문이 바로 조석래의 차남 조현문이기 때문이다. 이쯤에서 짐작할 수 있는 사실은 조현문은 여타 재벌 3세들과 달리 음악을 직접 연주했고, 미국 생활을 오래 한 나름대로 자유주의 성향이 무척 강했던 사람이라는 점이다.

뒤늦게 경영에 합류한 조현문은 아버지의 눈에 들기 위해 많은 노력을 한 것으로 알려졌다. 하지만 조현문의 경영 능력에 대해서는 평가가 극단적으로 엇갈린다. 조현문은 자신이 중공업 부문을 맡아 해외 시장을 적극 공략했고, 내수 위주의 중공업 부문을 해외로 돌려 매출을 크게 늘렸다고 주장한다.

효성그룹 조현준 회장 ⓒ민중의소리

그러나 아버지인 조석래와 조현문의 형제들은 이 사실을 전혀 인정하지 않았다. 형제의 난이 벌어졌을 때 효성그룹은 "조현문 전 부사장이 중공업을 맡았을 때 그 분야는 줄곧 적자였다"고 그의 능력을 평가 절하했다.

결국 미리 자리를 잡고 경쟁 구도에서 앞서나갔던 장남과 막내 사이에서 조현문은 설 곳을 잃었다. 경영권 승계 싸움에서 조현문이 참패를 당한 셈이다. 이에 관해 조현문이 〈한겨레신문〉에 남긴 인터뷰가 이렇다.

"회사의 부정부패를 발견하고 아버지에게 문제점을 보고한 뒤 개선을 건의하자 돌아온 말은 '형이나 잘 보필하라'였다."

"아버지에게 '불법 비리를 이대로 두면 안 됩니다. 가족들 모두가 감옥에 갈 수 있습니다'라고 강력히 진언했으나 돌아온 답은 차가웠다. '내 회사 내 뜻대로 경영하는데 네가 무슨 상관이냐? 형의 자리를 다 차지하려는 욕심 때문이냐? 차라리 (회사를) 나가라.'"

아버지로부터 외면을 받은 조현문은 2013년 회사를 떠날 결심을 굳혔다. 하지만 조현문은 패자의 신분으로 조용히 회사를 떠나지 않았다. 일단 그는 자기가 보유한 7%의 효성 주식을 모조리 팔았다. 그런데 그는 이 주식을 형제들이나 아버지가 아닌 아무 상관도 없는 기관투자가에게 모두 넘겼다. 지배권이 약한 한국 재벌 오너 일가가 자신의 지분을 외부 인사에게 파는 것은 극히 이례적인 일이다. 가문에 대한 조현문의 분노가 얼마나 강했는지를 나타내는 사건이었다.

조현문의 주식 매도로 조 씨 일가의 효성 지분율은 33%에서 26%로 줄어들었다. 경영권이 흔들릴 수 있다는 위기감을 느낀 장남과 막내는 막대한 돈을 들여 조현문이 판 몫만큼의 주식을 시장에서 사들여야 했다.

조현문의 복수는 여기서 끝나지 않는다. 이듬해 조현문은 형과 동생이 직접 경영했던 계열사들을 무더기로 검찰에 고소해버렸다. 횡령, 배임 등 다양한 범죄 혐의가 여과 없이 고소장에 드러났다. 조현문과 효성 일가가 벌인 소송전은 무려 10건으로 확대됐다. 이른바 '효성그룹 형제의 난'이 시작된 것이다.

우병우가 등장한다

조현문은 자신이 다니던 교회에서 당시 홍보대행사 뉴스커뮤니케이션즈를 이끌던 박수환을 만났다. 박수환은 기자들과의 친분을 이용해 각종 로비를 벌이다가 구속된 인물이다. '박수환 게이트'라 불리던 로비 사건에 송희영 당시 〈조선일보〉 주필도 등장한다. 언론과 재벌의 검은 카르텔을 주도한 인물로 나름 역사에 한 획(?)을 그은 인간이기도 하다. 이 자의 이야기도 책 한 권 분량이지만 이 책에서는 생략하겠다.

당시 〈경향신문〉 보도에 따르면 효성 사정에 밝은 한 인사는 "왕자의 난 초반부터 전체 그림을 기획하고 효성 쪽을 비공식으로 접촉한 인물은 박수환 대표였다"고 말했다. 이 사태를 그린 설계자가 박수환이었다는 이야기다.

그런데 마침 같은 교회에 김준규 전 검찰총장이 다녔다. 여기서 조현문은 김준규를 통해 우병우라는 걸물을 만났다. 박근혜 정권 당시 민정수석, 그리고 싸가지 없음의 대명사로 우리에게 각인된 그 우병우 말이다. 당시 우병우는 검사장 승진 인사에서 탈락하자 검사를 때려치우고 변호사로 변신한 상태였다. 이때 조현문에게 비로소 우병우와 박수환이라는 오른팔과 왼팔이 장착됐다.

형제의 난이 시작되자 조현문은 마치 재벌 개혁을 기치로 내 건 시민운동가처럼 싸웠다. 온갖 비리를 거침없이 폭로했다. 얼마나 잘 싸웠는지 일각에서는 "조현문이 웬만한 재벌 감시 시민단체들보다 더 잘 싸운다"는 말이 나올 정도였다.

이에 불편함을 느낀 효성은 "소송과는 별개로 암에 걸린 아버지조석래에게 문병을 한 번이라도 하는 게 자식 된 도리 아니냐?"는 말을 언론에 흘리며 조현문을 패륜아로 몰아붙였다. 아버지와 형제들에 대한 조현문의 감정이 더 나빠질 수밖에 없었다.

이런 상황에서 우병우라는 걸출한 변호사를 얻은 조현문은 2014년 6월 형과 동생의 회사를 무더기로 고소했다. 그런데 여기서 특이한 점은 우병우가 그보다 한 달 전인 5월에 청와대에 민정비서관으로 임명됐다는 점이다. 우병우가 조현문 소송을 맡은 것은 그해 2월이었는데 소송 도중 우병우가 꽃가마를 타고 청와대 실세로 입성을 한 것이다.

상식적으로 우병우가 청와대에 입성을 했다면 우병우는 소송에서 손을 떼야 했다. 하지만 또 다른 상식으로 추정을 해보면 정반대의 상황이 일어날 가능성도 충분했다. 조현문 입장에서 보면 가족들을 상대할 최고의 총을 손에 넣었는데, 그 총이 갑자기 청와대로 영전하면서 미사일로 변신한 것이다.

조현문의 고소 사건은 원래 서울중앙지검 조사부에 배당됐지만 우병우가 청와대 민정수석이 된 뒤 특수4부로 재배당됐다. 당시 특수4부를 지휘한 서울중앙지검 3차장은 우병우의 대학 동기이자 최측근이었다.

법조계에서는 조현문과 우병우가 단순한 의뢰인과 변호사 관계를 넘어 '사업적 동지'로 발전했다고 해석했다. 〈경향신문〉에 따르면 검사 출신의 한 변호사는 "조현문 전 부사장이 우병우 수석에게 정상적인 수임료만 지급했다고 보기엔 우 수석의 사건 처리가 매우 집요하다"며 "양측 사이에 오

한국 재벌 흑역사 3

전 청와대 민정수석 우병우 ⓒ민중의소리

간 자금 내역 등을 추적해 볼 필요가 있다"고까지 말했다.

조현문은 돈이 아쉬운 사람이 아니었다. 효성 주식을 팔면서 1,300억 원이라는 거액을 챙겼다. 그리고 이후 부동산 사업과 로펌 운영 등으로 돈을 충분히 벌었다. 우병우라는 총이 청와대에서 미사일로 변신했을 때 조현문이 과연 그 미사일을 놓아주었을 것인가, 아니면 사적인 이해관계를 위해 사용했을 것인가는 밝혀지지 않았다.

한 가지 확실한 점은 우병우가 이 사건을 수임하고도 그 내역을 법조 윤리위원회에 신고조차 하지 않았다는 사실이다. 원래 공직에서 퇴임한 변호사는 2년 동안 수임 자료와 처리 결과 등을 법조윤리협의회에 제출해야 하는데도 말이다. 뭔가 숨기고 싶었던 사실이 있었다는 이야기다.

여기서 또 한 가지 고려할 점이 있다. 효성은 이명박과 사돈 관계에 있는 재벌이다. 창업주 조홍제의 차남 조양래의 며느리가 이명박의 셋째 딸인 이수연이다. 효성은 당연히 이명박-박근혜 경쟁 때 이명박 편을 들었다. 그리고 『한국 재벌 흑역사』 2권에서도 밝혔듯이 박근혜는 이런 원한을 절대 그냥 넘어가는 사람이 아니었다.

효성은 하필이면 박근혜에게 찍힌 데다, 조현문의 변호사가 박근혜 정권의 실세인 우병우라는 겹악재를 만났다. 그룹에 대한 수사 강도는 나날이 강해졌다.

결국 그룹 회장 조석래는 징역 3년, 벌금 1,365억 원의 유죄 판결을 받았다. 건강상의 이유로 법정 구속은 겨우 면했지만 실형이 선고된 것이다. 우리나라 사법부가 재벌에게 매우 관대했던 점을 생각하면 상당한 강도의 처벌이 이뤄진 것이다.

2024년 3월 30일 조석래가 숙환으로 사망했다. 빈소는 신촌 세브란스 병원에 마련됐다. 오스트레일리아에서 변호사 생활을 하던 것으로 알려진 조현문도 조문을 왔다. 하지만 조문 시간은 6분 정도에 불과했다. "가족들과 만났느냐?"는 기자들의 질문에는 묵묵부답이었다. 그리고 그날 영안실에 안내된 유족 명단에 조현문의 이름은 없었다.

조석래 상가 ⓒ민중의소리

대한항공

재벌의 괴성, 갑질의 정점에 선 국적기

무엇을 상상하건 그 이상의 DDY

내가 이 책을 쓰면서 가장 고생스러웠고 가장 고민이 많았던 챕터가 바로 이 장이다. 실제 분량이 가장 긴 챕터이기도 하다.

지금부터 대한항공을 주력으로 한 한진그룹 조 씨 일가의 만행을 소개할 참인데, 너무 많아서 어떻게 정리를 해야 할지 엄두가 안 날 정도였다. 누구부터 시작할까 고민했는데 위에서부터 내려가기로 했다.

사망한 조양호의 부인 이명희부터 시작해서 나이순으로 조승연조현아, 조원태, 에밀리 리 조조현민를 차례로 살펴보겠다. 사망한 조양호는 맨 뒤로 돌렸다. 참고로 사람들이 좀 헷갈려하던데 여기서 등장하는 이명희는 『한국 재벌 흑역사』 1권에서 등장한 삼성 창업주 이병철의 딸 이명희, 즉 신세계그룹 총수가 아니다. 동명이인이다.

이명희는 1949년생으로 이재철1923~1999 전 교통부 차관의 장녀다. 이명희는 조양호와 1973년 결혼했는데 이때 이재철이 바로 항공 정책을 총괄하던 교통부 차관이었다. 이게 무슨 뜻이냐? 정경유착이 극심했던 유신 시절 조양호의 대한항공은 사돈인 이재철의 비호 아래 급성장했다는 뜻이다. 이명희가 단지 오너 부인이라는 자리를 넘어 그룹 내에 막강한 영향력을 행사한 이유가 이것이었다.

이 자가 어떤 인간인지 알아보자. 우선 2018년 4월 17일 〈머니투데이〉가 단독 보도한 운전기사에 대한 갑질 내용이다. 이 보도에서 운전기사 A씨는 종로구 구기동에 있는 이명희의 자택으로 출근한 첫날부터 충격을 받았다. A씨의 증언.

"집사가 조금만 늦어도 바로 '죽을래 XXX야', 'XX놈아 빨리 안 뛰어와' 등 욕설이 날아왔기 때문에 집사는 항상 집에서 걷지 않고 뛰어다녔다. 당시 가정부로 필리핀 여자가 있었는데 아마 (우리말 표현을 정확히 다 알아듣는) 한국 사람이었으면 버티지 못했을 것이다."

A씨가 'XXX야'와 'XX놈'을 욕설이라고 증언했으니 저기에 들어갈 수 있는 말은 몇 개 되지 않는다. 일단 앞의 XXX는 '개새끼'일 확률이 60% 정도다. 60%로 낮게 잡은 이유는 '십새끼'라는 대체어가 존재하기 때문이다. 이건 확률 40% 정도? 아무튼 저 앞의 XXX는 개새끼 아니면 십새끼 둘 중 하나다. 뒤의 XX놈은 시발놈일 확률이 99% 이상이다. 물론 개상놈, 미친놈, 도둑놈, 개잡놈, 불쌍놈, 어린놈 등등 세 글자 욕이 있기는 하지만 내가 보기에 확률이 매우 낮다.

이후 이명희의 욕설은 A씨에게도 시작됐다. A씨는 운전을 하지 않을 때에는 구기동 자택에서 대기하면서 집안일을 도왔는데 그때마다 "이것밖에 못 하느냐며 XXX야"라는 폭언을 들었다. 이 XXX도 개새끼 아니면 십새끼

둘 중 하나다. 적어도 이게 무지개나 미리내 같은 아름다운 단어는 아닐 것 아니냐? A씨가 분명히 폭언이라고 증언했으니 말이다.

특이한 점은 이명희가 남편인 조양호가 자리에 없었을 때 목소리가 더 커졌다는 점이다. A씨에 따르면 조양호가 같이 있을 때에는 이명희가 상대적으로 얌전했단다.

이명희는 집에서만 이러지 않았다. A씨가 출근한 지 2주일쯤 지나 이명희는 자택으로 대한항공 임직원 5~6명을 줄줄이 호출했다. A씨에 따르면 50대 직원에게 이명희가 차마 입에 담지 못할 욕설과 폭언을 했으며 집 안에서 유리가 깨지는 소리도 들렸다고 한다.

같은 날 〈KBS〉가 단독 보도한 내용도 판박이다. 증언자만 운전기사에서 전직 부기장으로 바뀌었을 뿐 이명희의 행태는 똑같았다. 이명희가 경비원과 정원사, 가사 도우미 등에게 보인 행태에 대한 전직 부기장의 증언을 보자.

"막 욕을 하는 거죠. 야! 그걸 못하냐고 그러면서. 성질나면 꺅~ 소리를 지르고 막 집어던지기도 하고. 양철 같은 거 던지는 소리도 나고."

그리고 이어지는 증언.

"조현민 전무 음성 지금 가끔 TV에 나오는 것, 야~ 패악을 지르는 꼭 그대로예요. 자기 엄마가 하는 것을 그대로 배운 거예요."

이어서 익명 직장인 커뮤니티 블라인드에 폭로된 내용. 한진그룹은 경영에 참여하는 한진 오너 일가에 코드명을 붙여 부르는 습관이 있다. 예를 들어 조양호는 DDY, 조원태는 DDW, 조현아는 DDA 이런 식이다. 이명희는 조양호 코드명을 따 Mrs DDY, 혹은 줄여서 '미세스 와이'라고 불렸다.

"정말 창피해서 Mrs DDY 썰은 말 못하겠지만 무엇을 상상해도 이상이라는 것만 알아둬. 아마 책으로도 낼 수 있을만한 양과 내용이라는 거."

"마주치는 모든 사람에게 폭언과 욕설을 하고, 운전기사 얼굴에 침을 뱉거나 폭행을 했다."

이쯤에서 끝나면 다행인데 슬프게도 그렇지가 않다. 지금부터는 2배속 기술을 사용해 앞뒤 정황 자르고 이명희가 저지른 핵심들만 나열하겠다.

▲ "아우 저 거지같은 놈. 이 XX야. 저 XX놈의 XX. 나가! 나가! 나가~!"

자택 인테리어 공사를 하는 노동자에게 이명희가 했다는 말이다. 이건 진짜 녹음본으로 들어봐야 한다. 글로는 당시의 다이나믹이 설명이 안 된다. 진정한 절규가 무엇인지 생생히 느낄 수 있으니 유튜브 검색을 통해 꼭 한 번 들어보시기 바란다.

▲ "무릎을 꿇리고 갑자기 따귀를 확 때렸는데 직원이 고개를 뒤로 피했다. 그랬더니 더 화가 나 소리를 지르며 무릎을 걷어찼다."

이 역시 당시 인테리어 공사에 참여한 작업자의 증언. 웃긴 건 이때 공사비가 70억 원 정도였는데 30억 원가량을 회삿돈으로 지불했다는 점이다. 엄연한 횡령이다.

▲ "집안일을 해결하기 위해 50, 60대 회사 임원들을 주말에 수시로 호출하는가 하면 2005년에는 친구들과 일본 여행을 가야 한다며 그룹 내 여행 담당 팀에 '일본 건축가를 테마로 한 맞춤형 여행코스를 개발하라'고 지시하기도 했다."

법원에 영장실질심사를 받기 위해 출석하는 이명희 ⓒ민중의소리

한진그룹 전직 임원이 〈매일경제〉와 인터뷰한 내용이다. 이 기사에 나온 또 다른 임원의 증언.

▲ "한번은 호텔 서비스에 만족하지 못한 이 이사장이 호텔 담당 동료 임원의 정강이를 찼다는 말도 돌았는데 해당 임원이 '대화 도중 여사님이 갑자기 발을 들어 올렸고 그 발이 내 다리에 닿은 것뿐이지 맞은 것은 아니다'고 진화에 나섰다."

맞았는데 맞았다고 말은 못한다. 이명희는 발을 들었을 뿐이고(그런데 갑자기 발은 왜 들었대?) 임원 다리가 하필 거기 닿았다는 거다. 이런 논리면 내가 조원태 만나서 한 대 갈긴 뒤 "나는 주먹을 쥐었을 뿐인데 조원태 면상이 내 주먹에 닿았다" 이래도 된다는 거 아닌가? 물론 나는 폭력적인 사람이 아니어서 이런 짓은 절대 하지 않겠지만 말이다.

▲ "뒷모습만 보고는 그분이 사모님인지 조양호 회장인지 가족인지 모르잖아요. 할머니, 여기 함부로 오시는 데 아니라고. 그 친구가 그날부터 못 나왔어요. 그때도 폭언과 욕을 했었고."

이명희가 인천 하얏트 호텔에서 자신을 몰라보고 할머니라 부른 직원을 해고했다는 일화. 인천공항 대한항공 일등석 라운지에서 준비해 둔 음식이 식었다며 접시를 집어던졌다는 증언도 있었다. 이명희에게 폭언을 들었다는 조리사는 자괴감을 느끼며 스스로 회사를 그만뒀다.

▲ "개XX, 소XX는 기본 공식이라고 생각하셔야 돼요. 미친XX, 개XX 하다가 조양호 회장이 그만하라고."

조양호 일가가 평창동으로 이사를 한 후 집으로 호텔 요리사와 직원들을 불러 집들이를 했는데 당시 이명희가 요리사들에게 퍼부었다는 폭언. 개XX, 소XX가 개고기나 소고기는 아니겠고, 개꽐식이나 소시지는 더더욱 아닐 것이다. 개새끼, 소새끼였다는 이야기다.

▲ "설렁탕 먹다가 이게 싱거우니까 어떤 개XX가 설렁탕에 물 탔냐. 호텔 식당이 300평이거든요. 저기에서도 쩌렁쩌렁해요."

이런 고성이 밤마다 이어졌다는 거다. 이명희뿐 아니라 딸 조현민까지 이고성방가에 가담했으니 이웃들의 고통이 어땠겠나? 실제 언론에 고통을 하소연하는 이웃들까지 나왔다. 사태가 이 지경에 이르면 상식적으로 '이제 소리 좀 그만 질러야지'라고 수습하는 게 정상이다. 그런데 조양호는 이 문제가 불거진 이후 자신의 집무실에 방음 공사를 했다. 소리를 안 지르면 될 일을 참 어렵게도 처리한다.

▲ "이명희 여사는 마주치는 모든 사람에게 폭언과 욕설을 한다고 해도 과언은 아니다."

어이쿠, 무서워라. 길 가다가 이명희 만날까봐 살 떨린다.

▲ "회사 달력을 만드는 직원이 이 이사장의 질책성 질문에 말대꾸했다는 이유로 그 자리에서 욕설을 듣고 결국 해고됐고, 그 직원을 감싼 한 임원도 함께 경질됐다는 겁니다."

〈MBN〉의 단독 보도 내용. 이명희가 "달력 가격이 왜 이렇게 비싸?"라고 묻자 직원이 "원가 문제 때문에 어쩔 수 없습니다"라고 답했다. 그러자 이명희는 "이 새끼야 네가 그렇게 잘났어? 너 내 앞에 나타나지 마"라고 발광을 했다는 이야기다.

▲ "한창 공사 중인 건물에서 평상복 차림의 한 여성이 현장의 여성 직원을 향해 거칠게 삿대질을 합니다. 옆에 있는 남자 직원들도 고개를 푹 숙이고 있습니다. 화가 풀리지 않았는지 바닥에 있는 건축 자재를 발로 걷어찹니다. 심지어 폭행까지 합니다. 여성 직원의 팔을 거칠게 잡아채는가 하면, 등을 강하게 미는 장면까지 나와 있습니다. 보다 못한 동료 직원이 이를 말리자 대신 화풀이를 합니다. 이 직원이 가지고 있던 설계도면 뭉치를 빼앗아 바닥에 집어 던집니다. 이 동영상 속 주인공은 조양호 대한항공 회장의 부인 이명희 씨로 추정됩니다."

이명희가 2014년 5월 인천 하얏트 호텔 증축 공사장에 와서 행패를 부리는 장면이 촬영됐다. 이 장면을 보도한 〈JTBC〉 기자의 멘트다. 당시 피해자들은 조경 공사를 맡았던 업체의 노동자들이었다.

〈연합뉴스〉 보도에 나온 한 증인은 "이 이사장이 하얏트 호텔의 조경을 담당하는 직원에게 화단에 심겨 있던 화초를 뽑아 얼굴에 던진 일도 있었다"고 말했다. 이 정도면 이명희는 폭력에 진심인 거다. 사람 얼굴에 설계도면을 던지는 것도 괴랄한데 폭력을 위해 굳이 화단의 화초를 뽑는 수고를 마다하지 않는다. 이렇게 긴 글을 적다보니 머리에 번뜩 떠오르는 생각. 이명희는 제발 그만 좀 씨불여라. 쓰다 보니 손가락 아파 죽겠다.

이름 바꾸면 못 알아보겠냐?

다음은 조양호-이명희 부부의 장녀 조승연 차례다. 독자분들이 의아해하실 수도 있는 것이, 대부분은 이 인간의 이름을 조현아라고 기억하기 때

대한항공 조승연 ⓒ민중의소리

문이다. 맞다. 바로 그 인간이다. 그런데 조현아는 2023년 이름을 조승연으로 바꿨다. 언론 분석이 "땅콩 회항 사건의 흔적을 지우고 새로운 이미지를 구축하기 위함"이란다. 노력은 가상한데 그게 되겠냐?

나는 이런 구태의연한 모습을 보면 안타까움이 치밀어 오르는 사람이다. 모름지기 경영을 하는 사람이라면 발상이 신선해야 한다. 위기를 되레 기회로 만드는 창의력이 필요하다는 이야기다.

다른 이야기지만 2004년 농심 켈로그가 주력 제품인 초코맛 시리얼의 마케팅을 위해 '첵스초코나라 대통령 선거 이벤트'라는 것을 벌인 적이 있었다. 가상 국가인 '첵스초코나라'에 밀크초코맛 시리얼을 상징하는 '체키'와 파맛설렁탕에 집어넣는 그 '파'를 말한다 시리얼을 상징하는 '차카'가 대통령 후보로 출마했다는 것이었다. 고객들이 투표를 하면 더 많은 표를 얻은 후보가 대통령이 되고 켈로그는 그 제품을 판매한다고 홍보했다.

당시 광고를 보면 체키는 누가 봐도 귀여운 표정으로 "더 진하고 부드러워진 밀크초콜릿 맛을 첵스초코 안에 넣어줄게!"라는 공약을 앞세웠다. 반면 차카는 누가 봐도 사악한 표정으로 "첵스초코 안에 파를 넣어주지, 근사하지?"라는 섬뜩한(!) 공약을 내세웠다. 시리얼이 설렁탕도 아니고 세상에 누가 파맛이 나는 시리얼을 먹는단 말인가?

그런데 온라인 투표가 시작되자 유머사이트인 '웃긴대학' 네티즌들을 중심으로 파맛 시리얼에 몰표가 쏟아졌다. 사람들이 집단 유머에 진지하게 참여한 것이다.

특히 네티즌들은 중복투표가 가능하다는 점을 이용해 200여 명이 무려 5만 표에 가까운 표를 차카에게 몰아줬다. 당황한 켈로그는 중복으로 투표된 차카의 4만 7,000표를 삭제했지만 차카는 선두를 빼앗기지 않았다. 결국 켈로그는 전화 투표와 놀이동산 현장 투표까지 추가로 실시하는 등 각종 편법을 동원해 겨우 결과를 뒤집고 체키를 대통령으로 당선시켰다.

그러자 네티즌들은 "켈로그가 부정선거를 저질렀다", "민주주의에 대한 명백한 도전이다", "나는 진짜로 파맛 시리얼이 나오면 설렁탕에 말아먹을 작정이었다" 등 수많은 밈meme을 쏟아냈다.

이걸 '마케팅 한번 잘못해서 욕만 처먹은 사건'으로 기억하면 능력이 부족한 거다. 발상의 전환이란 이때 필요하다. 실제 사건이 벌어진지 16년이 지난 2020년에도 네티즌들이 "첵스초코의 16년 독재를 규탄한다", "초코주의 타파하자!" 등의 밈을 생산하자 켈로그가 발상의 전환에 나섰다.

한정판이긴 하지만 2020년 마침내 진짜 파맛 시리얼을 출시한 것이다. 그리고 켈로그는 마케팅 문구에 아예 "켈로그의 부정선거를 규탄한다"는 네티즌들의 질타를 그대로 넣었다. 사실 소비자들이 "켈로그의 부정선거를 규탄한다"고 비난했던 건 진심이 아니었다. 그 또한 네티즌들이 웃기려고 만든 밈이다.

그렇다면 업체는 소비자들의 그런 유머를 다시 유머러스하게 받아들일 여유가 있어야 한다. 실제 파맛 시리얼은 세계 3대 통신사인 〈로이터통신〉에도 보도됐다. 기사 제목은 '민주주의의 맛 : 한국에서 벌어진 파맛 시리얼을 향한 16년의 투쟁A taste of democracy : South Korea's 16-year fight for a green onion breakfast cereal'이었다.

이런 발상의 전환이 있어야 경영자의 자질이 있는 거다. 조현아는 왜 이름을 조승연으로 바꿨나? 이미지 전환을 위해서? 그런다고 이미지가 전환되겠냐고? 나한테 물어봤으면 진지하게 조언해줬을 것이다. 개명을 '조땅콩'으로 하라고. 어차피 평생 안고 갈 이미지, 오히려 본인이 스스로 유머러스하게 받아들이면 다른 가능성이 열린다.

이 인간이 2025년 현재 조 씨 일가에서 축출당한 뒤 빚도 못 갚고 떠돈다는데, 이름을 조땅콩으로 개명했으면 하다못해 땅콩 사업이라도 성공하지 않았겠나? 광고문구도 "항공기까지 회항시킨 그 놀라운 땅콩, 조땅콩이 직접 여러분 앞에 들고 나타납니다" 정도로 하고 말이다.

아무튼 이 책에서 이 인간의 이름을 조승연으로 쓸 것인가, 조현아로 쓸 것인가의 문제가 남는데 독자분들의 이해를 위해 옛 이름인 조현아로 쓰겠다. 다만 그의 현재 공식 이름은 조땅콩, 아니 참, 조승연이라는 사실을 알아주셨으면 한다.

우선 그 유명한 땅콩 회항 사건부터 살펴보자. 2014년 12월 5일 뉴욕 존 F. 케네디 국제공항에서 인천국제공항을 향해 이륙 중이던 대한항공 086편을 조현아가 다시 회항시킨 유명한 사건이다.

승무원이 퍼스트 클래스에 탑승한 조현아에게 견과류 간식을 접시에 담지 않고 봉지 상태로 제공했다. 이에 빡친 조현아가 승무원뿐 아니라 사무장 박창진까지 호출한 뒤 갑질 진상을 떨었다는 게 이 사건의 요지다.

조현아는 승무원과 박창진의 무릎을 꿇렸고 서비스 지침서 케이스의 모서리로 박창진의 손등을 찔러 상처를 냈다. 무릎을 꿇은 승무원이 매뉴얼을 찾자 조현아는 그를 일으켜 세운 뒤 탑승구 벽까지 거의 3m를 밀어버렸다. 처음에는 승무원에게 내리라고 난동을 부리더니 박창진이 침착하게 승객 응대 매뉴얼을 보여주자 조현아가 "그럼 니가 책임자니까 너 내려! 비행기 못 띄워"라고 발악을 했다. 이 사건으로 그 비행기는 예정보다 46분 늦게 이륙했다.

인천국제공항에서는 그래도 된다는 뜻이 절대 아니다. 그런데 이 사건이 벌어진 장소가 뉴욕이라는 사실을 주목해야 한다. 사람이 보통 다른 나라에 가면 좀 조심하기 마련 아닌가? 외국인들도 잔뜩 보고 있는데! 그런데 이

참여연대가 조현아 땅콩 회항 사건을 부실하게 조사한 국토교통부에 대한 공익감사를 청구했다. ©민중의소리

분노조절장애가 분명해 보이는 조현아는 남의 나라에서 이짓을 벌인 거다. 사건이 당연히 국제적으로 널리 알려질 수밖에 없었다.

　게다가 더 황당한 일은 난동은 조현아가 부렸는데 비행기에서 내린 사람은 사무장 박창진이었다는 점이다. 비행기에서 난동을 부리는 승객은 종종 있다. 하지만 난동을 부리면 승객이 쫓겨난다. 그런데 조현아가 난동을 부리니 사무장이 쫓겨났다. 외국 사람들 눈에 이게 어떻게 보였겠나?

　이 사건의 후일담이 수없이 많다. 우선 첫째, 사태가 걷잡을 수 없이 커지자 조현아는 박창진 사무장에게 사과 쪽지를 썼다. 이게 공개되자 또 한바

탕 난리가 났다. 내용이 이랬다. "박창진 사무장님, 직접 만나 사과 드릴려고 했는데 못 만나고 갑니다. 미안합니다. 조현아 올림."

보다시피 열라 성의가 없다. 심지어 맞춤법('드릴려고')도 틀렸다. 이걸 보고 마음이 풀릴 사람이 누가 있겠나? "대리님, 직접 만나 사과 드릴려고 했는데 못 만나고 갑니다. 미안합니다. 대리기사 올림" 같은 패러디가 쏟아졌다.

둘째, 그 퍼스트 클래스에 다른 승객이 타고 있었다. 조현아는 당연히 그 사건을 목격한 승객에게 사과하지 않았다. 오히려 피해자인 박창진 사무장이 사과를 했다.

그 승객은 황당했다. "도대체 누군데 저렇게 안하무인으로 굴고도 무사하나? 어떻게 비행기까지 제 맘대로 돌려세울 수 있는 것인가?"라고 승무원에게 물었다. 돌아오는 대답은 "내부 사정이어서요"라는 짧은 답이었다.

승객은 귀국하자마자 대한항공에 전화로 항의했다. 하지만 사건 발생 닷새 뒤 대한항공 임원이 전화해 겨우 하는 말이 "사과와 보상 차원에서 대한항공 달력과 모형 비행기를 제공하겠다"는 거였다. 비행기 모형? 그걸 어디다 쓰라고? 그러면서 이 임원은 "혹시 언론 인터뷰를 하더라도 사과 잘 받았다고 얘기해달라"고 청탁까지 했다는 것이다. 어디서부터 손을 대야 할지 감조차 오지 않는 총체적 난국이다.

셋째. 세계적 도시 뉴욕에서 벌어진 사건이다 보니 국제적 관심이 엄청났다. 심지어 이 사건은 영문 위키피디아에도 'Nut rage incident'라는 제목으로 매우 길게 등재됐다. 에어아시아 토니 페르난데스Tony Fernandes 회장은 기자 간담회 때 "요즘 한국에서 허니버터칩이 인기가 많은데 에어아시아가 허니버터칩을 많이 확보해 소주와 함께 기내 서비스로 제공했으면 좋겠다. 단 허니버터칩은 봉지로 제공될 것이며 접시에 담아 제공하지 않을 것이다"라고 조롱하기에 이르렀다.

넷째, 당시 제공된 견과류의 정확한 이름은 땅콩이 아니라 마카다미아였다. 그런데 조현아 덕에 마카다미아가 세계적 인기를 끌었다. 거의 모든 쇼

대한항공 땅콩회항 풍자 ⓒ카카오픽 캡처

핑몰이 마카다미아 마케팅을 진행했다. "둘이 먹다가 하나가 내려도 모르는 마카다미아 너츠"라는 광고문구를 보라.

심지어 오스트레일리아 마카다미아협회AMS는 "한국을 마카다미아 주요 소비국으로 만들기 위해 노력하겠다"는 계획까지 밝혔다. "창피해 죽겠다"는 말은 관용어이지만 나는 이때 진짜 내가 조현아라는 인간과 같은 국적이라는 사실에 '인간이 과연 창피해서도 죽을 수 있는가?'를 심각하게 고민했다.

이후 조현아는 감옥에 갔다가 2018년 3월 칼호텔네트워크의 사장으로 복귀했다. 그런데 복귀 다음달에 동생 조현민의 물컵 갑질 사건이 터졌다. 이미 조현아의 갑질로 한번 심하게 덴 대한항공은 내부 대책 회의에서 "조현민을 즉시 퇴진시키고 대국민 사과를 하자"는 쪽으로 의견을 모았다.

그런데 〈MBC〉 단독 보도에 따르면 조현아는 "내가 땅콩 회항 때 퇴진해 봤는데 그게 무슨 소용이 있었냐? 사과 대신 변호사를 통해 대응하자"고 우겼다. 지가 저지른 짓에 대한 일말의 반성도 하지 않았다는 이야기다.

이후 조현아는 이혼을 했다. 2019년 조양호가 사망하자 아버지로부터 그룹 지주회사 한진칼의 지분 6.49%를 물려받은 조현아는 동생 조원태를 상대로 경영권 분쟁을 벌였다. 하지만 분쟁 초기 조현아 편을 드는 듯했던 어머니 이명희가 나중에 조원태 편으로 돌아서면서 조현아는 사실상 가족들로부터 축출됐다. 2023년 7월 조현아는 조승연으로 이름을 바꿨다. 그리고 이 책을 쓰는 2025년 봄까지 그에 대해 들린 소식은 단 하나, 2024년 국세를 체납해 도곡동 자택이 세무서에 압류됐다는 사실이다.

자강두천의 빅매치

여기에 웃지 못할 후일담을 하나 덧붙인다. '자강두천'이라는 신조어가 있다. '자존심 강한 두 천재의 만남'이라는 뜻이다. 이번 에피소드를 읽고 나면 내가 왜 자강두천을 화두로 삼았는지 독자분들도 이해해 주실 것이다.

이번 에피소드의 정식 명칭은 '포스코 임원 기내 승무원 폭행 사건'이다. 하지만 이보다는 '전설의 라면 상무 사건'으로 훨씬 더 많이 알려져 있다. 그런데 이 에피소드에는 영화 〈식스센스〉급의 반전이 있다. 부디 끝까지 읽어주시길 부탁드린다.

때는 2013년 4월 15일, 포스코그룹 계열사인 포스코에너지의 상무였던 왕희성이라는 인간이 미국 로스앤젤레스로 향하는 대한항공 비즈니스석에 탑승했다. 그런데 왕희성은 탑승하자마자 "옆자리가 비어있지 않다"며 욕설을 시작했다. 나는 이 이야기를 듣고 왕희성이 어렸을 때 옆좌석 사람에게 쥐터진 경험이 있어 트라우마가 남았나 살짝 걱정했다. 그게 아니면 옆좌석에 사람이 있다고 욕설을 퍼부을 이유가 없지 않은가?

승무원이 비상구 좌석으로 이동시켜 준다고 제안하자 왕희성은 "선반에 옆 사람의 짐이 있다"고 불평을 늘어놓았다. 그렇다면 왕희성은 어렸을 때 옆 사람 짐으로 쥐터진 적이 있나? 구체적으로 걱정이 되기 시작했다.

자기 자리로 돌아온 왕희성은 저녁 식사를 주문할 때 무려 7분 동안이나 메뉴판을 쳐다보더니 "메뉴는 누가 정하느냐?"는 둥 "아침 메뉴에 왜 죽이 없느냐"는 둥 시비를 걸다가 다음날 오전 메뉴로 키슈라는 양식을 주문했다. 나는 몰랐는데 비즈니스 클래스 승객들은 첫 메뉴를 주문할 때 다음날 메뉴도 미리 주문한다고 한다. 그리고 키슈가 뭔지 몰라 찾아봤더니 프랑스 파이 비슷한 음식이란다.

왕희성은 저녁 식사 중에 "밥이 설익었다"고 트집을 잡았다. 승무원들이 밥을 교체해줬지만 그는 또다시 "밥이 설익었다"고 시비를 걸며 라면을 주문했다. 라면이 나오자 왕희성은 "라면이 설익었다"고 퇴짜를 놓았다. 두 번째 라면이 나왔을 때는 "라면이 짜다"며 식사를 물렸다. 그래서 사무장이 직접 나서서 짜지 않게 스프를 반만 넣고 끓인 라면을 다시 서빙했는데 덜 익은 면을 덜어낸다며 구시렁거리더니 접시와 냅킨 등을 통로로 냅다 던졌다. 이 대목에서 나는 왕희성이 어렸을 때 설익은 라면으로 쥐터졌거나, 짠 라면으로 쥐터진 경험이 있지 않은가 걱정이 겹쳤다.

이후 왕희성의 갑질이 본격화됐다. 그 비행기는 2분마다 환기가 되는 시스템을 갖췄는데 왕희성은 답답하다며 "1분마다 순환하라"고 질척댔다. 24도로 맞춰져 있는 비행기 온도를 "23도로 낮춰라"고 칭얼거리는가 하면 이미 최대 밝기였던 라운지의 불을 "더 밝혀라"고 억지도 부렸다. 좌석 벨트 착용 불이 들어와도 지시에 따르지 않았다.

다음날 아침 미리 주문한 키슈가 식사로 제공되자 왕희성은 "왜 라면 안 주냐?"며 진상을 부렸다. 라면은 시킨 적도 없었는데 말이다. 승무원이 "주문을 확인해 보겠습니다"라고 말하자 왕희성은 갑자기 "단발머리 애 어디 갔어?"라며 승무원들이 식사를 준비하는 공간으로 쳐들어갔다.

담당 승무원을 찾은 그는 다짜고짜 "너 왜 라면 안 줘. 나 무시하냐?"라며 갖고 있던 책의 모서리로 승무원의 눈두덩이를 내리쳤다. 보고를 받은 사무

장이 왕희성에게 다가와 승무원 폭행이 불법이라는 사실을 알려주자 왕희
성은 "내가 때린 게 아니라 책을 들고 있었는데 승무원이 와서 부딪혔다"는
황당한 말을 늘어놓았다. 이 사실을 보니 왕희성은 어렸을 때 책 모서리로
쥐터진 경험이 있는 게 아닌가 싶기도 했다. 아, 헛갈린다. 왕희성, 당신은

네티즌들이 만든 라면 상무 사건 패러디 사진 ⓒ인터넷 커뮤니티

어렸을 때 도대체 뭐에 쥐터졌던 거냐?

결국 대한항공 사무장은 미국 공항에 정식으로 경찰 출동을 요청했다. 왕희성은 착륙하자마자 FBI로 인계됐다. 그리고 미국 입국을 거부당했다.

그런데 이 사건이 알려지게 된 계기가 남다르다. 왕희성이 "미국 입국이 거부되면서 중요한 계약이 불발돼 회사가 막대한 손해를 입었다"는 이유로 대한항공에 손해배상을 요구한 것이다. 숨겨도 모자랄 사실을 손해배상을 청구한다고 나댔으니 대한항공이 화가 안 날 수가 있나? 대한항공은 당시 상세한 정황 내용이 담긴 카카오톡을 블라인드 앱에 유출했다. 그래서 이 사건이 세상에 알려진 것이다.

파장이 커지자 포스코는 즉시 왕희성을 보직에서 해임했고 블로그에 사

네티즌들이 만든 라면 상무 사건 패러디 사진 ⓒ인터넷 커뮤니티

과문을 올렸다. 왕희성은 며칠 뒤 사표를 냈고 포스코는 사표를 즉시 수리했다. 이게 그 유명한 '전설의 라면 상무 사건'이다.

이 사건으로 대한항공 승무원들의 트라우마가 얼마나 심했겠나? 사건 직후 대한항공 사내 게시판에는 한 임원이 승무원들에 대한 위로를 담은 글을 올렸다.

"폭행 현장에 있었던 승무원이 겪었을 당혹감과 수치심이 얼마나 컸을지 안타깝다. 앞으로도 항공기의 안전이나 운항을 저해하는 행위가 발생해도 규정과 절차에 따라 일관된 서비스를 제공한다면 우리의 노력은 정당하게 인정받을 것이다"라는 내용이었다. 자신들의 고통을 이해해 주는 임원의 따뜻한 격려를 들은 승무원들의 마음이 조금은 위로를 받았을 것이다. 그런데 이 위로문을 올린 주인공이 바로 누구였을까? 조현아였다! 그리고 조현아는 이듬해 땅콩 회항 사건을 일으켰다. 소오름!

나는 그런 상상을 해본다. 이 자존심 강한 비행기 갑질의 두 거목을 한 공간에 모아뒀으면 어떤 일이 벌어졌을까? 라면으로 지랄하는 왕희성 vs 땅콩으로 지랄하는 조현아의 한판 승부! 한쪽은 라면을 던지고 한쪽은 땅콩을 던지고. 아무나 이겨라, 이기는 편 니네 편이다. 이 희대의 빅매치를 직접 관전하고 싶은 건 나뿐인가?

공부 못하는 건 괜찮은데

다음은 2025년 현재 한진그룹 회장을 맡아 대한항공을 이끄는 조원태의 이야기다. 조원태는 이명희, 조현아, 조현민과 달리 고래고래 소리를 지르며 미친 인간처럼 보이는 짓을 한 적은 한 번밖에 없다. 진짜 딱 한 번 한 건 지, 아니면 잘 감춘 건지는 모르겠지만 아무튼 그렇다.

그런데 조원태에게는 다른 근본적인 문제가 세 가지나 있다. 첫째, 그의 학위 문제다. 나는 사람의 학위나 학벌을 언급하는 것을 극도로 싫어한다. 학벌이 그 사람의 인품과 능력을 입증하지 않는다고 확신하기 때문이다.

여담이지만 우리나라는 대학에 너무 큰 비중을 둔다. 프랑스의 대학 진학 률은 40%를 겨우 넘고, 독일의 대학 진학률은 30%를 간신히 턱걸이하는 정도다. 최고의 교육 강국으로 평가받는 핀란드의 대학 진학률도 40%가량 이다. 경제협력개발기구^{OECD} 소속 국가들의 평균 대학 진학률 또한 45% 정 도다. 그런데 우리나라 대학 진학률은 70%에 육박한다.

대학^{大學}은 말 그대로 '큰 학문', 즉 매우 심화된 공부를 하는 기관이다. 우 리가 살아가는 데 필요한 지식을 얻는 기관이 아니란 말이다. 대학은 공부 에 소질이 있거나 관심이 있는 사람들이 가서 공부를 하는 곳이다.

고등학교^{高等學校}도 사실 매우 고등^{高等}한 지식을 습득하는 곳이다. 고등학 교에서 배운 지식을 100% 이해하는 사람이 얼마나 되겠나? 코시-슈바르 츠 부등식이나 로그, 사인 코사인 탄젠트는 매우 고등한 지식이다. 공부를 업으로 삼는 사람들이 아니라면 굳이 알 필요도 없는 거다.

그래서 내 생각에 중학교^{中學校}에서 배우는 중등^{中等} 지식만 어느 정도 갖 추면 인간답게 살아가는 데 아무 불편함이 없다. 그 뒤로는 공부를 할 사람 은 공부를 하고, 기술에 관심이 있는 사람은 기술을 배우고, 운동이나 음악 에 조예가 있는 사람은 예술을 하며 살면 된다.

그런데 이런 생각을 가진 나조차 조원태의 학위 문제는 언급하지 않을 수가 없다. 조원태는 미국에서 고등학교를 졸업했고 1995년 2년제 대학교인 힐리어 칼리지에 입학했다. 여기서 굳이 힐리어 칼리지가 2년제임을 밝히는 이유가 있다. 다시 한번 말하지만 나는 2년제건 4년제건 관심이 없다. 벌써 고등학교를 졸업하고 대학大學 교육을 받는 판에 2년제니 4년제니 구분 짓는 것이 무슨 의미가 있나?

문제는 이것이다. 조원태가 미국에서 고등학교를 졸업한 다음에 바로 칼리지에 입학했다는 것은 너무나 당연히 아버지 조양호가 유학비와 체류비를 다 내줬다는 이야기다. 그런데 조원태가 힐리어 칼리지 첫 해 받은 평균 학점이 4.0 만점에 1.67이었다. 수많은 민중들이 공부를 하고 싶어도 여건이 안되서 못하는 경우가 비일비재하다. 그런데 아버지가 돈 다 대줘서 미국까지 가서 공부를 했는데 100점 만점에 평균 40점 맞았다? 이 정도면 공부에 관심이 없거나 소질이 없는 거다.

그러면 다른 길을 찾아야 한다. 그런데 조원태는 특이하게도 인하대학교에 부정으로 편입했다. 편입이란 원래 앞의 학교 성적을 보고 결정하는 것이다. 앞 학교 성적이 100점 만점에 40점짜리를 어떻게 편입을 시키겠나? 게다가 조원태가 힐리어 칼리지에서 취득한 학점은 33학점이었다. 인하대 3학년 편입 지원 자격은 직전 대학에서 72학점을 이수하는 것이었다.

조원태는 아예 편입학 자격이 안 됐다. 당연히 부정 편입학이었다는 이야기다. 교육부가 이 사실을 1998년에 적발해 인하대에 편입학 심사위원들을 중징계할 것을 지시했다. 그런데 당시 인하대 이사장이었던 아버지 조양호는 교육부 지침을 무시하고 아들 편입을 강행했다.

조원태가 공부에 소질이 없는 건 그럴 수 있다. 하지만 모든 이들이 공정한 경쟁을 벌여야 하는 대학 입시에서 부정 출발을 하는 것은 용서가 안 된다.

게다가 더 웃긴 사실이 있다. 2018년에 이 문제가 다시 불거져 교육부가 조원태의 학위를 취소하라는 결정을 내렸다. 나는 이때 조원태 머리가 진짜 빠가사리가 아닌가 의심을 했다. 이 문제가 계속 공론화되는 게 조원태에게 유리하겠나, 빨리 마무리되는 게 유리하겠나? 당연히 후자다. 빨리 학위 취소하고 "죄송합니다" 하면 시간이 지날수록 이 사건은 잊힌다.

하지만 조원태와 인하대는 이 취소 결정이 부당하다면서 교육부에 이의 신청을 냈다. 이 사태가 소송으로까지 번져 2022년까지 이어졌다. 판결이 나올 때마다 기사가 터졌다. 이러면 사람들이 이 사건을 잊고 싶어도 잊을 수가 없는 거다.

참고로 대법원 판결은 조원태의 인하대 학사 학위를 인정해주라는 것이었다. 황당하다. 그런데 판결 내용을 보면 더 황당하다. 대법원은 조원태가 인하대 편입지원 자격을 갖추지 못했다고 인정했다. 그런데도 "편입학 허가일로부터 20년 이상 경과한 후 편입학 허가 당시 지원자격을 갖추고 있지 못했음을 이유로 편입학 허가와 학사 학위를 취소하게 되면 (조원태의) 사회인으로서 지위와 경력이 크게 훼손돼 수인하기 어려운 불이익이 발생한다"며 조원태의 손을 들어줬다. 부정입학으로 획득한 인하대 학사 학위를 취소하면 부정입학자의 지위와 경력이 크게 훼손된단다. 그걸 그대로 인정하면 사람들이 평생 "조원태 쟤는 인하대 부정입학자잖아"라고 수군거릴 텐데 그게 조원태의 지위와 경력을 더 훼손하는 것 아닌가?

아직 끝나지 않았다. 조원태는 미국에서 MBA^{Master of Business Administration}, 즉 경영학 석사 학위를 받았다. 과거 남가주대학교로 종종 불렸던 서든 캘리포니아 대학교^{University of Southern California}가 그가 학위를 받은 곳이다. 미국에서도 상당한 명문으로 알아주는 대학이다.

당연히 궁금해진다. 힐리어 칼리지에서 100점 만점에 40점 받은 애가, 인하대에 부정입학까지 한 애가, 갑자기 미국 명문대학교에서 경영학 석사 학위를 받았다고? 미국 대학들의 MBA 과정은 우리 생각보다 많이 힘들다. 그걸 조원태가 했다고? 아니 그걸 떠나서 입학은 도대체 어떻게 했대?

궁금증을 풀어줄 힌트가 있다. 일단 아버지 조양호가 이 대학을 나왔다. 그리고 조양호의 동생 조수호와 조정호도 이 대학에서 경영학 학사 학위를 받았다. 조원태뿐 아니라 조현아도 여기서 MBA를 수료했다. 조금 있다가 살펴볼 조현민도 이 학교에서 커뮤니케이션 학사 학위를 받았다. 이 정도면 남가주 대학교가 아니라 조 씨 동문회 아니냐?

왜 이런 일이 벌어졌느냐? 조양호가 이 학교의 재단 이사였기 때문이다. 확인된 기간만 1990년부터 2018년까지다. 그리고 이 대학에는 기부금 입학제도가 있다. 이제 퍼즐이 맞춰진다. 조 씨 3남매의 학위는 다 돈으로 산 것이라는 이야기다.

다시 한 번 말하지만 나는 중등 교육과정만 거쳐도 살아가는 데 아무 불편함이 없다고 생각하는 사람이다. 조 씨 3남매가 공부에 소질이 없었다면 다른 꿈을 찾으면 된다. 집에 돈도 많지 않은가? 그런데 뭘 허세를 그렇게 부리고 싶어서 아버지가 재단 이사로 있는 미국 대학에서 억지로 학위를 받고, 아버지가 이사장인 인하대에 부정 편입학을 하느냐는 말이다.

파렴치한 폭행범

조원태는 1999년 산업기능요원으로 병역을 시작했다. 산업기능요원이 된 과정도 석연찮은데 이 문제는 그냥 넘어가겠다. 면제 받은 재벌들이 수두룩한데 산업기능요원이라도 했으니 그게 어디냐 싶은 마음에서다.

그런데 병역을 시작한 그해 조원태는 뺑소니 사고를 쳤다. 이 사건에 대한 기록은 거의 남아있지 않다. 결과가 기소유예라는 사실만 남아있을 뿐이다. 기소유예란 죄가 경미해 검사 직권으로 재판을 면해주는 제도다. 진짜로 죄가 경미했는지는 모르겠지만 아무튼 재벌 3세답게 첫 뺑소니는 전과로 남지 않았다.

그런데 바로 이듬해인 2000년, 조원태는 차로 위반으로 경찰에 적발됐다. 이건 그럴 수 있다고 치자. 문제는 경찰관이 차를 세우니까 경찰관을 그대로 치고 달아나버린 거다. 뒤쫓아온 시민들 덕에 조원태는 붙잡혔다. 뺑소니에 공무집행방해 현행범이다.

그런데도 경찰은 고작 네 시간 만에 조원태를 풀어줬다. 뺑소니가 아니라는 거다. 이게 말이 되나? 사실이라면 누구나 공무집행 하던 경찰관을 치고 튀어도 무죄라는 이야기 아닌가?

이런 작자가 항공운수 업체 총수라는 게 코미디다. 뺑소니 전과 2범한테

대한항공 조원태 ⓒ대한항공

항공운수를 맡기는 게 조폭한테 경찰을 맡기는 것과 무엇이 다른가? 이 사람은 다른 걸 떠나서 교통 관련 사업은 절대 하면 안 되는 인간이다.

2005년에는 조원태가 연세대학교 앞에서 그랜저를 몰다가 스타렉스 앞으로 확 끼어든 일이 있었다. 얼마나 난폭하게 끼어들었는지 옆 차 운전자는 앞 유리창이 깨질 정도로 머리를 세게 부딪혔다. 차 안에는 일흔을 넘긴 운전자의 어머니와 운전자의 아기도 타고 있었다.

운전자는 조원태의 그랜저를 쫓았다. 조원태는 무시하고 계속 도주하다가 이화여대 후문 앞에서 차량 정체 때문에 멈췄다. 운전자가 조원태에게 내리라고 하니 조원태는 차 안에서 쌍욕을 퍼부었다. 화가 난 운전자가 112에 신고를 했다.

경찰이 나타나자 조원태가 차에서 나왔다. 칠순 노모가 아기를 안은 상태로 "무슨 운전을 그렇게 하느냐"라고 조원태를 나무랐다. 그러자 조원태는 그 칠순 노모를 확 밀쳐버렸다. 노모는 손주를 안은 채 도로 한가운데로 쓰러졌고 머리를 부딪쳐 인근 병원으로 후송됐다. 입원 기간만 5일이었다.

더 황당한 일은 이 사건을 수습할 때 조원태는 코빼기도 보이지 않고 대한항공 총무부 직원들이 계속 상대를 만났다는 것이다. 교통신호도 무시하는데 공사구분도 안 된다. 운전은 지가 개떡같이 해놓고 수습은 왜 대한항공 총무팀이 하냐? 총무팀이 니 비서냐?

2012년에는 이런 일도 있었다. 인하대 운영이 너무 불투명해서 시민단체가 운영 내역을 공개하라는 시위를 벌였다. 이때 조원태가 인하대에 나타났다. 시민단체 관계자들은 "조원태가 왔다. 조 전무는 인하학원과 한진정보통신 간 거래내역을 공개하라"라고 외쳤다. 이때 조원태가 매우 불쾌한 표정으로 시위대 앞에 가서 "내가 조원태다. 어쩔래 XXX야"이랬다는 거다. 여기서 XXX는 백발백중 개새끼 아니면 십새끼다. 설마 저게 '선생님'이나 '고객님'은 아닐 거 아니냐?

2017년에는 이런 일도 있었다. 난기류가 발생하면 기장이 "안전벨트를 착용하고 앉아있으라"는 안내방송을 한다. 그런데 그해 11월 대한항공 지침이 바뀌었다. 이코노미에는 방송을 하는데 비즈니스와 일등석에서는 방송으로 안내를 못 하게 한 거다. 대신 승무원들이 일일이 승객을 찾아가서 난기류 사실을 구두로 전했다. 방송 한 번 하면 될 일을 사람 한 명씩 다 찾아가서 안내를 한다니 이게 무슨 비효율인가?

〈JTBC〉 보도에 따르면 이유가 진짜 개그콘서트다. 지시를 내린 자는 조원태였다. 왜 이런 지시를 내렸느냐? 일등석 좌석에 모니터가 있는데 조원태가 그 모니터로 게임을 하고 있었단다. 그런데 안내방송이 시작되면서 게임 모니터가 안내 화면으로 바뀌니까 그게 짜증이 나서 지침을 바꿨다는 거다. 도대체 뭔 중요한 게임을 했기에 그 게임이 비행기 안전보다 중요하단 말인가? 헝거 게임이라도 했던 거냐?

급기야 국토교통부가 그런 짓 좀 하지 말라고 대한항공에 경고 공문까지 보냈다. 승객 한 명 한 명 다 방문해서 이야기하면 난기류 때 신속하게 대응을 못한다는 이유다. 너무 지당한 지적이다. 그런데 대한항공이 이 공문을 두 번이나 씹었다.

국토부가 이 공문을 세 번째 보내자 그제야 겨우 원상복귀를 시켰다. 정부가 하지 말라고 지침을 내렸는데 조원태가 게임 좀 편하게 하겠다는 이유로 석 달이나 버티는 항공사를 어떻게 믿고 탑승하나?

그건 기괴스러움 그 자체였다

지금부터는 물컵 갑질의 주인공 에밀리 리 조, 우리에게는 조현민으로 더 잘 알려진 조양호의 3녀에 관한 이야기를 살펴볼 차례다. 그의 이름을 에밀리 리 조Emily Lee Cho라고 부르는 이유는 이게 그의 본명이기 때문이다. 그는 한국인이 아니라 미국 국적을 가진 미국인이다.

하지만 우리는 이 책에서 그를 조현민이라고 부르겠다. 워낙 조현민으로 많이 알려졌기 때문에 에밀리 리 조라고 부르면 왠지 그의 잘못을 덮어주는 느낌이 들어서다. 하지만 그럼에도 그의 본명은 에밀리 리 조이고 그는 미국인이라는 사실을 기억해주셨으면 한다.

이게 왜 문제가 되냐면 항공사업법과 항공안전법에 따르면 외국인이 임원으로 등재된 항공회사는 항공사업 면허를 취득할 수 없기 때문이다. 이 말은 조현민이 대한항공이건 진에어건 그게 항공사인 한 결코 그 회사에서는 등기임원이 될 수 없다는 뜻이기도 하다.

그러나 조현민은 버젓이 2010년부터 2016년까지 진에어의 등기이사로 재직했다. 법에 따르면 이는 진에어의 국적 항공사 면허가 박탈될 사유가된다. 하지만 국토교통부는 "법률 자문을 받아본 결과 과거 일을 소급해 처벌하거나 면허를 취소하기는 어렵다"며 이를 덮었다. 재벌에게 참 관대한 나라다.

아무튼 조현민은 어렸을 때부터 될성부른 떡잎이었다. 땅콩회항 사태가 벌어졌을 때 대한항공 조종사 노조 게시판에는 스스로를 정년을 앞둔 기장이라 밝힌 한 조합원의 회고담이 올라왔다. 조현민이 10살 무렵 오빠 조원태와 함께 비행기를 탄 적이 있었단다. 오너의 자녀들이니 조종사가 특별히 이 남매를 조종실로 초대해 조종실 전반을 보여주고 설명했다. 그런데 조현민이 대뜸 "오빠, 잘 봐 놔, 앞으로 오빠 회사 될 거니까"라고 말했다는 것이다.

주식회사는 개인의 소유물이 아니다. 우리가 오너라고 부르는 자들은 자신의 지분만큼만 권한을 행사할 수 있을 뿐이다. 그런데 고작 10살 무렵 조현민은 국적기 항공사를 아빠의 소유물, 그래서 오빠가 나중에 물려받을 장난감 정도로 생각한다. 그것도 자기보다 한참 어른들인 조종사들 앞에서 말이다.

오죽했으면 그 글을 올렸던 조종사는 "이게 주식회사의 회장 손자녀들인데 개인회사의 자녀라도 감히 연장자들 앞에 할 수 없는 말이라고 심기가 틀어져 조종실에 대해 설명을 하라는 기장님의 요구를 무시하고 '세상에 이런 자식들이 있나'하고 어금니를 바득바득 갈면서 참았던 기억이 난다"고 당시를 회고했다.

『한국 재벌 흑역사』 2권에서도 다뤘지만 조현민은 2012년 트래블메이트 김도균 대표와 트위터로 언쟁을 할 때 '귀사의 무근한 발전(무궁한 발전)을 기원합니다'라거나 '명의 회손(명예훼손)'이라는 등 황당한 맞춤법을 사용해 화제가 됐다. 하지만 이는 그가 미국인이어서 한국말에 서툰 것이라고 이해해 주자.

문제는 그의 평소 행실이 정상적인 인간의 두뇌로는 이해하기가 불가능할 정도로 기괴하다는 점이다. 앞에서도 언급했듯이 한진그룹 오너 일가에게는 코드명이 붙어있다. 조양호는 DDY, 조원태는 DDW, 조현아는 DDA다. 그런데 조현민의 코드명은 EMQ다. 가족들은 다 DD돌림인데 본인만 돌림자에서 빠져있다. 별 의미가 없는 가족들의 코드명과 달리 조현민의 EMQ에는 특별한 의미가 담겨 있다. '에밀리Emily + 마케팅 여왕Marketing Queen'이란다. 아하, 여왕이셨어요? 몰라봬서 열라 죄송해요. 실로 대단한 자빽 의식 아닌가?

더 웃긴 건 조현민이 스스로를 그냥 여왕이 아니라 '마케팅의 여왕'이라고 불렀다는 사실이다. 누가 들으면 마케팅에 대단히 재주가 있는 줄 알겠다. 독자분들이 보고 판단하시라. 이게 자칭 마케팅 여왕의 능력인지 말이다.

조현민이 그룹에 입사한 후 주로 마케팅 분야에서 일한 것은 맞다. 그런데 이 시기 그의 행적을 보면 가관도 이런 가관이 없다. 광고 업계에서 알려진 사실들만 대충 이렇다.

제일기획과 LG애드가 대한항공 광고를 따내기 위해 경쟁이 붙었다. 그런데 조현민은 두 회사 담당자들에게 조현민 개인 싸이월드 계정으로 매일 과제를 내줬단다. 두 회사 관계자들이 하루라도 조현민 싸이월드에 접속하지 않으면 "광고주에게 성의가 없는 거냐? 아니면 일에 관심이 없는 거냐?"라고 성질을 부렸다.

여기서 주의 깊게 봐야할 점은 조현민이 갑질을 부린 대상이 한진그룹보다 훨씬 큰 삼성과 LG그룹 계열사들이었다는 점이다. 절대로 자기 회사 노동자들에게 갑질을 해도 괜찮다는 뜻이 아니라, 상식적으로 갑질은 자기 회사 노동자에게 하는 것이 일반적이다. 게다가 재벌 사회에도 커뮤니티라는 것이 있다. 당연히 평판이 돌기 때문에 재벌들끼리는 이런 갑질을 안 하는 것이 상례다. 그런데 이 마케팅의 여왕께서는 그런 평판을 쥐뿔도 신경쓰지 않는다.

이런 일도 있었다. 조현민 스스로가 회의 시간에 늦게 도착했는데 제일

대한항공 조현민 ©민중의소리

기획 대표가 자리에 앉아있자 "감히 광고주가 들어오지도 않았는데 대행사 대표가 서서 기다리는 게 아니라 앉아있어?"라며 갑질을 했다. 상대가 무려 제일기획 대표인데도 말이다.

미국인답게(?) 아무에게나 갑질을 하는 패기는 외국 대행사들에게도 멈추지 않았다. 대한항공이 광고 아이디어 제안을 받아보는 프레젠테이션 행사를 가진 적이 있었다. 이 자리에 글로벌 대행사도 참가했는데 조현민은 아이디어를 제대로 듣지도 않고 딴청을 피우다가 악담만 퍼부었다.

그러자 한 글로벌 대행사 책임자가 "PT를 들을 때는 광고주도 지켜야 할 매너가 있다. 우리 아이디어를 채택하지 않아도 좋으니 끝까지 들어봐달라. 여러 명의 스탭이 진지하게 고민한 것이니 최소한의 예의를 지켜달라"고 부탁했단다. 이때 조현민의 반응은 "감히 나를 가르치려 하냐!"였단다. 그리고 그 대행사에 앞으로 20년 동안 대한항공 광고 대행 금지를 명령했다.

매너를 중시하는 글로벌 업계에 이런 갑질이 통할 리가 있나? 소식을 들은 글로벌 대행사 책임자는 즉시 조현민에게 전화를 해 "우리는 앞으로 100년 동안 대한항공에 광고 의뢰를 하지 않겠다"고 통보하며 당당히 맞섰다. 이때 조현민이 부들부들 떨며 빡쳐했다는 사실은 광고계의 전설로 남아 있다.

이외에도 업계에 퍼진 설들은 끝이 없다. 조현민이 광고 대행사의 프리젠테이션이 마음에 들지 않자 "무릎 꿇어!"를 시전했다는 설, 제일기획이 조현민의 갑질을 참지 못하고 결국 창사 이래 최초로 대한항공 광고 대행을 거부하기로 했다는 설, 대행사 직원들에게 원더걸스 춤을 추라고 시켰다는 설, 담당 직원이 명함을 주니까 "사원 나부랭이가 무슨 명함을 나한테 줘!"라며 괴성을 질렀다는 설, 대행사 직원에게 다이어리와 펜을 집어던졌다는 설 등 구설수가 끊이지 않았다.

그런데 방귀가 잦으면 똥이 나온다고 이런 사고를 그렇게 치고 다니는데 이게 사회적 문제가 되지 않을 리가 없다. 결국 조현민의 갑질 만행은 '물컵 갑질'이라는 이름으로 온 세상에 알려졌다.

2018년 4월 대한항공 광고 담당 전무였던 조현민이 광고대행사 직원에게 괴성을 지르고 얼굴에다가 냅다 물컵을 던진 사실이 언론에 보도됐기 때문이다. 앞에서 언급한 대부분의 사실들도 물컵 갑질 이후 봇물 터지듯 터져 나온 폭로들이다. 그런데 조현민은 이런 짓을 하고도 경찰 조사에서 무혐의 처분을 받았다. 피해자가 처벌을 원하지 않는다는 이유로 말이다.

마지막으로 한 가지만 덧붙인다. 이 사태 이후 〈오마이뉴스〉가 단독으로 조현민이 노동자에게 고성 갑질을 시현하는 녹음 파일을 입수해 보도한 적이 있었다. 지금도 유튜브에 '단독 조현민 음성파일'로 검색을 하면 그 괴성을 들을 수 있다.

나는 이 파일을 듣고 글을 쓰는 사람으로서 엄청난 자괴감을 느꼈다. "시발"로 시작하는 조현민의 목소리는 광기 그 자체였다. 하지만 나는 그 광기를 도저히 글로 제대로 옮길 수 없었다. 아무리 실감 나게 적으려 해도 글로는 그 광기가 설명이 안 되기 때문이다. 그래서 조현민의 광기를 진짜 느끼고 싶은 독자분들이라면 이것을 직접 꼭 들어보시길 권한다.

들어보신 분들은 내가 왜 이런 이야기를 하는지 알 것이다. 그건 사람의 목소리가 아니라 악귀의 목소리였다. 우리나라를 대표하는 국적기는 이런 괴물을 키워냈다.

더 놀라운 사실이 있다. 도저히 제정신으로 볼 수 없는 이 인간이 2022년 물류기업 한진의 사장 자리에 올랐다는 사실이다. 조현아-조원태 경영권 분쟁 때 조현민은 오빠의 편에 섰고, 오빠는 승리했다. 그 공로를 인정받아 조현민은 마치 아무 일도 없었다는 듯 경영 일선에 복귀했다.

지금도 언론에서는 "조현민이 한진의 미래 경영을 이끌고 있다"며 칭송을 늘어놓는다. 뭐가 미래 경영이냐? 사람 얼굴에 물컵 던지고, 인간의 목소리로 여길 수 없는 괴성을 시도때도 없이 지르는 게 미래 경영이냐? 미래가 좀비가 지배하는 사회가 아닌 한 그런 일은 있을 수 없다. 인간 같지도 않은 것들이 인간인 척하는 것도 역겨운데 거대 기업을 맡아 운영까지 한다. 한국 재벌의 치욕스러운 자화상이다.

안전에는 쥐뿔도 관심이 없는 총수

이제 조양호 차례다. 조양호는 2019년 4월 8일 폐질환으로 사망했다. 나는 그의 죽음을 비아냥거릴 생각이 조금도 없다. 사람의 생명은 다 소중하다. 비록 재벌이라 해도 한 사람의 생명이 다했을 때 예의를 갖추는 것이 필요하다고 생각하는 쪽이다.

하지만 아무리 노력해도 조양호의 사망에 대해 나는 "삼가 고인의 명복을 빕니다"라거나 "부디 좋은 세상으로 가시길 바랍니다"라는 형식적인 말조차 할 수 없었다. 명복冥福은 불교 용어다. 불교에서는 사후세계를 명부冥府라고 부른다. 쉬운 말로 저승이다. 그리고 저승에 간 사람은 염라대왕 앞에서 심판을 받는다. "명복을 빈다"는 표현은 이곳에서 좋은 심판을 받아 극락으로 가서 복을 누리라는 뜻이다.

그런데 이승에서 수많은 사람의 눈에 피눈물을 맺히게 한 사람이, 게다가 이승의 재판관들에게 무한한 혜택을 받아서 죄를 저질러도 죗값을 치르지 않았던 사람이, 저승에서조차 복을 많이 받아서 극락으로 가는 혜택을 누린다면 그건 너무 염치없지 않은가?

이승에 없는 정의가 최소한 저승에는 있어야 한다. 그래서 나는 그의 명복을 빌지 않았다. 단지 저승은 이승과 달리 유전무죄 무전유죄가 적용되지 않는 정의롭고 공정한 곳이기를 소망할 뿐이다.

특이한 사실은 조양호가 숨진 날 한진그룹 지주회사 한진칼의 주가가 무려 20.63%나 올랐다는 점이다. 이런 대형주가 하루만에 20% 넘게 오르는 건 정말 드문 일이다. 대한항공 주가도 1.88% 올랐고 진에어 주가도 3.40% 상승했다. 운송과 택배를 담당하는 한진의 주가는 15% 넘게 뛰었다. 그룹의 가치가 하루 만에 5,000억 원 가까이 상승한 것이다.

슬픈 일 아닌가? 총수가 세상을 떠났더니 기업 가치가 5,000억 원이 늘었다. 물론 이 같은 주가 급등에는 향후 경영권 분쟁이 격화될 것이라는 예상이 많이 작용했다. 경영권 분쟁이 심해지면 주가가 오른다. 경영권 분쟁이란 양쪽이 싸우는 일인데, 싸움에서 이기려면 주식을 더 많이 사야 하기 때문이다.

하지만 단순히 이렇게만 해석하기도 어렵다. 왜냐하면 대한항공 그룹 주요 회사들의 경영권 분쟁은 이미 격화되고 있었기 때문이다. 당시 강성부펀드라는 사모펀드가 등장해 경영권 참여를 선언했고, 대한항공 주주총회에서는 조양호의 이사 연임도 막혔다.

그런데도 조양호가 세상을 떠나자 주가가 2~3%도 아닌 20% 넘게 폭등했다. 이게 무엇을 뜻하는지 잘 생각해봐야 한다. 실제 삼성그룹 총수 이재용이 구속된 이후 삼성전자 주가는 6개월 동안 23%나 상승한 경험이 있다.

증시는 피도 눈물도 없는, 미래가치의 냉정한 반영 장소다. 삼성이 언론은 장악해도 주가는 장악 못한다. 그렇다면 그룹의 리더가 죽거나 구속됐는데 투자자들이 되레 이를 반긴다는 사실을 어떻게 해석해야 할까?

2016년 3월 14일 조양호가 대한항공 부기장의 페이스북 게시글에 직접 댓글을 달아 화제를 모은 일이 있었다. 대한항공 부기장 김 모 씨는 자신의 페이스북에 '여객기 조종사들이 비행 전에 뭘 볼까요?'라는 제목의 글을 남겼다. 비행을 하기 전 조종사들이 수행해야 하는 절차를 조목조목 적은 글이었다.

문제는 조양호가 이 글에 "조종사가 힘들다는 투로 적었는데 자동차 운전보다 쉬운 일을 하면서 뭐가 힘드냐?"며 글쓴이를 공개적으로 디스하면서 발생했다. 당시 조양호가 남긴 댓글 전문이다.

"전문용어로 잔뜩 나열했지만 99%는 새로운 것이 아니며, 운항 관리사가 다 브리핑 해주고, 운행 중 기상의 변화가 있어도 KAL은 OPERATION CENTER에서 다 분석 해주고, 조종사는 GO, NO GO가느냐, 마느냐만 결정하

대한항공 조양호 ⓒ민중의소리

는데 힘들다고요? 자동차 운전보다 더 쉬운 AUTO PILOT오토파일럿으로 가

는데. 아주 비상시에만 조종사가 필요하죠. 과시가 심하네요. 개가 웃어요.

마치 대서양을 최초로 무착륙 횡단한 LINDBERGH 같은 소리를 하네요.

열심히 비행기를 타는 다수 조종사를 욕되게 하지 마세요."

　이를 본 대한항공 조종사들은 설마 글쓴이가 조양호일 리가 없다는 생각

에 해킹 여부까지 알아봤단다. 하지만 글쓴이는 분명 조양호였다. 조종사

노조에 따르면 대한항공은 조양호의 디스"운항 관리사가 다 브리핑 해주고" 운운와 달

리 운항 관리사의 브리핑을 받지 않는다. 조양호가 허위사실을 유포한 셈이

다. 조종사 노조는 "조 회장이 조종사들을 이런 시각으로 보고 있다는 점이 진심으로 놀랍다"고 혀를 내둘렀다.

조양호의 이 글은 그가 얼마나 회사를 위해 헌신하는 노동자들을 폄훼하는지를 극단적으로 드러낸다. 조양호는 조종사들을 '기계가 다 알아서 해주고, 조종사는 중요할 때 결정만 하는 한가한 사람'으로 평가한다.

하지만 그 중요한 결정이야말로 비행기의 안전한 운항에 결정적 역할을 한다. 조종사의 결단에 수백 명 승객의 목숨이 왔다갔다한다. 이런 결정의 중요성을 "개가 웃어요"라고 폄훼한 사실이 국제 항공계에 알려지면 조양호야말로 국제적 망신을 사게 된다.

더 나아가 조양호의 논리대로라면 조양호야말로 대한항공에서 가장 무위도식하는 사람 아닌가? 조양호가 기내에서 커피를 날라봤나? 화물을 실어봤나? 조양호야말로 부하 직원들이 가져오는 보고서를 보고 'GO, NO GO'만 결정하는 사람이다. 만약 조종사들이 "보고서는 밑의 사람들이 다 알아서 써 주는데 회장직 수행이 힘들다면 개가 웃을 일"이라고 비난한다면 조양호는 뭐라 답할 것인가?

나는 조종사를 이따위로 대접하는 항공사가 어떻게 안전하게 운항하는지 당최 이해가 가지 않는다. 더 황당한 일이 있다. 조양호는 2013년 대한항공 제주발 김포행 비행기에 탑승했다. 그런데 비행기가 안전 고도인 1만 피트에 접어들기 직전 관제센터에서 조종사들에게 연락을 했다. "회사에서 찾으니 급히 연락하라"는 내용이었다.

비행기 운항이 고속도로 운전도 아니고, 비행기를 모는 조종사에게 대한항공에서 뭔 연락을 한다는 말인가? 그리고 관제탑이 스마트폰이냐? 왜 그리로 "회사로 연락하세요" 따위의 메시지를 전달하는 거냐?

당연히 조종사들은 놀랐다. 그래서 부기장이 1만 피트에 진입한 뒤 곧바로 회사와 교신했다. 그랬더니 회사측 말이 "조양호 회장님 가방을 착륙 즉시 지상에서 대기하고 있는 직원에게 넘겨라"는 것이었단다. 그 가방이 뭐가 그렇게 중요해서? 핵무기 보유국 정상들이 들고 다니는 핵 가방이냐?

이 황당한 주문이 주변 항공기 주파수와 겹치면서 30분 이상 이어졌다. 당연히 그 사이 항공기는 서울 가까이 접어들었다. 이 중요한 시기에 비상 상황에 대비해야 하는 부기장이 업무를 못 본 거다. 그 30분 동안 항공기 운항 전부를 기장 혼자 맡아야 했다. 이게 도대체 뭔 짓이냐? 이 정도면 안전에 쥐뿔도 관심이 없는 거다. 자기가 타고 있는 비행기였는데도 말이다. 전세계 항공기 역사상 이런 또라이 총수가 조 씨 일가 외에 누가 있겠나?

자, 이게 대한민국 양대 국적기를 보유한 최고 운송그룹 오너 일가의 수준이다. 마지막으로 하나만 덧붙인다. 〈MBN〉 보도에 나온 한 전직 승무원과 기자의 대화다.

전직 승무원 : (승무원이) 좀 뚱뚱하거나, 못생기거나 이러면 눈에 거슬린다는 이유로 바로 시말서 쓰고….

기자 : 못생겼다는 이유로 시말서를 쓰는 거예요?

전직 승무원 : 네. 눈에 거슬린다고….

이 짓을 한 주체가 보도에 나오지 않아 주인공이 조양호인지, 이명희인지, 혹은 조 씨 3남매인지 나는 모르겠다. 하지만 그 다섯 중 하나인 것은 확실하다.

일단 나는 사람을 절대 외모로 판단하지 않는다. 그래서 누구보고 못생겼다고도 말하지 않고, 예쁘다거나 잘생겼다는 말도 하지 않는다. 널리 사용되는 "관상은 과학이다"라는 말도 싫어한다. 그게 사람들에게 상처를 줄 수 있다고 생각하기 때문이다. 내가 누군가에게 "아이 예뻐라"라고 외모를 평가하는 대상은 우리 집 고양이 남매 찐빵 군과 호빵 양뿐이다.

그런데 조 씨 일가가 대놓고 외모 평가를 하고 다녔다니 한 마디 안 할 수가 없다. 니들 얼굴을 보라. 누가 누구보고 외모를 지적하냐? 거슬린다고 시말서를 써야 한다면, 니들이 한 짓들을 돌아보라. 나는 니들 행적이 거슬려 죽겠는데 그 죄를 따지면 니들이 써야 하는 시말서는 최소 18만 18장이다.

사과를 제대로 하려면

마지막으로 하나만 덧붙이고 길었던 대한항공편을 마치려 한다. 최근 10년 동안 가장 많은 사과를 한 재벌은 아마 대한항공일 것이다. 땅콩회항의 주인공 조현아, 물컵 갑질의 주인공 조현민은 물론 조양호도 살아생전 자식 교육을 잘못 시켰다며 사과했다. 이명희도 경찰 조사를 받으면서 사과했다.

그런데 이들의 사과에는 그 어떤 진정성도 없었다. 이들의 사과를 받고 마음의 위로를 얻은 피해자도 없었다. 예를 들면 이런 거다. 조현아가 땅콩으로 글로벌 사고를 쳤을 때 조현민이 마케팅 분야 직원들에게 이메일을 보냈다.

그런데 내용이 "조직문화나 지금까지 회사의 잘못된 부분은 한 사람에 의해서만 만들어지지 않는다. 이것은 모든 임직원의 잘못"이었다. 나는 사상이 다른 사람과는 대화를 할 수 있어도 논리가 안 맞는 사람과는 절대 대화가 안 된다. 사고는 니 언니가 쳤는데 왜 그게 모든 임직원의 잘못이냐? 니가 물컵을 사람한테 던지면 그것도 모든 임직원의 잘못이냐?

문제는 이 이메일을 보낸 바로 그날 조현민이 조현아에게 "언니, 반드시 복수하겠어"라는 문자를 보냈다는 것이다. 이 정도면 조현아도 조현민도 사과를 할 의지가 전혀 없었다는 거다. 겉으로는 사과를 하는데 그마저 "이 모두는 임직원 잘못"이라면서 물을 타고, 뒤에서는 복수의 칼날을 갈고 있다. 이러니 조 씨 일가에 대한 국민들의 감정이 사그러들 수가 없다.

많은 사람들이 사과를 하고 나면 사과를 하기 전보다 욕을 더 먹는다. 이유는 단 하나다. 사과는 고백이나 변명이 아니다. 이 차이를 아느냐 모르느냐가 그 사과의 성패를 가른다.

언어학자인 에드윈 바티스텔라Edwin L. Battistella는 자신의 책 『공개 사과의 기술』에서 "자신한테만 100% 책임이 있는 건 아닌 경우가 많기에 누구나 억울함을 호소하고픈 유혹에 빠지기 쉽다. 그러나 자기 해명은 대체로 사과하는 이의 감정과 진정성을 온전히 전달하는 걸 방해하는 쪽으로 작용한다"고 분석한다.

이게 무슨 말이냐? 사과를 해야 하는 사람은 거의 대부분 자기가 억울하다고 느낀다. 이명희, 조현아, 조현민이 잘한 부분이 있다는 뜻이 아니라 (잘하긴 개뿔, 잘한 게 하나도 없지만) 잘한 부분이 없어도 억울하다고 생각하는 게 인간의 심리라는 거다.

그래서 이런 사람들이 사과를 할 때 이 억울함을 담는다. 형식은 사과인데 내용을 보면 책임을 회피하거나 줄이려는 문장이 꼭 들어간다. 이게 아니면 쌍방 잘못이라는 문장을 삽입한다. 심지어 "모두의 책임"이라는 말까지 나온다. 한마디로 깔끔하게 사과하지 못하고 구질구질하게 토를 단다는 이야기다.

하지만 바티스텔라에 따르면 이런 사과는 안 하느니만 못하다. 듣는 사람은 바보가 아니다. 사과를 한답시고 "나만 쓰레기야? 너는 잘못이 없어?" 이러고 있으면 듣는 사람은 그 구질구질함을 온몸으로 느끼기 마련이다.

이명희, 조현아, 조현민의 사과가 이런 거다. 나는 잘못 없는데, 내가 가는 방향은 맞는데, 이런 토를 줄줄이 달았기 때문이다. 사람을 열받게 하는 효과 외에 아무 역할도 못하는 사과다.

이들의 사과와 반대되는 좋은 사과의 예를 하나 소개하겠다. 이른바 '타이레놀 독극물 주입 사건'이 벌어졌을 때 타이레놀 제조사인 존슨앤드존슨의 대처 방식이 그것이다.

1982년 9월 29일 미국 시카고에서 타이레놀을 복용한 7명의 주민이 갑자기 목숨을 잃었다. FBI의 수사 결과 당시 누군가범인이 아직도 잡히지 않았다가 소매 판매 단계에서 타이레놀에 독극물을 주입했다는 사실이 밝혀졌다. 미국인이 워낙 널리 애용하는 약이었기에 미국은 공포에 빠졌다. 다행히 당국의 수사 결과 타이레놀 오염은 시카고에서만 이뤄진 것으로 밝혀졌다.

존슨앤드존슨 입장에서는 충분히 억울할 만한 일이었다. 실제 회사 변호사들은 "존슨앤드존슨은 책임이 없으니 한시름 놓았다"는 반응을 보였다. 하지만 이 회사 경영진은 누구처럼 구질구질하게 토를 달지 않았다.

사건이 벌어진지 하루만인 30일, 그러니까 진상이 구체적으로 밝혀지기도 전인 상황에서 존슨앤드존슨은 즉각 광고를 전면 중단했다. 그리고 병원과 약국에 타이레놀을 처방하지도, 판매하지도 말아달라고 호소했다. 범인 검거에 10만 달러의 현상금도 내걸었다.

타이레놀 생산은 당연히 즉시 중단됐다. 경찰 조사 결과 독극물에 오염된 타이레놀이 더는 없을 것으로 예상됐던 10월 5일, 존슨앤드존슨은 이에 아랑곳하지 않고 북미지역에 팔려나간 타이레놀 3,100만 병을 모조리 수거했다. 시가 1억 달러가 넘는 과감한 리콜 조치였다.

이 조치가 너무 과감했던 탓에 정부 관계자조차 "과잉 조치인 것 같다"라는 반응을 보였다. 하지만 존슨앤드존슨의 방침은 확고했다. 당시 이 회사의 CEO였던 제임스 버크James Burke는 "회사의 이익은 아무것도 아니다. 가장 중요한 것은 소비자의 안전"이라며 뜻을 굽히지 않았다.

사태가 처음 벌어졌을 때 사람들은 시장에서 압도적 점유율을 자랑했던 타이레놀이 곧 몰락할 것이라 예상했다. 하지만 회사의 진정성 있는 사과와 그 어떤 구질구질한 토를 달지 않는 과감한 조치로 타이레놀의 신뢰는 곧바로 회복됐다.

How the Tylenol murders of 1982 changed the way we consume

타이레놀을 수거하고 있는 슈퍼마켓 점원 ⓒPBSNEWS 화면 캡쳐

사건 이후 회사 간부들이 브랜드 가치가 손상된 타이레놀의 생산을 포기하자고 주장했을 때 버크가 남긴 말은 지금도 유명하다. "타이레놀의 명예는 더 안전한 타이레놀로 살려내야 한다." 이 사건 이후 버크는 2003년 〈포춘〉이 선정한 '역사상 최고의 CEO'에 선정되기도 했다.

사과는 이렇게 하는 것이다. 사과에 진정성이 새겨지면 그 사과는 전화위복의 첫 단추가 될 수 있다. 그런데 조 씨 가문은 구질구질하기 짝이 없는 사과, 무성의로 일관한 사과만을 남겼다. 설마 그 사과가 조금이라도 효과

가 있기를 바랐던 건가? 그렇다면 지금이야말로 당신의 머리가 빡대가리가

아닌지 진지하게 돌아볼 때다.

롯데

아키오가 말아먹고 사토시가 구원투수?

비서실은 좀 말려라

프로야구 광팬으로서 2023년 7월인가? 진짜 웃긴 기사를 하나 본 적이 있다. 내가 인용하는 기사는 〈한국일보〉인데 이 신문뿐 아니라 〈중앙일보〉 등 유수의 신문에 비슷한 내용이 실렸다. 기사 제목은 '신동빈은 왜 위기 속 CEO들에게 롯데 자이언츠 얘기 꺼냈나?'

나는 무려 29년 동안 한국시리즈 우승을 못해본 트윈스 팬으로서 다른 팀의 성적 부진을 비웃을 마음이 정녕 요만큼도 없는 사람이다. 성적 부진이 팬의 일상생활과 정신건강에 얼마나 큰 지장을 주는지 누구보다 잘 알기 때문이다.

그런데 저 기사를 읽고는 (비)웃음이 멈추지 않았다. 웃음소리도 '푸하하하'가 아니라 '비히히히'하고 나더라. 그 기사의 첫 줄이 "롯데 자이언츠처럼 능력을 보고 필요한 인재를 발탁해야 한다"였다.

이게 롯데그룹 총수 신동빈이 CEO 회의 때 한 말이란다. 그러면서 자이언츠처럼 루키들을 과감히 등용해야 한다고도 덧붙였단다. 진짜 그런 안목으로 어디 가서 사업가라고 폼 잡지 말라. 보는 내가 다 창피하다.

경영자는 신이 아니다. 당연히 틀릴 수 있다. 그런데 틀려도 적당히 틀려야지 쉴 새 없이 틀리면 그 사람은 경영을 해서는 안 된다. 그렇다면 사람의 눈이 사업적 안목眼目을 가진 것이 아니라 그냥 개눈깔이라는 뜻이기 때문이다.

자, 2023년 7월 롯데자이언츠를 보고 신동빈이 감탄했다고 했다. 그러면서 신동빈이 지적한 롯데자이언츠의 성공 비결이 '루키들의 과감한 등용과 공정한 인사'였단다. 그러면 그런 극찬을 받은 롯데자이언츠의 2023년 성적이 몇 위였을 것 같은가? 7위였다. 10개 팀 중 7위였다고!

더 웃긴 것이 있다. 신동빈이 자이언츠에 찬사를 보낸 게 7월 18일이었다. 그런데 당시 자이언츠의 순위는 38승 39패, 5위였다. 그해 자이언츠는 시즌 초 1위를 질주하며 잘 나가던 팀이었는데 5월말부터 극도의 부진에 빠졌다.

6월 성적이 9승 16패, 7월 성적이 5승 12패였다. 신동빈이 "자이언츠를 본받아라" 뭐 이러고 자빠졌던 7월의 승률은 고작 0.294였다. 당연히 그 월의 꼴찌는 자이언츠였다. 성적 부진을 이기지 못하고 래리 서튼Larry Sutton 감독은 8월 사임했다.

그걸 보고 자이언츠 팬들이 속이 터졌겠나, 안 터졌겠나? 그런데 총수는 '루키의 과감한 등용과 공정한 인사'가 자이언츠의 성공 결과란다. 롯데 비서실은 일들 좀 하자. 회장이 사장단 회의에서 헛소리 할 것 같으면 좀 말리란 말이다.

롯데그룹에 관한 이야기는 『한국 재벌 흑역사』 2권에서 매우 상세히 다룬 바가 있어 이 책에서는 웬만하면 다루지 않으려고 했다. 그런데 도저히 그럴 수 없는 상황이 발생했다. 2024년 11월 롯데그룹이 심각한 유동성 위기에 빠졌기 때문이다. 이 책을 쓰고 있는 2025년 봄까지 롯데의 유동성 위기는 끝나지 않았다. 어쩌면 그룹이 산산조각 날 것이라는 비극적 전망도 나온다.

유동성 위기의 원인

유동성 위기의 출발은 롯데케미칼이었다. 이 회사가 2조 450억 원 규모의 회사채에 대해 이자를 제때 지급하지 못한 것이다. 이자를 못 내면 돈을 빌려준 금융회사들은 당연히 원금을 일찍 갚으라고 요구할 수 있다. 이자도 못 갚는 롯데가 원금을 갚을 가능성은 매우 낮았다. 이게 바로 롯데그룹 유동성 위기의 시작이었다.

사태가 이렇게 커진 원인은 여러 가지다. 첫째, 신동빈의 롯데가 너무 무리하게 몸집을 불렸다는 점이다. 자기 돈으로 불렸으면 그나마 괜찮은데 인수합병을 위해 어마어마한 돈을 금융권으로부터 빌렸다. 예를 들어 롯데는 2023년 일진머티리얼즈현 롯데에너지머티리얼즈를 인수했는데 여기에 든 돈 2조 7,000억 원 중 절반이 훌쩍 넘는 1조 7,000억 원을 빌려서 해결했다.

둘째, 쿠팡의 시장 석권과 알리익스프레스, 테무 등 중국 이커머스 업체들의 본격 국내 진출로 롯데쇼핑과 롯데하이마트 등 오프라인 매장의 실적이 곤두박질쳤다. 그렇다면 대세인 이커머스 시장에서 어떻게든 활로를 찾아야 한다.

롯데를 대표하는 이커머스 브랜드는 '롯데ON'이다. 2020년 4월 무려 1조 5,000억 원을 투입해 롯데백화점, 롯데마트, 롯데슈퍼, 롭스, 롯데닷컴, 롯데홈쇼핑, 롯데하이마트 등 7개 유통사업을 통합한 나름 대형 플랫폼이었다.

그런데 독자분들 혹시 '롯데ON'이라는 곳에서 뭘 사 본 경험이 있으신가? 대부분 없을 것이다. 그런 브랜드가 있는 줄도 모르는 사람이 태반이다. 자칭 타칭 신세계그룹과 함께 국내 유통시장을 양분하던 재벌인데 이커머스 시장에서 점유율은 5년 동안 5%를 넘지 못했다. 이 분야에서 매년 적자가 수백억, 많게는 1,000억 원 넘게 난다. 시장 진입도 늦었고, 쿠팡의 로켓배송 같은 킬러 콘텐츠도 없다. 그냥 기존 7개 쇼핑몰을 합쳐놓은 건데 그마저 출범 첫날 서버가 먹통이 됐다. 진짜 웃긴 건 이렇게 허접한 사이트를 만드는 데 걸린 준비 기간만 2년이나 됐다는 점이다.

셋째, 신동빈이 그룹 미래 먹거리로 밀었던 롯데케미칼 실적이 박살이 났다. 2022년과 2023년 2년 동안 영업손실이 무려 1조 원이 넘는다. 2024년에도 5,000억 원에 가까운 적자를 냈다.

그런데 신격호는 돈도 못 버는 이 회사 자금을 여기저기 돌려 써버렸다. 일진머티리얼즈를 인수하는 데 쓴 2조 7,000억 원을 떠안은 곳이 롯데케미칼이었다. 심지어 롯데케미칼은 자회사인 롯데건설의 자금난을 돕겠다며 1조 원이 넘는 돈을 쏟아부었다. 이 때문에 롯데케미칼은 엄청난 부채를 떠안았다. 매년 이자 부담만 4,000억 원 수준이다. 이러니 회사가 휘청거리지

법정 구속되는 롯데그룹 신동빈 회장 ⓒ민중의소리

않을 수가 없다.

개콘보다 웃긴 해결책

그런데 2024년말 위기를 극복하겠답시고 롯데가 내놓은 해결책이 개그 콘서트 수준이었다. 계열사 대표를 무려 18명이나 교체한 것이다. 이는 전체 대표 중 31%를 갈아치운 숫자다. 한마디로 계열사 사장들에게 위기 책임을 다 씌웠다는 이야기다. 아니, '루키의 과감한 등용과 공정한 인사'를 그렇게 강조했던 2023년 7월에는 뭐 하다가 2024년 연말이 돼서야 물갈이를 한단 말이냐? 2023년에 했던 말은 농담이었냐?

더 웃긴 대목이 있다. 그렇게 계열사 사장들 목에 칼질을 해대면서 지 아들인 시게미츠 사토시^{한국명 신유열}는 부사장으로 승진시켰다는 거다. 내가 관련해서 〈민중의소리〉에 칼럼을 쓸 때마다 롯데 쪽에서 "제발 시게미츠 사토시라고 쓰지 말고 '신유열'로 적어 달라"고 청탁을 한다는데, 도대체 난 롯데가 왜 자기 그룹 총수의 아들 이름에 이렇게 불만인지 이해가 안 간다.

시게미츠 사토시는 일본인이다. 병역 회피하려고 2025년 현재까지 일본 국적을 유지하고 있지 않은가? 신유열은 니들끼리 부르는 이름이고. 그 인간 신분증 까봐라. 일본 신분증에 시게미츠 사토시重光聡라고 버젓이 나와 있을 거다.

내가 진짜 웃기다고 생각하는 건 당시 롯데그룹 위기의 원인이 신동빈-시게미츠 사토시 부자에게 있었기 때문이다. 라임이 잘 안 맞으니 신동빈의 옛 일본 이름으로 라임을 재구성해보자. 위기의 원인은 시게미츠 아키오-

2020년 1월 22일 롯데그룹 명예회장 신격호 영결식에 참여한 가족들. 왼쪽부터 차례대로 시게미츠 마나미와 신동빈 부부, 신격호 부인 시게미츠 하츠코, 신동주와 조은주 부부 ⓒ민중의소리

시게미츠 사토시 부자에게 있었다.

왜냐? 앞에서 말했듯 롯데의 가장 큰 부실 덩어리는 롯데케미칼이었다. 그 회사 때문에 롯데그룹이 잠실 롯데타워를 담보로 내놓네 마네 하는 지경이 됐다. 그런데 이 회사가 어떤 회사냐? 신동빈이 일본 유학 후 귀국해서 입사한 첫 회사다. 2014년부터 신동빈이 이 회사의 대표이사였다.

2015년 롯데는 무려 3조 원을 내고 삼성그룹의 화학 계열사삼성정밀화학, 삼성BP화학, 삼성SDI 케미칼 부문들을 사들였다. 화학을 유통과 함께 미래의 그룹 주력으로 내세운다는 명목으로 말이다. 이거 누가 한 짓이냐? 잘린 그룹 계열사

롯데

롯데가 사드 부지로 제공한 성주 롯데스카이힐 골프장 전경 ©민중의소리

사장들 짓이냐? 신동빈 짓이다. 일진머티리얼즈 인수는 누가 한 짓이냐?
이것도 신동빈 짓이다. 자이언츠가 최악의 상황일 때 "자이언츠를 본받자"
고 떠들던 그 눈깔로 판단해서 한 짓들 아니냐?

　사실 신동빈은 과거부터 경영능력이 꽝인 경영자였다. 나는 신동빈이 뭔
가를 추진해서 잘 됐다는 이야기를 들은 기억이 없다. 본업인 유통도 제대
로 못하는 경영자다. 예를 들어 롯데는 1994년 글로벌 기업으로의 도약 어
쩌고 하며 야심차게 중국에 진출했는데 2022년 마지막 남은 백화점을 폐점
하면서 중국에서 완전히 손을 뗐다. 한마디로 쫄딱 망하고 돌아왔다.

롯데가 사드 부지로 제공한 성주 롯데스카이힐 골프장 ⓒ민중의소리

혹자는 "롯데그룹은 중국의 사드 보복에 당했다"고 평가한다. 나는 웃기는 소리라고 생각한다. 2016년 롯데가 보유했던 성주 골프장을 사드 부지로 박근혜에게 갖다 바친 것은 사실이다. 이후 중국의 롯데 불매운동이 거세진 것도 사실이다.

그런데 그 결정을 누가 한 거냐? 신동빈이 한 거다. 멀쩡한 골프장을 박근혜가 내놓으란다고 내놓는 바보가 신동빈이었다. "정권이 내놓으라는데 어떻게 거부하나?"라는 변명은 궁색하다. 롯데가 "성주 골프장을 내놓으라"는 국방부의 제안을 거절하지 못한 것은 박근혜가 사악했기 때문만은 아니다. 신동빈이 구린내를 풍기는 경영자였기 때문이었다.

2016년 여름 검찰이 역대급 강도로 롯데그룹을 몰아쳤다. 압수수색에 투입한 인원만 300명이 넘었고 압수수색을 당한 곳은 17곳이나 됐다. 검찰의 수사는 비자금과 각종 비리로 얼룩진 롯데의 수뇌부와 신동빈을 겨냥하고 있었다. 결국 롯데는 신동빈을 보호하기 위해 성주 골프장을 내놓으라는 박근혜의 요구를 받아들일 수밖에 없었다. 애초부터 죄를 안 지었다면 그런 결정을 내릴 이유가 없었다는 이야기다.

"박근혜가 부당하게 롯데를 탄압하는데 어떻게 버티느냐?"라는 주장도 반은 맞고 반은 틀리다. 박근혜가 과하게 롯데를 탄압한 것은 맞다. 하지만 그 이유는 2007년 한나라당 후보 경선 시절부터 롯데가 이명박을 줄창 밀었기 때문이었다. 그 덕에 롯데는 이명박 정권 시절 정경유착으로 막대한 특혜를 입었다.

정적을 지지했다는 이유로 기업을 탄압하는 박근혜도 나쁘지만, 이명박에게 호텔롯데 34층 VIP룸을 내주고 갖은 아양을 떨어 제2롯데월드 승인을 받아낸 롯데도 큰소리를 칠 입장이 아니었다. 이명박과 롯데의 유착은 결국 신동빈의 선택이었다.

또 한 가지, 그러면 사드 보복 이전에 롯데의 중국 사업은 번창했었느냐? 천만의 말씀, 이미 그 전부터 죽을 쑤고 있었다. 롯데는 1994년부터 2016년까지 무려 10조 원 안팎의 막대한 돈을 중국에 쏟아 부었다. 신동빈의 중국 집착은 거의 병적이었다. 자칭 일본과 미국에서 선진 경영을 배워왔다는 신동빈은 중국 진출을 통해 자신이 아버지 신격호나 형 신동주보다 뛰어난

한국 재벌 흑역사 3

경영자임을 과시하려 했다.

실제 1997년 그룹 부회장에 오른 신동빈은 중국 시장 확대를 주도하면서 2002년 노무라리서치에 의뢰해 중국 진출과 관련한 컨설팅도 받았다. 신동빈은 〈월스트리트저널〉과 인터뷰에서 "나는 중국을 사랑한다"고까지 표현했다.

하지만 그에게는 중국을 감당할 능력이 없었다. 중국 롯데는 실패를 거듭했고 2010년을 전후로 적자가 눈덩이처럼 불어났다. 2011~2014년 롯데는 매년 3,000억 원이 넘는 적자를 냈다. 이 기간 중국에서 입은 손실이 1조 원을 넘어섰다.

2015년 벌어진 형제의 난의 직접적 원인도 바로 이것이었다. 형 신동주는 "신동빈이 주도한 중국 사업에서 롯데가 엄청난 손실을 입었다"는 점을 동생에 대한 공격 포인트로 삼았다. 중국의 사드 보복이 롯데에 타격을 입힌 것은 맞지만 본질적인 원인은 아니었다는 이야기다. 중국 롯데가 망한 진짜 이유는 준비되지 않은 해외 진출을 몰아붙이고, 이명박과의 정경유착에 집착했던 신동빈의 잘못된 판단 탓이었다.

그런데 지금 누가 누구보고 책임을 지란 건지 나는 당최 이해가 안 갔다. 롯데 유동성 위기의 책임은 온전히 신동빈의 몫이다. 물러나야 하는 건 계열사 사장들이 아니라 신동빈 본인이다. 하지만 이게 끝이 아니다. 진짜 황당한 이야기가 남아있다.

"'위기의 롯데' 오너 3세 신유열 구원투수 나섰다 – 부사장 승진"

롯데그룹 신동빈 회장과 경영권 분쟁을 벌였던 형 신동주 전 일본 롯데그룹 부회장 ⓒ민중의소리

이게 2024년 11월 28일 〈조선일보〉 기사 제목이다. 사고는 아빠인 시게미츠 아키오가 쳤는데 구원투수가 그 아들인 시게미츠 사토시란다. 뭐냐 이건? 일종의 허무 개그냐?

그 아들이 경영 능력이 있을지도 모르지 않냐고? 군대 안 가려고 2025년 봄 현재까지 시게미츠 사토시로 사는 38세 재벌 3세에게? 심지어 그 사토시는 최근 몇 년 동안 롯데의 미래 사업을 진두지휘했던 인물이다. 롯데바이오로직스, 롯데헬스케어, 롯데정보통신 등 이른바 롯데의 신사업군을 이끌었던 인물이 바로 사토시였다.

그래서 사토시는 잘 했을까? 잘 했으면 그룹이 이 지경이 됐겠나? 롯데 바이오로직스는 2024년 3분기에 약 200억 원의 순손실을 내며 적자로 전환했다. 롯데헬스케어도 2023년 229억 원의 영업손실을 냈다. 이런 인간이 구원투수?

게다가 사토시는 한국말도 거의 못한다면서? 사업도 못해, 의사소통도 안 돼, 이 인간이 왜 구원투수인지 이유나 좀 들어보자. 혹시 볼이 빠르냐? 슬라이더 각이 좋아? 그러면 '루키를 과감히 등용하는' 자이언츠에서 공을 던지라고!

재벌 2세가 무능해서 이 사태가 터졌는데 대안이 재벌 3세라니. 전 세계 어느 기업에서 이런 코미디가 벌어지나? 롯데 이야기를 『한국 재벌 흑역사』 2권에서 워낙 상세히 다뤄 3권에서는 빼려고 했는데 보다보다 하도 한심해서 이 장을 추가한 거다.

예스맨 이론

정보경제학에는 '예스맨 이론A Theory Of Yes Men'이라는 모델이 있다. 시카고 대학교 경제학과 캐니스 프렌더개스트Canice Prendergast 교수가 2003년 발표한 논문 〈예스맨에 관한 이론〉에서 정립한 모델이다. 여기서 예스맨이란 상사가 무슨 말을 해도 "어이쿠, 님의 말씀이 다 옳습니다!"라며 손바닥을 비비는 아부꾼들을 말한다.

사람들은 자기가 알고 있는 정보를 바탕으로 선택을 한다. 문제는 어떤 사람은 정보를 충분히 갖고 있는 반면, 어떤 사람은 그렇지 않다는 데 있다.

이러다보니 선택에 왜곡이 생긴다. 아는 사람은 정보를 충분히 이용하지만, 모르는 사람은 잘 모르니까 선택이 이상해진다. 이것을 정보경제학에서는 정보불균형 상태라고 부른다.

예를 들어보자. 나에게 어떤 법적인 문제가 있어서 변호사를 고용하려고 한다. 문제는 고객인 내가 법을 잘 모른다는 데 있다. 반면 변호사들은 법을 매우 잘 안다. 고객과 변호사 사이에 정보불균형 상태가 벌어진 것이다.

이때 변호사는 어떤 태도를 보일까? 말로는 당연히 "고객님의 편에서 견마지로를 다하겠습니다"라고 떠들 것이다. 하지만 재판이 진행될수록 그는 나에게 사기를 칠 가능성이 높다. 내가 법에 대해 쥐뿔도 아는 게 없다는 사실을 파악했기 때문이다.

이때 변호사가 보일 가장 합리적(!)인 태도는 법에 대해 쥐뿔도 모르는 고객이 시키는 대로 하는 것이다. 예를 들어 고객이 "재판 좀 빨리 끝냈으면 좋겠어요"라고 말하면 변호사는 "어이쿠. 옳은 말씀이십니다. 그게 우리로서는 최선이죠"라며 맞장구를 칠 것이다. 왜냐고? 그래야 고객이 좋아하니까!

아무리 상황이 재판을 빨리 끝내는 게 불리해도 변호사는 태도를 바꾸지 않는다. 변호사의 관심은 재판을 유리하게 이끄는 게 아니라 고객의 비위를 맞추는 것이기 때문이다. 그래야 돈도 많이 받고, 결과가 잘못돼도 책임을 고객에게 돌릴 수 있다. 이게 바로 예스맨 이론의 요지다. 고객이 법에 대한 정보를 알지 못하면, 그 분야 정보를 섭렵한 변호사는 고객을 위해 일하는 게 아니라 자기를 위해 일한다.

이래서 벌어지는 수많은 코미디들이 있다. 2017년 2월 17일 삼성 이재용이 구속됐다. 그런데 구속 이후 이재용은 미래전략실을 해체해버렸다. 그냥 해체한 게 아니고 미전실 핵심 팀장들사장 또는 부사장급 7명을 완전히 쫓아내버렸다. 보통 삼성그룹은 이 정도 고위 임원을 퇴임시켜도 상담역이나 보좌역 같은 자리를 마련해 월급도 주면서 미래를 대비하도록 배려한다. 하지만 당시에는 이런 배려가 일절 없었다.

이게 무슨 뜻이냐? 이재용이 미전실에 개빡쳤다는 뜻이다. 사건을 보도한 〈한겨레신문〉은 "삼성 안에서는 이 같은 미전실 전격 해체, 팀장 전원 사임과 전직 임원 예우 배제를 관통하는 키워드로 '이재용의 분노'가 꼽힌다"라고 해석했다.

이게 무슨 뜻이냐? 이재용은 자기가 구속될 것이라고는 꿈에도 생각 못했다는 이야기다. 이재용은 거물급 변호사 출신 미전실 간부들에게 "내가 구속될 것 같으냐?"라고 수도 없이 물어봤을 것이다. 그런데 그때마다 그들은 진실을 말하지 않았다. 제대로 된 대리인이라면 "부회장님, 구속 위험이 높습니다. 구속 기간을 줄이는 방식으로 전략을 수정해야 합니다"라고 조언했어야 했다. 하지만 그들은 "부회장님. 절대 구속 안되니 걱정 마세요!"라고 거짓을 고했다. 이러니 이재용이 빡친 것이다.

그런데 이재용은 사실 빡칠 자격이 없다. 예스맨들이 창궐하는 이유는 고객이 그런 사탕발림을 좋아하기 때문이다. 프렌더개스트 교수의 이야기를 들어보자.

"대리인이 주인에게 진실을 이야기하지 않는 이유는 주인이 평소 자기가 듣고 싶어 하는 말을 하는 사람을 좋아하기 때문이다. 따라서 이런 사실을 간파한 대리인은 주인에게 진실을 말하는 것보다 사탕발림을 하는 것이 자기에게 유리하다는 사실을 누구보다도 잘 안다. 즉 주인이 주관적 평가지표에 의해 대리인을 평가할수록 대리인은 주인에게 아부만 늘어놓을 수밖에 없다."

예스맨만 쳐다보는 신동빈

내가 이 이야기를 길게 하는 이유가 있다. 신동빈이 롯데케미칼을 필두로 그룹 전체를 위기로 몰아넣은 뒤 계열사 대표 중 무려 18명이나 교체했다는 사실은 앞에서 말한 바와 같다. 그런데 그 와중에 승승장구하는 신동빈의 최측근이 한 명 있다. 롯데지주 대표이사 부회장을 맡고 있는 이동우라는 인물이다.

이 인물은 자타가 공인하는 신동빈의 오른팔이다. 사장단 명단이 발표될 때에도 신동빈, 시게미츠 사토시 다음으로 소개된다. 2021년 송용덕과 함께 롯데지주 대표이사 부회장에 올라 2인 체제를 갖췄으나 2023년 송용덕이 물러나면서 이동우 단독 체제가 됐다. 롯데그룹에서 직책상 이동우보다 높은 사람은 신동빈밖에 없다. 2024년 11월 그룹 정기인사에서 유임이 확정돼 2027년까지 임기를 보장받았다. 신동빈은 이동우에게 위기의 롯데를 이끌어갈 사령탑의 중책을 맡긴 셈이다.

재계에서 흔히 사용하는 단어 중 야도이やとい라는 일본말이 있다. '고용인'이라는 뜻이다. 한국 재벌 사회에서는 '바지 사장'이라는 멸칭으로 사용

된다. 재벌은 아무리 무능해도 재벌이지만, 전문경영인은 아무리 유능해도 야도이다. 이동우는 현재 롯데를 대표하는 야도이다.

이 책이 재벌들의 흑역사를 다루기에 야도이들의 이야기는 거의 다루지 않았다. 야도이들은 재벌들과 달리 나름대로 배운 사람들인데다가 조심성이 몸에 밴 사람들이다. 그래서 재벌들처럼 추악한 갑질 사건을 많이 저지르지도 않는다. 물론 살다보면 '전설의 라면 상무' 포스코의 왕희성 같은 애들을 만나기도 하지만 말이다.

그런데 롯데그룹의 야도이는 다르다. 이동우가 뭘로 유명해졌느냐? 갑질로 유명해졌다. 그것도 재벌 3세쯤이나 할 법한 황당한 갑질로 말이다. 『한국 재벌 흑역사』 2권에서도 다뤘는데 나는 이자가 그 후 어떤 행보를 걷는지를 쳐다보며 입이 쩍 벌어지지 않을 수 없었다.

이동우의 갑질이 유명해진 게 2017년이다. 내가 『한국 재벌 흑역사』 2권을 쓴 때가 2018년 봄이고. 내 상식으로 재벌 야도이가 이 정도 사회적 물의를 일으켰으면 아무리 신동빈의 총애를 받아도 지금쯤이면 회사를 그만뒀어야 했다. 하지만 아니었다. 이동우는 8년 동안 승승장구를 거듭해 지금 위기의 롯데를 이끄는 사령탑이 됐다. 내가 왜 이 자에 대해서 게거품을 무는지 독자분들의 이해를 돕기 위해 『한국 재벌 흑역사』 2권에서 다뤘던 이자의 갑질을 복습 차원에서 좀 더 상세히 살펴보자.

2012년 이동우가 롯데월드 대표이사를 지낼 때 일이다. 이동우는 20년 넘게 롯데월드에서 조리사로 일하던 한 노동자에게 흰머리를 염색하지 않는다는 이유로 폭언을 퍼부었다. 〈YTN〉의 단독 보도에 나온 이동우의 목소리다.

"머리 흰 게 자랑이야? 대기업 다니는 사람이 대기업 다니는 사람답게 행동해야지. 뭐하는 거야 지금 당신. 안 그만두면 어떻게 못 하겠지. 대기발령 낼 거야 당신."

"애는 셋이지? 당신 인사카드 아니야? 판단해요. 세 가지입니다. 통화연결음, 사유서, 염색. 아니면 그만두고."

이게 무슨 소리일까? 이동우가 당시 롯데월드 노동자들에게 휴대전화 통화연결음을 기업 홍보용으로 바꾸라고 지시를 했다는 것이다. 이 노동자가 그 지시를 따르지 않자 흰머리를 트집 잡았다. 그리고 인사카드를 들먹이며 협박을 했다. "애가 셋이지?" 이런 협박은 보통 깡패들이 미수금 받을 때 하는 말 아니냐? 그걸 롯데월드 대표이사가 했다는 거다. 다른 노동자들의 증언도 황당하다. 노동자들이 표현한 이동우의 인간됨을 살펴보자.

"XX, XX는 기본이에요. 대회의장에 팀장과 임원이 앉은 자리에서 할 수 없는 얘기를 다 한 거죠."

"나이 많은 사람한테도 반말 찍찍하고 갑질의 원조죠. 갑질의 원조. 강한 사람한테 약하고 약한 사람한테 강하고."

이동우에게 찍힌 노동자는 결국 머리를 염색하고 여러 차례 사진까지 찍어 보고를 하는 굴욕을 겪었다. 그런데 이동우는 끝내 이 노동자에게 정직이라는 중징계를 내렸다. 염색 대신 스프레이를 썼다는 게 그 이유였다. 나는 이동우에게 정말 궁금한 것이 있다. 어렸을 때 백발 깡패에게 얻어터진 적이 있냐? 왜 백발에 그렇게까지 히스테리를 부리냔 말이다.

이동우 ⓒYTN 화면 캡처

　반강제적으로 사직서를 낸 이 노동자는 인권위를 거쳐 법원에 소송까지 냈지만 5년의 법정 투쟁에도 복직을 못했다. 하지만 한 노동자의 인생을 작살 낸 이동우는 2015년 롯데하이마트 대표로 영전했다.

　제 버릇 개 못준다. 이동우는 하이마트에서도 갑질의 향연을 벌였다. 이동우는 마음에 들지 않는 노동자들을 보직 대기자로 발령을 냈다. 이동우가 정한 준수사항에 따르면 보직 대기자는 칸막이가 있는 책상에 앉아서 휴대전화는 물론 책이나 신문도 볼 수 없었다. 할 수 있는 것은 아침마다 받는 여러 장의 종이에 경위서 형태의 반성문을 작성하는 것이었다.

이동우는 청소가 불량하다느니, 복장이 마음에 들지 않는다느니 하는 황당한 이유로 보직대기를 남발했다. 꼬투리만 잡히면 바로 보직대기자가 될 수 있었기에 이동우가 지점이라도 방문하는 날이면 난리가 났다.

이동우는 지점을 방문하면 노동자들에게 매출과 올해 목표 등을 외워서 보고하도록 했는데 이걸 반드시 여성 노동자에게 먼저 시켰다. 심지어 이동우가 지점 방문을 마칠 때쯤이면 여성 노동자가 이동우에게 사인을 받거나 사진을 요청해야 했다. 〈YTN〉이 보도한 하이마트 노동자의 증언이다.

"여직원들이 가서 꼭 사진을 찍어달라고 해야 해요. 사장 얼굴이 캐리커처로 들어가 있어요. 거기 사인해달라고 해야 해요. 마치 연예인인 것처럼."

도대체 이 인간의 자존감은 얼마나 높은 건가? 사장 얼굴이 캐리커처로 그려진 사인지는 왜 만든 거냐고? 게다가 여성 노동자들에게 대놓고 치근거리는 모습은 금호아시아나의 박삼구 판박이다. 야도이 주제에 재벌 흉내는 내고 싶었던 모양인데 하필 본받으려던 모습이 갑질하고 성추행이냐? 2020년에는 청와대 국민청원에 롯데하이마트에서 10년 동안 일한 노동자가 이동우 행태를 공개했는데 이게 그 내용이다.

▲ "롯데하이마트는 최근 몇 년간 이해할 수 없는 최고경영진의 행태로 직원들이 많은 어려움을 겪어왔다. 외제차를 타는 직원은 거의 도둑 취급하고 조사하는 일도 있었고, 1년에 한번 올까말까하는 대표이사를 위해 매장 냉장고에는 항상 사장이 마시는 외제 생수를

비치해야 했다."

▲ "SKU^Stock Keeping Unit를 확대한다고 가전제품 매장에서는 팔기
힘든 각종 차량용품, 건강용품, 주방세제, 플라스틱 제품, 개사료까
지 취급하다 몇 년간 시행착오 끝에 중단하고 그 재고들을 처분하
느라 지금도 일선 매장들은 엄청나게 고생하고 있다. 그럼에도 대
표는 그룹의 2인자로 올해 8월 영전했고, 본사는 지점장들에게 재
고를 왜 빨리 소진하지 못하느냐고 매월 감점을 주며 압박하고 있
다."

▲ "롯데는 기업문화 개선이라는 명목으로 여러 가지 캠페인을 벌
이고 있는데 정작 그것을 주도해야 할 대표이사 및 최고경영진의
행태는 70~80년대 군대식 갑질 사고방식에서 전혀 벗어나지 못하
고 있다."

강아지가 가전제품이냐? 도대체 하이마트에서 개사료는 왜 파는지? 그
리고 이동우가 외제 생수만 드신 모양인데 롯데칠성 아이시스를 처마셔야
정상 아니냐?

이 정신 나간 인간에 대한 폭로가 이어지자 롯데그룹과 이동우에 대한 비
난이 쏟아졌다. 2017년 일이다. 이동우가 결국 사표를 냈다. 그런데 롯데그
룹이 이사회를 열고 만장일치로 이동우의 해임안을 부결했다. "오래 전 일
이고 이동우가 반성하고 있다"는 이유를 대며 말이다.

이사회 만장일치라, 이게 누구 뜻이겠나? 당연히 신동빈 뜻이다. 내가 이

2015년 청년유니온이 수여하는 청년착취대상 시상식에서 롯데그룹 신동빈 회장을 대신해 롯데월드 마스코트 로티가 상장을 받았다. ©민중의소리

일에 격분하는 이유는 『한국 재벌 흑역사』 2권에서도 누차 밝혔듯이 롯데의 상징이 갑질이기 때문이다. 그래서 내가 롯데 갑질의 역사를 기사로 쓰면 롯데그룹 홍보실에서 꼭 항의 전화가 온다. 그러고 하는 말이 "그건 다 과거 이야기고 신동빈 회장님 체제 이래 우리는 완전히 변했다"는 것이다.

그래서 변한 게 이거냐? 대표가 자기 면상 그려놓은 사인지에 여성 노동자들에게 사인 받도록 강요하는 게 변화야? 이런 자를 해임은커녕 이사회 만장일치로 유임시키더니 결국 지주회사 부회장 자리까지 올려놓는다. 그런 이동우에게 유동성 위기를 헤쳐나갈 중책을 맡긴다. 어떻게 헤쳐나갈 건데? 위기가 심해지면 롯데월드에서 신동빈 캐리커처와 사인을 프린트한 티셔츠 팔아서 돈 벌건가? 그건 누가 살 건데? 이동우가 살 거냐? 진짜 웃기고 자빠졌다. 단언컨대 롯데는 변할 의지가 1도 없다. 갑질은 롯데의 유전자다.

마지막으로 한 가지만 덧붙인다. 롯데그룹 유동성 위기가 불거진 게 2024년 11월이다. 그런데 2023년 한국 재벌 중 가장 많은 연봉을 받아간 자가 신동빈이었다. 무려 213억 원을 챙겼다. 2위인 현대차그룹 회장 정의선122억 원이 받은 연봉의 거의 갑절이다. 심지어 망해가는 롯데케미칼에서만 38억 3,000만원의 연봉을 받았다. 회사를 말아먹는 중이면 체면 때문이라도 연봉을 이렇게 못 받아간다. 하지만 신동빈에게 그런 염치란 없다. 신동빈이 말아먹고 시게미츠 사토시가 구원투수로 등장했는데, 그 위기를 헤쳐 나갈 야도이의 선봉장이 이동우란다. 개그를 해라, 개그를.

LG

성평등은 안드로메다로,
사상 초유의 양자 승계

선택적 경청?

2018년 구광모 현 LG그룹 회장이 그룹 수장으로 취임한 이후 얼마 안 됐을 때 이야기다. 평소 알고 지내던 LG그룹 모 임원으로부터 "한 번 만나자"는 연락이 왔다. 만나자는 이유를 물었더니 LG그룹의 이미지에 관해 외부로부터 허심탄회한 이야기를 듣고 싶다는 거였다.

"제 입에서 좋은 이야기가 안 나갈 텐데요"라는 나의 답변에 그는 "괜찮다. 나쁜 이야기라도 얼마든지 가감 없이 해 달라. 비판적인 이야기를 듣고 싶어서 연락한 거다"라며 거듭 만남을 청했다.

자리에 나가보니 그 임원과 회의록을 작성하는 직원이 동석했다. 내가 하는 이야기를 잘 정리해 상부에 보고하겠다는 거다. "상부가 어디냐?"고 물었더니 "최고위층"이라는 답이 나왔다. 내 느낌에 이 프로젝트는 구광모의 아이디어였던 것 같았다.

그가 던진 첫 질문은 "이 기자가 보기에 지금 LG그룹의 가장 큰 문제가 뭔가?"였다. 나는 1초도 망설이지 않고 "구광모 회장이죠"라고 답했다. 내가 하는 말은 다 받아 적을 것 같던 기세를 뿜어대던 그 직원이 타이핑을 멈췄다. 잠시 정적이 흐른 뒤 그가 다시 물었다.

"그거 말고 다른 거 이야기합시다."

다른 거? 어디서 씨알도 안 먹힐 소리를 하고 있나?

"제 대답은 변함없어요. 지금 LG그룹의 가장 큰 문제는 구광모 회장입니다."

이후 대화는 거의 진척되지 않았다. 왜 구광모가 LG그룹의 가장 근본적인 문제인지는 이제부터 자세히 설명하겠지만, 사실 이 문제는 LG의 임원인 그도 알고, 나도 알고, 구광모도 아는 이야기였다. 다만 그들은 이 근본적인 문제를 직접 대면할 용기가 없었을 뿐이었다. 그래놓고 LG그룹에 비판적인 이야기를 경청하겠다고? 웃기는 소리다. 그런 선택적 경청으로 무슨 허심탄회한 비판적 목소리를 듣겠다는 건가?

2000년쯤인가? 당시 내가 다니던 신문사동아일보에 최규철이라는 인물이 신임 편집국장으로 임명된 적이 있었다. 대부분 신임 편집국장이 늘 그렇듯 그의 취임 일성은 "편집국을 개혁하겠다"는 것이었다.

얼마 뒤 갑자기 최 국장이 각 부서별로 시니어 기자 한 명, 주니어 기자 한 명씩을 소집했다. 마침 내가 일하던 부서에 주니어 기자가 나밖에 사내에 없어서 내가 그 자리에 끌려갔다.

편집국장이 "동아일보 기자로 일하면서 느낀 가장 큰 문제점을 허심탄회하게 이야기해보라"고 요구했다. 난 당연히 막내급 기자답게 입을 닫치고 있었는데, 하필이면 최 국장과 우연히 눈이 마주쳤다. 국장이 나를 보며 "거기 너, 너부터 이야기해봐"(당시 최 국장은 내 이름도 몰랐다)라고 콕 찍어서 이야기했다. 나는 어쩔 수 없이 몇 마디 했다.

뭐 대단한 이야기를 한 것도 아니었다. 처음 〈동아일보〉 기자가 됐을 때 우리 회사가 대한민국 민주화의 선봉이었다는 무한한 자부심을 느꼈었는데, 입사를 하고나니 그 자부심이 박살이 났다, 그게 지금 너무 슬프다, 뭐 이 정도의 이야기였다.

그런데 다음날 알고 지내던 선배로부터 연락이 왔다. 사주김병관 회장가 나를 보잔다는 것이다. 놀란 마음에 사주가 정한 식당으로 찾아갔더니 사주 옆자리가 비어있다. 사주가 눈짓으로 옆에 앉으란다. 그러더니 소주를 맥주컵에 콸콸 붓고 "마셔" 이런다. 어쩔 수 없이 대낮부터 소주 반 병을 원 샷하고 났더니 사주가 하는 말.

"네가 어제 동아일보 기자로서 자부심을 못 느끼겠다고 했다면서? 웃긴 놈이네. 너 당장 회사에서 나가!"

와, 내가 얼마나 황당했겠나? 내가 창업주가 친일파라고 욕을 했냐? 사주가 술을 너무 많이 처드신다고 뒷담화를 했냐? 아니면 국정을 농단했냐? 그냥 소감 좀 이야기한 거 가지고 입사한 지 3년도 안된 신입기자한테 사주가 대놓고 나가란다.

그런데 취기가 올라오니 더 열 받는 사실이 있다는 점을 깨달았다. 분명 전날 국장은 "뭐든지 허심탄회하게 이야기하라"고 부추겼다. 그래서 이야기했더니 그걸 하루도 안 돼서 쪼르르 사주한테 튀어가 일러바쳐? 허심탄회가 이런 뜻이었나? 이런 조직에서 무슨 솔직한 의사소통이 이뤄지겠나?

허심탄회하게 이야기를 듣겠다고 마음을 먹었다면 무슨 이야기라도 받아들여야 한다. 거기에는 어떤 조건도 붙어서는 안 된다. 그래야 진실을 듣는다. "구광모 회장이 문제입니다" 했더니 "그건 빼고 이야기합시다"는 LG그룹이나, 문제점을 이야기해보자기에 한 마디 했더니 그걸 사주에게 튀어가 고자질하는 〈동아일보〉나!

봉건적 경영 승계의 새 지평을 열다

나는 우리나라 재벌들이 3세, 4세로 경영권을 승계하는 과정에서 앞에서 언급한 두산과 이번 장의 주인공 LG를 가장 저질스런 개그를 보여준 재벌로 꼽는다. 구광모는 2018년 LG그룹 3대 총수인 구본무 회장이 숙환으로 세상을 떠난 뒤 경영권을 이어받았다. 4세 승계가 이뤄진 것이다.

한국의 모든 재벌들이 자식들에게 경영권을 물려주는 관행을 고수하는 것을 감안하면 LG의 선택이 새삼스러울 것은 없다. 하지만 LG의 4세 승계는 그 중에서도 최고의 '슬픈 코미디'라 하지 않을 수 없다.

왜냐하면 구광모의 생부生父가 구본무가 아니라 그의 동생인 구본능 희성그룹 회장이기 때문이다. 즉 생물학적으로 구광모에게 구본무는 큰아버지였다. 그런데 구본무에게는 그룹을 물려줄 아들이 없었다. 그래서 구본무가 조카인 구광모를 양자로 입적한 것이다.

만약 구본무에게 자식이 없었다면 양자를 들인 것을 얼마든지 이해할 수 있다. 하지만 그것도 아니다. 그에게는 구광모와 동년배인 딸구연경과 그보다 열여덟 살이나 어린 또 다른 딸구연수이 있었다. 그런데도 2004년 조카였던 구광모를 양자로 입적한 것이다.

왜 이런 황당한 일이 벌어졌을까? 원래 구본무에게는 아들이 있었다. 그런데 그 아들이 1994년 20세의 나이에 불의의 사고로 세상을 떠났다. '경영권은 무조건 아들에게 물려줘야 한다'는 봉건적 사고방식에 갇혀있던 구본무 일가는 새로 아들을 얻기 위해 별의별 방법을 다 알아봤다.

당시 구본무의 반려자였던 김영식이 중국 등을 돌아다니며 아들을 낳는 비법을 전수해준다는 의사를 찾아 진료를 받았다는 소문이 나돌았다. 그런데 상식적으로 그런 게 될 리가 있나? 김영식은 늦은 나이에 겨우 임신에 성공했지만, 세상에 나온 것은 그들 부부가 그토록 바라던 아들이 아니라 늦둥이 딸이었다. 구본무가 51세 때 일이었다.

결국 구본무는 더 이상 아들을 낳는 것이 불가능하다고 여기고 조카인 구광모를 양자로 입적했다. 그러니까 이 긴 스토리의 요지는, 여자는 죽어도 경영권을 승계할 수 없으니 어떻게든 아들을 만들어(!) 그룹을 물려줘야 한다는 조선시대 세자 책봉 마인드가 LG그룹을 지배하고 있다는 이야기다. 이 무슨 태정태세문단세 예성연중인명선 같은 소리냐?

나는 도대체 LG그룹 사람들이 외국인 투자자들이나 바이어들에게 이 사실을 어떻게 설명하는지 상상이 가지 않는다. "선대 회장님에게 아들이 없고 딸만 있어서 어쩔 수 없이 조카를 양자로 들였어요" 뭐 이렇게 설명하나? 그들이 "딸은 왜 경영권 승계를 못 하나요?"라고 물으면 "여자라서 안 되는 거죠"라고 대답하고? 그러면 그 설명을 이해하는 외국 투자자나 바이어들이 있기는 하나?

그래서 내가 지금 LG그룹의 가장 큰 문제점을 구광모라고 말하는 것이다. 시가총액 200조 원을 넘나드는 이 거대한 기업의 수장이 선임됐는데, 심지어 이 수장이 죽을 때까지 수장짓을 할 태세인데, 도대체 왜 그가 수장이 됐는지 아무도 논리적으로 설명을 못한다. 게다가 이 과정에는 "여자는 수장이 될 수 없다"라는, 21세기에 절대 통용될 리가 없는 개떡 같은 봉건 문화가 등장한다. 이런 LG가 무슨 논리로 글로벌 시장에서 사업을 벌인단 말인가?

공사구분이 아예 안 되는

이것도 내가 〈동아일보〉에서 일했던 시절 이야기다. 선후배들과 회사 안에서 서성이는데 복도에서 한 중년과 스쳤다. 그때 선배가 나한테 해 준 이야기는 "야, 알아둬라. 저 사람이 우리 회사 실세야"였다.

"왜요? 저분이 무슨 일을 하시는데요?"라는 내 질문에 선배의 답은 이랬다. "저 사람이 우리 회사 금고지기거든. 아주 오래전부터 오너 일가의 자금을 관리했어. 그러니까 실세지."

알아보니 당시 그 중년인은 그 신문사의 재무 담당 부장이었다. 그런데 그때 들었던 궁금증! 왜 신문사 재무 담당 부장이 오너 일가의 자금을 관리한단 말인가? 신문사는 주식회사고, 그 주식회사에 속한 사람은 법인을 위해 일을 한다. 오너 일가의 집사 노릇을 하는 게 당연히 아니란 말이다.

하지만 그런 상식은 내가 〈동아일보〉에서 10년 가까이 일하면서 산산이 부서졌다. 나는 그 회사에서 2001년 경제부로 발령받아 증권 담당 기자로

LG그룹 구광모 회장 ⓒ민중의소리

일을 했다. 그런데 어느 날 데스크로부터 지시가 내려왔다. "OOO종목 주가 전망에 대해 상세한 보고서를 올려라"는 지시였다.

나는 기사를 쓰라는 것도 아니고 왜 특정 종목의 주가 분석 보고서를 데스크에게 올려야 하는지 이해가 가지 않아 이유를 선배들에게 물었다. 그러자 선배들은 한심하다는 표정으로 "오너가 그 종목에 투자했잖아. 넌 그것도 모르냐?"고 알려줬다.

진짜 웃기는 짜장들 아닌가? 기자는 기사를 쓰라고 뽑은 사람이지 오너가 투자한 종목의 주가 전망을 하는 사람이 당연히 아니다. 그런데 그런 일을 오너 일가는 너무 태연히 시킨다. 내가 한국 기업들에 대해 느끼는 가장 큰 문제점 중 하나가 이것이다. 한국의 재벌 오너들은 주식회사와 개인사업자의 차이가 뭔지를 모른다.

오너가 개인사업자라면 회삿돈을 어떻게 쓰건 그건 오너 마음이다. 하지만 주식회사를 세웠다면 이야기가 다르다. 주식회사는 엄연한 법인이고, 법인이 설립되는 순간 법인 소속 재산은 오너 개인의 것이 아니다.

한국 재벌들은 이 차이를 모르는 거다. 버젓이 주식회사를 세워놓고 세금도 개인사업자보다 훨씬 덜 내면서 회삿돈을 마치 자기 금고 속 돈이라고 생각한다. 그러니 회사 재무 담당 부장이 '오너 자금 관리인' 소리나 듣고 있는 것이다.

내가 이 이야기를 정색하면서 꺼내는 이유가 있다. 구광모가 LG그룹을 승계한 과정이 얼마나 코미디였는지는 앞에서 이야기한 바와 같다. 사정이 이렇다면 그 집안에서 경영권 분쟁에 안 일어날 수가 없다.

구광모는 구본무의 양자였지만 구광모의 반려자 김영식과 두 친딸이 모두 살아있기 때문이다. 당연히 이 모녀들은 구광모에게 몰아준 주식에 대해 법적 시비를 걸었다. 이게 LG그룹에서 벌어진 경영권 분쟁의 핵심이다.

나는 이 경영권 분쟁이 누구의 승리로 돌아갈지에 관해 코딱지만큼도 관심이 없다. 장자승계라는 코미디가 웃길 뿐이고, 그걸 위해서 양자를 들인 봉건적 사고방식에 콧방귀가 날 뿐이다.

그런데 내가 이 일에 관심을 갖는 다른 이유가 있다. 관련 재판이 진행되던 2023년 하범종 ㈜LG 경영지원부문장^{사장}이 서울서부지법 제11민사부에 출석했다는 점이다. 하범종은 당연히 구광모에게 유리한 증언을 잔뜩 늘어놓고 나왔다.

문제는 하범종이 구본무 별세 전후 때 그룹 지주사인 ㈜LG의 재무관리팀장을 맡아 그룹 총수 일가의 재산 관리와 상속 분할 협의 등을 총괄한 인물이라는 점이다. 아니 LG그룹 지주회사인 ㈜LG의 재무관리팀장이, 그것도 무려 사장급의 인사가, 오너 일가의 재산 관리와 상속 분할을 왜 협의하나? 이건 자기들끼리 변호사 수임해서 해결해야 하는 일 아니냔 말이다.

심지어 하범종은 "원고들은 이후로도 상속세 납부나 재산 관리를 평소처럼 재무관리팀에서 해달라고 요청했다"고 주장했다. 이 말인즉슨 회사에 적을 두지 않은 사람도 오너 일가이기만 하면 회사 재무관리팀에서 재산 관리를 해줬다는 이야기다. 도대체 왜? 국내 4대 재벌 LG그룹 지주회사의 재무관리팀이 오너 일가 따까리냐? 주식회사가 구 씨 일가가 운영하는 동네 구멍가게냐고? 이게 바로 LG 일가가 갖고 있는 후진적 마인드다.

웃기고 자빠진 인화의 LG

구광모 이야기는 이 정도로 하고 LG그룹에 대해 몇 가지 더 짚어보자. '인화의 LG'라는 말이 있다. LG그룹 창업 정신이 인화人和, 즉 '사람을 아끼고 서로 화합한다'는 것에서 나온 말이다.

그런데 '인화' 좋아하는 LG가 2021년 추운 겨울 LG트윈타워 미화 노동자들을 거리로 내쫓았던 일이 있었다. 노조를 결성했다는 이유로, 고작 시급 50원 인상을 요구했다는 이유로, 구 씨 일가의 돈벌이에 방해가 됐다는 이유로 10년 넘게 그 건물을 청소했던 노동자들을 죽음의 구렁텅이로 내몬 것이다.

이에 항의해 노동자들이 시위를 하자 LG는 영하 10도의 강추위에 난방을 끊고 가족과 지인들이 넣어주는 음식물 반입마저 가로막았다. 이건 도대체 어느 나라 인화냐? 구 씨 일가는 혹시 인화를 '사진을 인화하다' 할 때 쓰는 그 인화印畵로 잘못 알고 있는 것 아니냐?

사실 다른 재벌들의 악행이 워낙 심해서 그렇지 LG그룹도 어디서 인화 운운할만한 역사를 가진 기업이 아니다. 다른 애들보다 덜 나쁘다고 착한 애가 되는 게 아니라는 뜻이다.

2015년 『한국인은 미쳤다』라는 책이 출간된 적이 있었다. 2003년 영업 마케팅 책임자로 LG 프랑스 법인에 합류한 뒤 2006년 상무로 승진해 그룹 역사상 최초로 외국인 임원이 됐고, 2009년 LG프랑스 법인장에 오른 에리크 쉬르데주Eric Surdej가 쓴 책이다.

그는 이 책에서 "내가 LG에서 보낸 10년은 직업적인 도전을 뛰어넘는,

©민중의소리

기상천외한 경험이었다"고 회고했다. 얼마나 기상천외했는지 그의 경험담을 직접 들어보자. 쉬르데주가 LG에 입사한 뒤 가장 먼저 겪은 일은 분노한 법인장이 아무 물건이나 마구 집어던지는 충격적인 문화였다. 이게 그가 겪은 경험담이다.

"그럼 벽에 부딪힌 소리는 뭐였습니까?"
"아, 아무것도 아니에요. 대표님이 서류나 사전을 벽 쪽으로 집어 던졌을 거예요. 자주 있는 일이니까 놀라지 마세요. 서로 욕도 하고

LG

153

서류도 던지고 문도 쾅쾅 닫고 하니까요. 처음에는 충격적일 수 있
지만 곧 익숙해져요."(프롤로그 중)

이런 일도 있었단다. 한 번은 서울에서 LG 대표가 프랑스를 방문하기로
했다는 거다. 그랬더니 LG 프랑스 법인이 난리가 났다. 대표가 방문하는
지역의 대형 매장에 아직 LG 제품이 깔리지 않았기 때문이었다.

LG는 즉각 매장과 협의(!)해 다른 회사 제품을 싹 다 치우고 매장 전시대
를 LG 제품으로 채웠다. 이게 투스타 뜬다고 연병장 입구부터 보이는 건 전
부 치약으로 닦던 과거 대한민국 군대가 한 짓과 뭐가 다른가?

그짓을 왜 할까? 서울에서 왔다는 그 대표님이 그걸 보고 싶어 했으니까
한 것이다. 그래서 매장에 LG제품이 쫙 깔린 걸 보고 대표님이 흐뭇해했다
는 이야기인데, LG는 경영을 제대로 하고 싶으면 그 대표부터 당장 잘라야
했다. 그걸 보고 흐뭇해하면 그게 멍청한 거 아닌가?

그런데 더 큰 문제는 LG가 그때 혜택을 베푼 매장에 어떤 감사 인사도,
보답도 하지 않았다는 점이었다. 매장 입장에서 생각하면 '뭐 이런 미친놈
들이 다 있어?' 싶었을 것이다. 기껏 LG제품 깔아줬는데(심지어 LG제품은
그 지역에서 점유율이 낮아 그것만 전시하면 매장에 손해다) 보답은커녕 고
맙다는 인사 한 마디 없었으니 말이다. 갑질도 아주 글로벌한 갑질이다.

한 간부가 부사장 사진을 찍었다고 하루아침에 해고 통보를 받은 이야기,
과로로 쓰러져 수술을 받은 노동자에게 "언제 복귀할 수 있느냐?"고 물었
다는 이야기, 하루 12시간을 일하는데 휴가를 내면 눈치를 주는 경직된 문

화 이야기, 영하 12도의 강추위에 야외에서 폭탄주를 마셔야했던 이야기, 해외 지사장들이 서울 본사에서 불려가 깨졌는데 깨지고 나오니 태연히 두통약을 주더라던 이야기 등 그가 늘어놓은 낯 뜨거운 이야기는 끝이 없다.

갑질과 군사문화, 꼰대정신으로 점철된 곳이 LG라는 이야기인데 이건 또 어느 나라 인화인지 묻지 않을 수 없다. 그 책에 보면 쉬르데주가 LG로 옮긴다는 이야기를 일본인 동료들에게 하자는 LG로 옮기기 전 소니와 도시바에서 13년간 일했다 일본인들이 "군대식 문화를 어떻게 견디려고 그러냐?"며 말렸다는 대목이 나온다. 우리가 일본인들한테 이딴 이야기나 들어야 되냐? 글로벌한 망신도 작작 해야 할 것 아닌가?

차떼기의 추억

마지막으로 하나만 더 되짚어보자. 요즘은 차떼기라는 용어가 뇌물의 상징처럼 사용되는데, 사실 이 차떼기의 원조가 LG다.

대선을 앞둔 2002년 10월 말, 대세가 이회창 후보에게 기울었던 것처럼 보였던 시절의 이야기다. 한나라당 재정위원장 최돈웅이 LG그룹 구조조정본부장 강유식을 방문했다. 대선 후원금을 걷기 위한 방문이었다.

그런데 최돈웅의 이야기가 묘했다. "얼마가 필요하다"고 말하면 명쾌한데 "예년의 후원과는 단위를 달리하는 규모를 기대하고 있다"고 찌른 것이다. 깡패한테 돈을 뜯겨본 사람은 알 거다. "집에 가서 만 원만 가져와" 이러면 속이 편한데 "형이 요즘 좀 하고 싶은 게 많아. 얼마 가져오는지 지켜보겠어" 이러면 참 여러모로 곤란하다.

당황한 LG는 사상 최고액을 베팅하기로 했다. 그도 그럴 것이 이 깡패가 보통 깡패가 아니라 두 달 뒤 대통령이 될지도 모르는 깡패였기 때문이었다.

다급한 강유식이 그룹에서 동원할 수 있는 현금을 다 긁어모았다. 놀라운 사실은 LG본사 여의도 트윈타워에 내화벽이 있었다는 점이었다. 불이 나도 멀쩡하도록 설계된 그 벽 안에 비밀금고가 있었는데 LG가 그 금고에 160억 원을 쟁여났다는 거다.

LG는 그 돈의 용도를 "주주들의 상속 및 증여에 대비해 마련해둔 현금"이라고 밝혔다. 그런데 이것들이 지금 장난하냐? 주주들의 상속, 증여세를 왜 상속받는 자가 아니라 LG가 대비하냐고? LG의 설명에 따르면 그 돈은 대놓고 불법 승계하겠다고 모아둔 비자금이었다는 이야기다.

LG는 그 돈의 대부분인 150억 원을 지르기로 했다. 당시는 5만 원 지폐가 없어서 LG는 1만 원짜리 현금 150억 원을 사과박스에 정성스럽게 포장했다. 한 상자에 2억 4,000만 원씩 담은 상자 62개와 1억 2,000만 원을 담은 상자 1개를 합쳐 돈 상자만 무려 63개였다. 이걸 어디다 싣는다는 말인가? 그래서 LG가 동원한 운반 수단이 2.5톤짜리 탑차였다.

돈을 받기로 한 자는 이회창 대선후보 법률특보였던 서정우 변호사였다. 그는 현대로부터도 100억 원의 비자금을 받았는데 노련한(!) 현대는 한 번에 100억을 다 운반한 것이 아니라 50억 원씩사과상자 40개 2회이틀에 걸쳐 스타렉스 승합차로 돈을 옮겼다. 하지만 LG는 머리마저 나빠서 이런 방법을 생각도 못하고 그냥 2.5톤 탑차에 돈을 실었다.

이 코미디에 후일담이 하나 더 있다. 서정우가 직접 운전한 이 탑차가 너무 커서 여의도 한나라당 당사 지하주차장에 못 들어갔다는 거다. 한나라당 이재현 재정국장이 탑차를 일단 한강둔치로 이동시킨 뒤 재정국 직원 3명이 렌트한 봉고차 두 대에 돈 상자를 나눠 실어 다시 당사 지하주차장에 입장했단다. 이 자식들은 대선을 하랬더니 007 영화를 찍고 자빠졌다.

아무튼 이 코미디의 주인공이 바로 LG다. 상대가 "알아서 주세요" 했더니 "어이쿠, 넉넉히 드려야죠" 이러면서 건물 내화벽에 숨겨진 비자금을 탈탈 터는 기업. 그런데 머리는 나빠서 그 불법자금을 2.5톤 탑차로 운반하는 기업. 나 같으면 쪽팔려서 어디 가서 기업 한다고 말도 못하겠다.

2021년 청소 노동자들을 가혹하게 쫓아낸 지수아이앤씨라는 용역업체의 주인은 구광모의 고모인 구훤미와 구미정이었다. 그리고 이 자매는 청소 용역업체를 설립한 뒤 LG그룹으로부터 일감 몰아주기 혜택을 받아 10년 동안 배당금으로 207억 원을 챙겼다.

이건 도대체 뭐하는 짓이냐? "나를 양자로 맞아준 양아버지의 은혜를 잊지 않고 그분의 여동생들을 챙겨드리겠습니다" 뭐 이런 거냐? 참 지극한 가족애라 하지 않을 수 없는데, LG의 인화는 가족한테만 통용되는 인화인 모양이다.

나는 도대체 이런 뻔뻔스런 자들이 왜 그토록 오랫동안 '인화의 LG'를 들먹이고 다녔는지 이해가 되지 않는다. 자기 가족은 일감 몰아주기로 수백억 원씩 챙겨주면서 청소 노동자들은 아무 대책 없이 죽음의 구렁텅이로 내모는 자들이다.

LG트윈타워 청소노동자들이 고용승계 보장을 요구하며 행진하고 있는 모습 ⓒ민중의소리

계다가 심장은 콩알만해서 이회창 쪽이 푹 찌르니 150억 원을 차떼기로 갖다 바치는 쫄보들이 이럴 때에는 또 무지 용감해진다. 그래서 너희들 이름이 뭐라고? 인화의 LG라고? 진짜 웃기고 자빠진 거다.

한보

"임직원은 머슴",
외환위기의 방아쇠를 당기다

공식적으로 사망한 정태수

2019년 6월 외환위기의 한 원인이었던 한보그룹의 정한근 전 부회장이 해외 도피 21년 만에 검찰에 붙잡혔다. 이 책을 읽는 분들은 "정한근이 누구냐?" 하실 법한데, 맞다. 그는 대중에게 널리 알려진 사람이 아니다. 다만 그의 아버지 이름을 대면 이야기가 달라진다. 그의 아버지가 바로 온 국민이 알고 있는 정태수 전 한보그룹 회장이기 때문이다.

앞으로 자세히 살펴보겠지만 정태수는 1997년 한보사태 당시 불법으로 5조 7,000억 원이라는 거금을 대출 받았다가 이 돈을 홀랑 날려먹었다. 횡령 혐의까지 더해진 정태수는 징역 15년을 선고받았다.

그런데 2002년 지병을 이유로 출소한 정태수는 2005년 자신이 재단을 설립한 강릉영동대학교의 교비를 또 다시 72억 원이나 횡령해 재차 징역형을 선고받았다. 이 정도면 횡령이 체질인 셈이다. 그리고 정태수는 2007년 2심 재판 도중 병 치료를 이유로 일본으로 건너간 뒤 어디론가 튀었다.

2019년 체포된 정한근은 "아버지 정태수는 1년 전 에콰도르에서 사망했

정태수의 아들 정한근이 조사를 받기 위해 서울중앙지검으로 들어서는 모습 ⓒ민중의소리

다"고 진술했다. 하지만 정태수가 키르기스스탄에 머물고 있다는 소문도 돌았다. 결국 검찰이 정한근의 진술과 그가 제출한 증거 등을 바탕으로 정태수는 에콰도르에서 숨졌다고 확인했다. 이로써 정태수는 공식적으로 사망자가 됐다.

하지만 나는 잘 모르겠다. 2025년 기준으로 정태수가 살아있다면 102세다. 살아있기 힘든 나이일 것이다. 하지만 84세였던 2007년 2심 재판을 받던 도중 해외로 튈 정도로 왕성했던 인물이 정태수다. 횡령과 도주 분야에서는 가히 대한민국 상위 1% 인물이었다는 이야기다.

한국 재벌 흑역사 3

그리고 우리는 그가 죽는 모습을 직접 보지 못했다. 검찰이 확인한 것은 아들 정한근이 제출한 정태수의 사망 확인서, 화장 증명서, 장례식장 비용 영수증 등이 전부다. 나는 정태수가 죽었을 것이라 생각하지만 그의 사망에는 너무 많은 의혹이 남아있다. 게다가 한국 사회는 정태수로부터 받아야할 빛이 있다. 정태수가 내지 않은 세금 체납액이 2,200억 원이 넘는다.

점쟁이를 사랑했던 정태준, 아니 정태수

1923년 경상남도 진주에서 태어난 정태준이라는 인물이 있었다. 진주농림고등학교를 졸업한 그는 청장년 시절 국세청에서 세무공무원으로 일을 했다.

당시 세무공무원은 꽤 막강한 권력을 가지고 있었다. 그들 중에는 뇌물을 받고 세금을 깎아주거나, 마음에 안 드는 기업에 세금을 왕창 물리는 등 나쁜 짓을 저지르는 자들이 적지 않았다. 시대 상황으로 미루어볼 때 세무공무원이었던 정태준도 나름 권력을 누리면서 꽤 풍요로운 삶을 살았을 것으로 추정된다.

그런데 그 정태준이 점쟁이를 만나 새로운 삶을 시작한다. 우선 점쟁이는 그에게 "개명改名을 하면 운명이 바뀌어 떼돈을 벌 것이다"라고 조언했다. 이 말을 믿은 정태준이 이름을 바꿨는데 이 자가 바로 한국 경제 역사상 최악의 스캔들 중 하나로 꼽히는 수서 비리 사건과 한보 사태의 주인공, 한보그룹의 창업주 정태수다.

정태수가 얼마나 점쟁이를 신뢰했는지는 그가 내린 중요한 사업 결정들을 보면 알 수 있다. 뒤에서 자세히 살펴보겠지만 한국 경제 역사상 최대 치욕으로 꼽히는 1997년 외환위기의 발단이 된 사건이 한보 사태다. 정태수가 은행으로부터 불법으로 대출을 수조 원이나 받아 당진에 제철소를 지었다가 망한 것이 바로 외환위기의 출발이었기 때문이다.

그렇다면 정태수는 왜 한 번도 해 본 적조차 없던 철강 사업에 갑자기 진출했을까? 이것도 점쟁이가 정태수에게 "쇳물을 만져야 큰돈을 번다"라고 조언하는 바람에 시작된 일이었다.

전성기 시절 한보그룹의 가장 특이했던 점은 본사가 서울 강남구 대치동 은마아파트 앞 낡은 건물인 은마상가에 있었다는 점이었다. 은마상가는 말그래도 슈퍼마켓, 반찬가게, 옷가게 등이 입점한 흔한 상가 건물이었다. 그런데 이 허름한 건물에 당시 재계 14위 그룹의 본사가 있었다.

사람들은 한보그룹을 방문할 때마다 '이렇게 큰 그룹 본사가 왜 아파트 상가에 있나?'라는 궁금증을 지울 수 없었다. 그런데 이것도 정태수가 "이 땅은 돈이 모이는 땅이다"라는 이야기를 들었기 때문이었다는 설이 파다했다.

점쟁이 말을 믿고 이름을 바꾼 정태수는 세무공무원을 그만 둔 뒤 건설업과 광산업을 시작했다. 그 이유 역시 점쟁이가 "흙과 관련된 사업을 하면 큰 부자가 된다"라는 점괘를 뽑아주었기 때문이었다.

수서 비리로 촉발된 위기

1987년 노태우가 대통령으로 당선된 이후 한국 경제는 전성기를 맞았다. 모든 경제 지표를 살펴봐도 1987년부터 1996년까지의 10년은 한국 경제의 최전성기라 할 만했다. 10년 동안 평균 경제성장률은 8.3%였다. 요즘 이 수치가 2~3%만 나와도 잘 나왔다고 행복해하는 것을 감안할 때 당시 경제가 얼마나 호황이었는지 충분히 짐작할 만하다.

경제가 초호황을 누리자 국민들의 내 집 마련 수요도 당연히 늘었다. 1988년 서울 올림픽을 앞두고 집값이 폭등하면서 노태우는 분당과 일산에 신도시를 만들겠다고 선언했다. 우리나라에 최초로 건설된 신도시가 바로 분당과 일산이었다.

이것만으로 집값이 잡히지 않자 노태우는 1989년 서울 강남구 수서동, 일원동 일대를 개발하겠다고 밝혔다. 지금은 강남구 수서동, 일원동 일대가 강남의 주요 주택가 중 하나지만 당시만 해도 이곳은 강남에서 개발이 가장 덜 된 지역이었다. 노태우가 이곳을 전면적으로 개발해 강남을 확대하겠다고 나선 것이다.

문제는 원래 이곳이 무주택자를 위해 공공주택을 짓기로 계획했던 땅이라는 데 있었다. 하지만 강남의 마지막 노른자 땅을 정태수는 그냥 두고 보지 않았다. 정태수는 이 땅을 차지해 아파트를 짓고 팔면 떼돈을 벌 수 있다는 확신을 가졌다.

이 땅의 개발권을 얻기 위해 정태수는 노태우에게 무려 150억 원이 넘는 비자금을 건넸다. 정태수는 노태우뿐 아니라 건설부와 서울시 공무원, 여당 국회의원, 심지어 야당 국회의원에게도 뇌물을 뿌리고 다녔다. 엄청난 뇌물 공세 덕에 애초 무주택자를 위한 아파트를 짓기로 한 땅은 결국 한보

건설에게 넘어갔다. 한보건설은 강남 노른자 땅에 아파트를 지어 엄청난 돈을 벌었다.

하지만 정태수의 행복은 오래 가지 않았다. 1993년 문민정부라 불렸던 김영삼 정권이 들어섰다. 문민정부는 쿠데타로 집권했던 전두환과 노태우 정권의 비리를 집요하게 파헤쳤다.

결국 문민정부는 전두환과 노태우 두 전직 대통령을 모두 구속했는데, 이 과정에서 노태우가 몰래 숨겨놓은 비자금의 전모가 밝혀졌다. 정태수가 노태우에게 건넸던 150억 원의 뇌물도 이때 드러났다. 정태수는 1995년 11월 29일 구속됐다. 이른바 수서 비리 사건이었다.

풀려난 정태수, 철강업에 뛰어들다

정태수의 옥살이는 오래 가지 않았다. 슬픈 사실이지만 예나 지금이나 우리나라는 재벌들의 뇌물 범죄에 상당히 관대한 편이다. 수서 비리로 구속된 정태수는 "몸이 안 좋아 감옥살이를 할 수 없다"고 엄살을 부렸다. 재판부는 정태수의 이같은 엄살을 받아들여 옥살이가 시작된 지 보름여 만인 12월 14일 그를 풀어줬다.

이때 정태수가 재판 과정에서 보여준 꾀병 기술은 실로 경이로운 면이 있었다. 그는 재판에 참석할 때마다 휠체어를 타고 등장했다. 단지 휠체어만 탄 게 아니고 마스크를 쓰고 링거 주삿바늘까지 팔에 꽂은 채 법정에 들어섰다. 이후 한국 재벌들이 비리를 저지른 뒤 재판을 받을 때에는 꼭 마스크를 쓰고 링거 주사를 팔에 꽂는 관행이 생겼다. 장하다 정태수, 네가 꾀병

한국 재벌 흑역사 3

퍼포먼스의 선구자다!

압권은 따로 있었다. 검찰이 수사를 위해 그를 소환하자 정태수가 "실어증이 와서 수사를 받을 수 없다"는 황당한 주장을 펼친 것이다. 실어증이란 말을 못하는 병 아닌가? 말을 못한다는데 검찰이 무슨 수로 그를 수사한단 말인가? 이 황당한 주장 때문에 검찰은 번번이 정태수를 부르지 못하고 시간만 흘려보냈다.

그렇다면 정태수가 정말 실어증에 걸렸을까? 그럴 리가 있나? 막상 재판이 시작되자 정태수는 언제 실어증에 걸렸느냐는 듯 판사 앞에서 버럭버럭 소리를 지르며 할 말을 다 하고 떠들었다.

심지어 1997년 서울구치소에서 열렸던 국회 청문회에서 한 야당 국회의원이 "한보그룹 임원이 검찰 수사에서 한 말은 지금 당신^{정태수}이 한 말과 다르다"며 다그치자 "자금 흐름은 주인인 내가 알지 머슴이 어떻게 압니까?"라는 희대의 명언을 남겼다.

주인과 머슴이라니, 조선시대냐? 명색이 그룹 임원인데 그를 머슴이라고 묘사하는 정태수의 황당한 태도는 한국 재벌들이 임직원을 얼마나 하찮게 생각하는지를 드러내는 상징적인 장면이었다.

아무튼 수서 비리로 큰 타격을 입은 정태수는 재기를 위해 철강업에 뛰어들기로 하고 충남 당진에 제철소를 짓기 시작했다. 앞에서도 언급했지만 그 이유는 "쇳물을 만지면 큰돈을 번다"는 점쟁이의 조언 때문이었다.

하지만 제철소를 짓는 것은 상상을 초월할 정도로 많은 돈이 드는 사업이었다. 그리고 수서 비리로 감옥까지 다녀온 정태수에게는 그만한 돈이 없었다. 은행에서 돈을 빌려야 했는데, 은행은 위기에 빠진 한보그룹에 돈을 빌려주기를 꺼렸다. 잘못했다가는 돈을 떼일 수 있으니 당연한 결정이었다.

제 버릇 남 못 주는 법이다. 정태수는 돈을 마련하기 위해 또 정치권을 기웃거렸다. 정태수가 당시 정권의 실세로 불렸던 김영삼 대통령의 차남 김현철에게 뇌물을 찔러준 뒤 "은행에서 돈을 빌릴 수 있도록 압력을 넣어주세요"라고 청탁한 것이다. 김현철 외에도 적지 않은 정치인들이 정태수로부터 뇌물을 받고 은행에 압력을 넣었다. 이렇게 해서 정태수가 은행으로부터 빌린 돈이 무려 5조 7,000억 원이었다.

하지만 점쟁이의 말만 믿고 뛰어든 철강 사업은 제철소가 완공도 되기 전에 망해버렸다. 1997년 1월 23일 한보철강은 부도가 났고 정태수에게 돈을 빌려준 은행들은 거금을 떼여 극심한 자금난에 시달리기 시작했다. 이것이 바로 한보 사태다.

이 사태는 은행권의 위기를 불렀고 결국 그해 말 터진 외환위기의 중요한 원인이 됐다. 함께 일하는 사람들은 머슴 취급한 반면 점쟁이의 말은 신념처럼 떠받들었던 정태수. 이 아둔한 경영자의 한심한 경영이 한국 경제를 건국 이래 최악의 상황으로 몰아간 것이다.

석방만 되면 병이 낫는 기적

정태수가 개척한(웅?) 꾀병 스킬을 알아본 김에 다른 재벌들이 벌인 역대급 꾀병 퍼포먼스도 함께 되짚어보자. '꾀병이 다 그렇지 뭐'라고 얕잡아보지 마시라. 이 중에는 정녕 '신의 기적'이라 불릴만한 것도 있었다.

한국 재벌 흑역사 3

좌) 당시 CJ그룹이 공개한 이재현 회장의 유전병 진행 상태 사진, 우) 수백억원대 회삿돈을 빼돌리고 세금을 탈루한 혐의로 검찰에 출석한 이재현 ⓒCJ그룹, 민중의소리

　과장이 아니다. 나는 그때 진짜로 기적을 보았다. 분명 2016년 여름까지만 해도 CJ그룹이 배포한 이재현 회장의 사진은 곧 죽어도 이상하지 않을 것 같았던 불치병 환자였다. CJ그룹 주장이 그랬다. 『한국 재벌 흑역사』 2권에서도 잠깐 다뤘지만 이재현과 CJ가 주장했던 그 불치병의 이름은 '샤르코-마리-투스CMT, 근육이 위축되는 희귀 유전병'다. 이재현은 이 병을 이유로 군대도 면제받았다.

　그런데 이재현이 광복절 특사로 풀려난 이후 9개월 만인 2017년 5월, 그는 경영 일선에 전격적으로 복귀했다. 이후 연봉도 100억~200억 원이나 받았다. 이게 사도 베드로가 일어서지 못하는 장애인을 향해 "금과 은은 내게 없지만 내게 있는 것으로 네게 주노니, 나사렛 예수 그리스도의 이름으로 걸으라"하고 일으키자 그가 벌떡 일어났다는 기적이 아니고 뭐란 말인가? 혹시 이재현 주치의 선생님 성함이 김 베드로 박사였나?

당연한 말이지만 이재현은 불치병에 걸리지 않았다. 김 베드로 박사도 이 사건에 개입하지 않았다. CJ그룹이 저 사진을 공개하며 "우리 회장님은 정말 아프다"라고 쌩쇼를 했을 때부터 그의 병은 꾀병이었다. 꾀병이 아니었다면, CJ그룹은 설명해야 한다. 이재현이 도대체 어떻게 그렇게 빨리 그 병을 치료했는지를 말이다.

설마 "감옥에 있을 때에는 치료를 잘 못 받았는데 석방돼서 제대로 치료를 받았다"고 둘러댈 참인가? 멍멍이 소리다. 이재현은 1,600억 원대 횡령, 배임 등 혐의로 기소돼 1, 2심에서 모두 실형을 선고받았다. 그가 구속된 때는 2013년 7월이었다.

그런데 이재현은 형이 확정되자 희귀병을 앓고 있다는 이유로 곧바로 병원으로 향했다. 형 집행정지를 받은 것이다. 이게 무슨 뜻인가 하면, 이재현은 3년여의 수감 기간 동안 고작 4개월만 옥살이를 했다는 뜻이다.

나머지 날들은 옥살이를 한 게 아니라 병원에서 치료를 받았다. 무려 2년 8개월 동안 우리나라 최고의 병원이라는 서울대병원에서 말이다. 그런데도 안 낫던 병이 사면돼서 나오니까 9개월 만에 다 나았단다. 졸라 할렐루야 아니냐?

또 다른 꾀병 사례를 살펴보자. 삼성그룹 이건희 회장은 '안기부 X파일'

논란이 한창이던 2006년 도쿄에서 귀국했다. 그런데 이건희는 귀국 장면부터 화려한 쇼를 펼쳤다. 다리에 깁스를 한 뒤 휠체어에 앉아서 입국을 한 것이다.

그런데 이때 사용된 특이한 소품이 하나 있었다. 바로 복대였다. 상식적으로 복대를 와이셔츠 위에 하는 사람이 어디 있나? 복대를 안에 하고 그 위에 셔츠를 입는 게 정상이다. 하지만 이건희는 셔츠 위에 복대를 둘렀고, 일부로 양복을 풀어헤쳐 그 복대가 선명하게 보이도록 연출을 했다. "나 많이 아파요"를 주장하기 위해 '셔츠 위 복대'라는 기발한 기술을 쓴 것이다.

같은 해 현대차 정몽구 회장은 비자금을 1,000억 원 조성한 혐의로 재판을 받았다. 그런데 정몽구의 변호인들은 병원 진단서를 첨부하면서 "정 회장이 구속 이후 폐 결절과 심장 이상, 고혈압, 동맥경화 증상을 겪고 있다. 뇌경색 발병 확률이 정상인보다 20배 이상 높다. 즉시 병원에 입원해야 한다"고 주장했다. 니들 설명대로라면 살아있는 게 기적 아니냐? 그런데 정몽구는 이 꾀병 진단서를 통해 보석을 얻어냈고, 그 이후로도 꽤 오랫동안 건강하게 경영 활동을 했다.

2007년 영국의 경제 전문지 〈파이낸셜 타임스FT〉는 한국 재벌들의 이같은 꾀병 행태에 대해 '한국 재벌 총수들은 곤란할 때마다 휠체어를 탄다'는 제목으로 기사를 내보낸 적이 있었다. 이런 걸 학계에서는 전문 용어로 개망신이라고 부른다. 그 기사에는 이런 따끔한 지적도 적혀 있었다.

"한국 법원은 재벌들이 안 보이는 곳에서 어떤 일을 하건 경영을 계속 하도록 도와주는 것이 국가 이익에 부합한다고 믿는 것 같다. 그러나 재벌들이 제대로 행동하고 모든 국민에게 공평한 사법체계를 갖추는 게 국가 이익에 더 부합하지 않겠느냐?"

미신을 믿는 자들의 공통점

개인적으로 나는 50년 넘게 살면서 점 비슷한 걸 본 경험이 딱 한 번 있었다. 1989년 대학 시험에 낙방한 이후 재수 학원을 다닐 때였는데 그해의 운세가 너무나 궁금해(올해는 합격할 수 있을까?) 학원 근처에 있는 점집을 찾았다.

불안한 마음에 금년 운을 물었더니 그 점쟁이 하는 말, "아주 좋아. 올해에는 득남得男할 운세야"라는 거다. 이 돌팔이가 지금 뭐라는 거냐? 당시 나는 19세 미성년자였고 연애를 해본 적조차 없던 모태 솔로였다! 이 헛소리를 들은 이후 나는 결단코 점이나 그와 유사한 것을 보지 않았다.

그런데 우리나라에서는 경제계를 휘어잡는 수많은 재벌들, 그리고 대통령조차 점쟁이에게 의지한다. 정태수는 점쟁이 말에 휘둘려 이름까지 바꿨고, 20대 대통령 윤석열은 손바닥에 왕王자를 그리고 TV 유세에 나섰다. 김건희는 "내가 무당보다 점을 더 잘 본다"고 자랑질을 한다. 천공스님, 건진법사, 무정스님 등 부처님의 가르침과 1도 상관없어 보이는 무당 부류들이 대통령 주위에 끊임없이 얼씬거린다. 정태수 외에도 수많은 재벌들이 관상가나 점쟁이에게 혹한다는 것은 『한국 재벌 흑역사』 1, 2권에서 상세히 다룬 바 있다.

이 모든 것이 단지 우연의 일치인가? 웃기지 마라. 2002년 통계학의 노

현대차 노동자들이 정몽구 구속을 촉구하는 시위를 벌이는 모습 ⓒ민중의소리

벨상이라 불리는 가이메달Guy Medal 수상자 데이비드 핸드David Hand는 "세상에 우연이란 없다. 일어날 일이 일어나는 것이다"라고 설파했다.

핸드가 제시한 여러 법칙 중 '아주 큰 수의 법칙'이란 게 있다. '절대 일어나지 않을 것 같은 일이 일어났다면, 그건 사실 그 일이 아주 많이 반복됐기 때문에 벌어진 현상'이라는 뜻이다.

무슨 말일까? 천공스님, 건진법사, 무정스님이 들통 난 사태가 절대 우연이 아니라는 이야기다. 이 셋 이외에도 훨~씬 많은 무당들이 윤석열-김건희 주위에 얼쩡거렸을 확률이 높다. 무당들이 워낙 많이 얼쩡거렸기 때문에 그들 중 고작(!) 셋이 모습을 드러냈다는 게 통계학적으로 올바른 해석이다.

그렇다면 재벌과 대통령 부부 등 이 사회의 최상위 지배층들에게 왜 이런 일이 벌어졌는지 추정을 해봐야 한다. 2008년 〈사이언스〉에 '자기 통제력이 약한 사람이 미신을 더 잘 믿는다Lacking control increases illusory pattern perception'라는 논문이 실렸다. 미국 텍사스주립대학교 제니퍼 윗슨Jennifer R. Whitson 교수와 미국 노스웨스턴대학교 애덤 갈린스키Adam Daniel Galinsky 교수의 공동 연구다. 연구팀은 실험 참가자들에게 이런 질문을 던졌다.

"당신이 대기업 마케팅 부서의 직원이라고 생각해봅시다. 그런데 당신에게는 아이디어 회의에 들어가기 전에 오른쪽 발로 왼쪽 발을 세 번 밟고 들어가는 습관이 있었어요. 하지만 어느 날 당신이 너무 급하게 회의에 들어가는 바람에 이 습관을 실시하지 못했죠. 그리고 그날 회의에서 당신이 낸 아이디어는 채택되지 않았어요. 당신이 평소와 달리 발을 세 번 밟지 못하고 들어간 것과, 당신의 아이디어가 채택되지 않은 사건 사이에 어느 정도 연관성이 있을까요?"

발을 세 번 밟지 못한 것과 아이디어가 채택되지 않은 사건이 아무 상관이 없다는 것은 상식이다. 아이디어가 채택되지 않은 이유는 그냥 그 아이디어가 개떡 같아서 벌어진 일이다.

그런데 이 질문을 하기 전 연구팀은 실험 참가자들 중 절반의 자기 통제력을 고갈시켰다. 예를 들자면 쉽게 풀 수 있는 문제인 것처럼 보이지만 풀다보면 절대 풀리지 않는 문제를 계속 풀게 하는 식이다. 이 과정을 거친 이들문제 풀이에 계속 실패한 이들은 '세상은 절대 내 마음대로 되지 않아'라거나 '내가 할 수 있는 일은 아무 것도 없어'라는 부정적 생각을 갖게 된다. 세상에 대한 통제력을 잃었다는 이야기다.

그렇다면 통제력을 가진 사람들과 그렇지 못한 사람들은 앞의 그 질문에 어떻게 답을 했을까? 통제력을 가진 사람들은 발을 밟지 못한 것과 아이디어가 채택되지 않은 일의 연관성이 전혀 없다고 답을 했다(이게 매우 상식적인 생각이다).

반면 통제력을 잃은 사람들은 이 둘의 연관성이 매우 높다고 믿었다. 특히 이들은 '발을 구르지 않으면 더 나쁜 일이 벌어질지도 몰라'라며 더 많이 불안해했고, 발을 구르는 것뿐 아니라 특정 양말을 신는 등의 행동에도 어떤 음모가 숨어 있을지 모른다고 착각했다(이게 정태수나 윤석열이 보여준 행동이다).

인간은 자신과 관련된 모든 일의 원인과 결과를 깔끔하게 설명하고 싶어 한다. 이게 바로 자신과 주변 상황에 대한 통제력을 갖는다는 것이다. 예를 들어 실력이 터무니없이 형편없는 사람이 하버드 대학교에 지원했다고 치자. 이런 사람이 이런 꿈을 꾼다는 것은 상식적으로 말이 안 된다. 그런데도 이 사람은 자기의 꿈에 대한 깔끔한 설명을 갖고 싶어 한다. 그런 게 있을 턱이 없다는 사실을 깨달을 때쯤, 누군가가 와서 이렇게 속삭인다.

"당신이 하버드 학생이 되는 건 신의 뜻이야. 내가 어제 꿈에서 신으로부터 직접 이야기를 들었다고!"

바로 여기서 통제력이 약한 사람들이 "그래, 바로 이거야!"라며 무릎을 친다. 갈린스키 교수가 "자신감이 없는 사람일수록 헛것을 더 잘 믿는다"라고 설파한 이유다.

이 연구를 재벌이나 윤석열 부부에게 적용해 보자. 왜 그들 주변에 점쟁이가 끝없이 출몰할까? 그들 모두 자신들의 성공에 대해 깔끔하게 설명할 수가 없기 때문이다. 예를 들어 윤석열이 사법고시에 패스한 이유는 깔끔하게 설명이 가능하다. 공부를 열심히 했기 때문이다. 이런 성공에는 미신이 끼어들 이유가 없다.

반면 그가 대통령이 된 이유는 깔끔하게는커녕 지저분하게도 설명이 안된다. 도대체 그가 한 게 뭐가 있다고 대통령에 당선됐단 말인가? 자기가 생각해도 황당하지 않겠나? 이때 무당이나 점쟁이가 끼어들어 "당신은 왕이 될 상입니다" 이런다. 여기서 꼴딱 넘어가는 거다.

정태수 등 재벌들도 마찬가지다. 그들은 막대한 권력과 돈을 손에 쥐었다. 그런데 그들이 그 이력에 걸맞은 실력을 갖고 있나? 그에 걸맞은 노력은 했고? 본인도 본인의 성공을 이성적으로 설명할 길이 없는 거다. 이때 무당이 속삭인다. "당신은 쇳물을 만지면 돈을 벌 관상입니다. 점괘가 그래요!"라고 말이다.

행동경제학에는 통제력 환상Illusion of Control이라는 용어가 있다. 통제할 수 없는 일을 통제할 수 있다고 믿는 인간의 헛된 심리를 뜻한다.

그래서 윤석열 부부와 재벌들은 닮았다. 능력에 비해 너무 과도하게 출세했다. 그런데 이 기쁜 일이 자기들에게 일어난 이유를 설명을 못한다. 주변 상황에 대한 통제력을 잃었다는 이야기인데, 이런 사람들이 자신의 일을 통제할 수 있다고 믿는 순간 미신의 유혹은 피할 수 없다.

신神의 시대가 저물고 이성의 시대가 열린지 무려 200여 년이다. 그런데 대한민국에서는 내가 점을 더 잘 치네, 쟤가 점을 더 잘 치네, 이런 걸로 재벌들이 사업을 하고 대통령이 국사를 결정한다. 나라의 운명이 어찌 되려고 상황이 이 지경까지 이르렀단 말인가?

이랜드

성경에는 노조가 없다?
성경에는 비정규직도 없다!

성경에는 없는 것

이랜드그룹은 2024년 자산 규모 기준으로 우리나라 재계 서열 50위에 오른 그룹이다. 패션과 유통을 주력으로 삼으며 레저와 건설 분야에도 진출해 있다. 프로축구팀 서울 이랜드FC도 운영한다.

창업자 박성수는 재계를 대표하는 기독교 신자다. 청년 시절 근육무력증이라는 희귀병을 앓다가 투병을 하던 중 신앙심이 깊어졌다고 알려졌다. 1980년 28세의 나이에 이화여자대학교 앞에서 잉글랜드라는 이름의 가게를 열고 옷을 팔기 시작했는데 이게 잘 되면서 패션 사업으로 영역을 넓혔다. 다만 잉글랜드가 나라 이름이어서 그 명칭으로는 상표권을 얻을 수 없었기에 이랜드라는 이름을 사용했다.

1996년 프랑스의 할인점 까르푸가 우리나라에 진출했다가 쫄딱 망한 일이 있었다. 이랜드는 2006년 까르푸를 인수해 홈에버라는 새로운 브랜드를 만들었다. 이게 지금 홈플러스의 전신이다. 이랜드는 홈에버를 단 2년 동안 운영했다.

그런데 이 2년 동안 한국 노동운동 역사에 길이 남을 투쟁이 벌어졌다. 파업 기간이 무려 510일에 이르는 이른바 '홈에버 사태'가 벌어졌기 때문이다. 박성수는 까르푸를 인수하자마자 노동자들을 대거 비정규직으로 내몰았다. 2006년 비정규직 보호법이 막 통과된 상태에서 말이다.

노동조합이 뭔지도 몰랐던, 그리고 자신이 평생 노조 활동을 할 것이라 생각해 본 적조차 없었던 수많은 노동자들이 이에 대항해 투쟁에 돌입했다. 510일 동안 벌어진 수많은 사건들을 다 기록하자면 책 한 권이 모자랄 지경이다. 실제 이 사건은 영화 〈카트〉와 최규석 작가의 웹툰 〈송곳〉, 그리고 웹툰을 기반으로 한 드라마 〈송곳〉 등 여러 예술 작품으로 역사에 기록됐다.

이 책이 『한국 노동운동 역사』였다면 그 처절한 기록을 이곳에 담았을 것이다. 하지만 이 책은 『한국 재벌 흑역사』이므로 초점을 노동운동이 아니라 박성수와 이랜드그룹에 맞출 것이다.

파업 기간이 이렇게 길어진 이유는 박성수의 악랄한 노동관 탓이었다. 당시 박성수는 노조의 요구를 귓등으로도 듣지 않으면서 "성경에는 노조가 없다"는 역대급 막말을 남겼다. 노조는 "성경에는 비정규직도 없다"는 당연한 말로 맞섰지만 아무리 생각해도 "성경에는 노조가 없다"는 박성수의 발언은 한국 사회가 진짜 오랫동안 곱씹어볼만한 멍멍이 소리였다.

나는 박성수한테 말해주고 싶다. 이랜드는 축구팀을 운영한다. 그걸 왜 운영하나? 성경에 축구팀이 없는데. 혹시 내가 성경을 꼼꼼히 안 읽어봐서 착각한 부분인가? 2000년 전에 '예루살렘 지저스' 같은 축구팀이 있어서 '로마 시저스'하고 라이벌 매치 벌이고 그랬나?

영화 〈카트〉와 드라마 〈송곳〉 포스터 ⓒ민중의소리

박성수의 취미는 예술품이나 유명인의 물품을 모으는 것이라고 알려져 있다. 찰리 채플린Charlie Chaplin의 중절모나 베이브 루스Babe Ruth의 홈런볼 등을 박성수가 가지고 있다는 것이다. 그런데 성경에는 찰리 채플린의 중절모가 없다. 베이브 루스의 홈런볼도 없다. 성경에도 없는데 그걸 왜 모으나? 나도 한때 기독교인이었는데 예수님이 예술품이나 유명인 물품을 모으는 취미를 가졌다는 이야기를 단 한 번도 들은 적이 없다. 그러니 하지 마라. 그런 시도는 예수님을 닮으려는 시도가 아니다.

"성경이 백과사전도 아니고, 거기에 안 나온다고 취미 생활을 하지 말라

이랜드

는 게 말이 되냐?"라는 반론은 지극히 당연하다. 나도 그렇게 생각한다. 그래서 내가 박성수에게 이 말을 돌려주고 싶은 것이다. 성경이 백과사전도 아니고, 거기에 안 나온다고 노조를 없는 물건 취급하는 게 말이 되냐? 헌법에 노동3권이 보장돼 있는데? 박성수의 논리가 그래서 웃긴다는 거다. 니 논리대로라면 성경에는 TV도 없으니 드라마도 보지 마라.

노동자들이 500일 넘게 파업을 하며 생존을 건 투쟁을 하고 있을 때 박성수는 2006년 십일조 헌금으로만 130억 원을 냈다. 그는 그게 하나님의 뜻이라고 믿는다. 그런데 그럴 리가 있나? 그게 하나님의 뜻이라면 독생자 예수를 왜 목수의 아들로 이 땅에 보냈으며 예수의 제자를 왜 대부분 어부에서 뽑았겠나? 기득권이자 돈도 많은 로마인이나 바리새인으로 이 땅에 오셨겠지. 박성수의 뇌도 하나님이 주신 것일 텐데, 하나님으로부터 받은 소중한 뇌로 제발 생각이라는 걸 좀 하고 종교 생활을 하란 말이다.

성경이 이런 짓 하라고 가르쳤나?

홈에버 사태가 하도 유명해서 그렇지 박성수 일가의 만행은 한두 가지가 아니다. 가벼운 것부터 시작해 보자. 박성수의 여동생 박성경이라는 인물이 있다. 꽤 오랫동안 이랜드그룹 부회장을 맡았다. 박성수가 워낙 은둔형 경영자여서 박성경이 오빠의 대외 활동을 대신하는 역할을 맡았다. 그런데 박성경의 아들 윤태준이 2017년 주가조작으로 구속됐다. 성경에서 주가조작 하라고 가르치디?

2016년 고용노동부는 이랜드파크 계열사 전국 매장 360개에 대한 근로

비정규직 철폐 노동투쟁 승리 !

대량해고
불법영업

박성수회장
구속하라!

이랜드일반노동조합

이랜드 투쟁 ⓒ민중의소리

비정규직 대량해고! 이랜드 악질기업!

불매운동 버스선전전, 총력투쟁 선포 기자회견

감독을 벌인 결과 회사가 노동자 4만 4,360명에게 지급해야 할 급여 83억 7,200만 원을 떼먹은 사실을 밝혀냈다. 대부분 아르바이트 노동자들에게 지급돼야 할 돈이었다.

이랜드파크는 조사 직전 3년 동안 100억 원 정도의 영업이익을 올렸다. 이 말은 3년 영업이익의 대부분이 아르바이트 노동자들의 돈을 갈취한 금액이었다는 이야기다. 박성수는 그 돈으로 또 십일조를 냈겠지.

그런데 성경 어디에 가난한 노동자들 임금 떼먹으라고 나와 있더냐? 내가 아는 성경과는 내용이 다른데? 모세가 시내산에서 야훼로부터 십계명을 받았고 그 중 마지막 계명에는 분명히 "네 이웃의 소유를 탐하지 말라"고 적혀 있다. 아르바이트 노동자의 돈을 갈취한 건 십계명 위반이다. 박성수 당신 진짜 큰일 났다. 무려 십계명을 위반하다니. 그래서야 천국 문턱에라도 가보겠냐?

다음은 2017년 〈뉴스타파〉 보도를 살펴보자. 이랜드는 매년 연말 '송폐스티벌'이라는 행사를 개최했다. 그런데 이 페스티벌에 이랜드 노동자들이 칼군무를 펼치도록 강요받았다. 노동자들은 전체가 하나처럼 동시에 무릎을 꿇고 "찬양!"을 외쳐야 했다. 이 행사를 위해 노동자들은 짧게는 2주에서 길게는 한 달가량 연습했다. 업무시간뿐 아니라 일이 끝난 뒤에도 이 짓을 해야 했다.

더 웃긴 이야기가 있다. 이랜드 노동자들은 매주 월요일 회사가 지정한 콘셉트에 맞게 옷을 입어야 했다. 캠퍼스룩이나 마린룩과 같은 콘셉트가 정해져 있었다. 참고로 마린룩은 해군이나 해병처럼 입는 패션을 뜻한다. 옷

평가기준은 다음과 같습니다.
1.제시한 '베이직 겨울잡화 아이템'을
3개 이상 착용했는가
Or '트렌디 겨울잡화 아이템'을 2개
이상 착용하였는가?
2.2도배색 및 조화스러운 코디를
하였는가?
3.착장과 잡화가 어울리게 코디
하였는가?

| ... + 합시간 (2시간) + 씨앤씨와 ppt 제작시간 (1시간) |
| 책 읽는 시간 (4시간) + 독후감 작성 시간 (2시간) |
| 월~금 큐티 작성 시간 (0.5시간 x 5일) + 월 큐티모임 시... |
| + 화~금 큐티모임 시간 (0.5시간 x 4일) |

총 48.5 시간 소요 (직원 1명, 1주일 기준)

주일 동안, 직원 한 명이, 송페스티벌 연습, 월요일 패션데이 행
후감 1개 작성, 큐티 참여와 큐티 일지 작성을 모두 한다고 가

무엇때문에 하는거죠.?
하는거는 좋은데 가정을 파괴하지는 말아야죠.
힘겹게 갓난애키우며 일하는데 4일이나 합숙이라뇨.
사이비집단, 광신도도 아니고 고작 합창대회 땜에 합숙을 한
다니..
정말 회사,종교 좋아하는사람도 이정도까지 이해하지는 못
합니다.
정말 오래다니고 싶은데 힘드네요..
이거 정한사람은 가정이 없거나 직급높고 돈잘벌어서
이런걱정없나보죠?
아마 하나님도 이걸 바라진 않을듯합니다.

은 물론 액세서리까지 이 콘셉트에 맞아야 했다. 나는 박성수가 왜 해군 복장에 집착하는지 이해가 안 된다. 바다에서 싸울 일 있으면 모세처럼 홍해를 반으로 가르면 될 것 아닌가?

회사는 이날을 패션 데이라 불렀다. 황당한 사실은 노동자들이 이렇게 옷을 입고 사진을 찍어야 하는데 여기에 점수를 매겼다는 점이다. 그리고 이 점수가 승진에 영향을 미쳤다. 사정이 이러니 노동자들은 패션 데이에 전력을 다할 수밖에 없다. 그 옷은 모두 사비로 사야 했다. 예를 들어 패션 데이 콘셉트가 마린룩이었다고 하자. 노동자들이 울며 겨자 먹기로 해군 복장을 준비해야 했다. 그런데 그걸 평소에 어디서 입고 다니나? 그 돈은 그냥 버리는 돈이 되고 말았다.

노동자들은 매일 아침 7시에 강제로 기독교 성경 읽기 행사에 참여해야 했다. 기독교에서는 이걸 큐티Quite Time라고 부른다. 노동자들은 큐티 일지도 매일 적어야 했다. 안 쓰면 승진에 불이익을 받았다.

내가 일부 기독교인들에게 학을 떼는 대목이 이것이다. 지하철을 이용하다 보면 가슴에 '예수 천국 불신 지옥!' 이런 팻말을 걸고 고래고래 소리를 지르는 것을 선교랍시고 하는 사람들이 있다. 제발 생각을 좀 하고 살아라. 그렇게 사람들을 불편하게 하고 남의 시간을 빼앗으면 사람들이 예수를 믿고 싶겠냐?

한 이랜드 노동조합원이 인터넷 카페에 올린 글이 있었다. 이 글을 읽다 보면 박성수가 기독교인인지 아닌지를 떠나 그냥 정상적인 인간인지 아닌지부터 의심하게 된다.

▲ 아무 일 주지 않고 창고에 넣어 놓기.

▲ 사측에 충성하는 나이 어린 후배 사원을 시켜 반말하고 비아냥 대기. (직급/직책으로 안 부릅니다. 예. "김철수 팀장님"이 아니라 "김철수 씨. 안 들려? 김철수!")

▲ 아이디 등을 구글링해서 온라인에서 쓴 글을 모아서 징계위 열고 역시 어린 사원 시켜서 비웃기. (의자 배치할 때 징계 대상인 나이 좀 있는 사람을 휑한 공간 한 복판 초라한 접이식 의자에 앉게 하고 주위에 20~30대 초반 징계위원을 세워서 돌아가면서 모욕 주고 직급 떼고 말하면서 반말 섞어서 하기)

▲ 갑자기 관련 없는 업무에 대해서 질문을 하고 모른다고 타박 주고 뒤에서 떠나지 않고 혼잣말을 가장해서 "저능아도 아니고" 등의 이야기를 툭툭 던지고 가기.

▲ 지하에서 무제한 박스 접고 펴기 반복 시키기.

▲ 임신한 여직원^{조합원}의 경우 사목_{이랜드 사내 목사}이 마귀를 밴 년이라고 모욕 주기.

▲ 원거리 인사 이동을 반복하기.

▲ 학교 다닐 때부터 운동권이었고 빨갱이었다고 소문내기. (원래 운동권 아님. 장교 출신에 심지어는 북괴군과 교전 경험 있고 표창까지 받은 사람에게도)

이게 정녕 정상적인 회사에서 할 수 있는 짓들인가? 만약 이런 짓들이 가능한 이유가 성경에서 따온 거라면 나도 기꺼이 박성수에게 성경 말씀을 따라 행동하겠다. 박성수 씨, 안 들려? 야 박성수! 넌 왜 그렇게 사냐? 저능아도 아니고!

천국은 자본주의가 아닐 것이다

한 사람이 천국의 문턱에서 심사를 받았다. "당신은 신을 영접했나요?"라는 질문에 그는 "네"라고 답을 했다. 그러자 면접관은 "좋습니다. 그러면 아래 평가지에 자신의 도덕성 등을 상세히 기록하세요. 당신이 천국에 갈 수 있는 사람인지 심사해 보겠습니다"라고 요청했다.

천국의 문턱에 선 이 사람은 떨리는 마음으로 솔직하게 자신의 삶을 기록했다. 기록지를 받아든 면접관이 "평가를 마치겠습니다"라며 자리를 뜨려 했다. 이 사람은 다급한 심정으로 "제 점수가 어떻게 나왔나요? 저는 천국에 갈 수 있나요?"라고 물었다. 그러자 면접관이 태연한 표정으로 이렇게 답을 했다.

"조금 더 기다리셔야겠어요. 이게 절대평가가 아니라 상대평가여서요. 오늘 천국 경쟁률이 4.5대 1이거든요. 님 점수가 다른 사람에 비해 얼마나 높은지 경쟁을 붙여봐야 최종 당락을 알 것 같습니다."

지어낸 이야기지만 만약 천국행을 이렇게 결정한다면 어떤 일이 벌어질까? 한 사람의 삶과 도덕성을 절대적으로 평가하는 게 아니라, 정해진 천국 자릿수에 맞춰 사람들을 경쟁 시스템으로 내몰아 천국행 자격을 결정하는 거다. 인사고과 상위 10%에게만 인센티브를 주듯이 죽은 자들 중 10%에게만 천국행을 허락한다. 그게 말이 되냐고? 당연히 말이 안 된다.

천국행을 그렇게 결정하는 것은 말이 안 되는데, 우리는 왜 이런 시스템에서 살고 있을까? 천국은 누구나 일정한 자격을 갖추면 누릴 수 있는 곳이다. 하지만 우리가 사는 자본주의 세상에서는 '삶'이라는 것을 누구나 다 누릴 수 없다. 경쟁에서 이긴 자만이 삶의 기회를 누린다. 박성수처럼 돈 많이 번 자들 말이다. 신이 펼쳐주는 세상(천국)과, 그 신이 만든 인간 사회는 왜 이리도 다르단 말인가?

경제학에서는 '공공재'라는 개념이 있다. 모든 사람들이 공동으로 이용할 수 있는 재화 또는 서비스를 뜻한다. 예를 들어 공기, 햇빛, 흐르는 강물 같은 것이 누구나 자유롭게 공짜로 이용할 수 있는 공공재다. 그리고 예수가 민중들에게 길을 열어준 천국도 당연히 공공재에 속한다.

자본주의는 이 공공재를 끔찍이 싫어한다. 공공재는 누구나 노력 없이 사용할 수 있기에 자원을 낭비하고 분배를 비효율적으로 만든다고 주장한다. 그래서 공적 영역을 최소화하고 모든 것을 사유화해 민영화로 나아가야 한다고 주장한다. 하다못해 초등학생들에게 무상급식을 하는 행위도 자본주의는 쉽게 용납하지 않는다. "그렇게 공공성을 강조해서 공짜 밥을 남발하면 자원이 효율적으로 배분되지 않는단 말이야!"라고 절규한다.

천국은 누구나 갈 수 있는 곳이다(예수를 영접하기만 하면). 천국행 티켓을 얻기 위해 경쟁에서 이겨야 한다는 말은 성경 어디에도 없다. 그렇다면 천국은 자본주의 주류 경제학에 따르면 매우 비효율적이고 분배의 정의에도 어긋나는 공공재가 된다.

생각해보라. 평생을 선하게 살면서 주 예수의 가르침을 열심히 따른 사람과, 죽음 직전에야 겨우 회개를 한 강도가 똑같이 천국에 간다면 이 얼마나 비효율적인가? 성경에는 예수의 오른쪽에서 십자가에 매달렸던 강도가 "예수여, 당신의 나라에 임하실 때에 나를 기억하소서"라고 회개하자 예수가 "내가 진실로 네게 이르노니 오늘 네가 나와 함께 낙원에 있으리라"며 그를 천국으로 초대했다.

이렇게 해서 천국에 갈 수 있다면 자본주의 경제적 질서는 엉망이 된다. 경쟁에서 이긴 자에게만 천국을 보장해야 사람들이 더 착하게 살려고 노력할 것 아니냔 말이다. 경쟁에서 패한 자들에게는 당연히 불지옥의 뜨거운 맛을 보여줘야 하는 건 두말할 필요조차 없다.

그래서 자본주의는 기독교의 세계관과 근본적으로 맞지 않는다. 수많은 대형교회들이 기복신앙과 번영복음을 앞세워 돈이 곧 하나님의 축복이라는 식으로 왜곡하지만, 예수는 모든 민중들에게 하나님의 나라인 천국을 공공재로 개방했다. 누구나 누릴 수 있는 곳, 바로 그곳이 하나님의 나라라는 사실을 분명히 했다.

그 나라에 가기 위해서는 자본주의적 경쟁이 조금도 필요치 않다. 내 옆의 사람을 신앙심으로 이겨야 천국의 문이 열리는 것이 아니다. 신앙의 경쟁에서 패한 자들을 죽음의 구렁텅이로 몰아내야 내 자리가 보장되는 것도 아니다.

예수는 그저 우리에게 하나님을 믿으면 모두에게 그 천국 문이 열릴 것이라고 알려줬다. 이것이 바로 프란치스코 교황이 "아무런 규제 없는 자본주

세월호 유가족 김영오 씨 만난 프란치스코 교황 ©민중의소리

의는 새로운 독재"라고 질타하고 "'살인하지 말라'는 십계명을 현시대에 맞게 다시 고쳐 말하면 경제는 사람들을 불평등하게 만들거나 소외시켜서는 안 된다는 뜻"이라고 강조한 이유였을 것이다.

우리 인류는 예수가 탄생하기 오래전부터 공동체를 이루고 서로 돕고 살았다. 그 공동체를 우리는 '사회society'라고 불렀다. 지금에야 사회주의라는 단어가 자본가를 타도하고 혁명을 일으켜 세상을 전복하려는 무시무시한 단어로 사용되지만, 초창기 사회주의자들이 사용했던 사회주의는 사람들끼리 돕고 사는 그 사회를 복원하자는 취지의 용어였다.

자본주의는 인간이 7,000년 동안 유지했던 사회를 박살냈다. 돕고 살기는커녕, 경쟁에서 패한 자들은 반드시 죽음으로 내몰아야 사회가 더 효율적으로 발전한다고 믿었다. 그래서 로널드 레이건Ronald Wilson Reagan과 함께 신자유주의를 이끌었던 마가렛 대처Margaret Hilda Thatcher 영국 수상은 "사회가 누구냐? 사회, 그런 것 따위는 없다. 우리는 모두 개별자로서 개인만이 있을 뿐이다"라고 단언했다.

그 대처 수상이 독실한 감리교인이었다는 것은 코미디에 가깝다. 그가 살아있다면 꼭 묻고 싶은 것이 있었다. 당신이 믿는 예수가 그렇게 가르치던가? 서로 돕고 사는 사회, 이웃을 배려하는 인간 따위는 없다고? 그래서 천국도 경쟁적으로 남을 짓밟아야 오를 수 있는 곳이라고?

그게 사실이라면 단언컨대 대처가 지금 있는 곳은 천국이 아닐 것이다. 천국에 가려면 얼마나 경쟁이 치열한데, '요람에서 무덤까지'라는 말을 낳은 복지국가 영국을 죽음의 나라로 만든 대처 같은 이에게 자리를 내준단 말인가?

아무리 기독교가 예수의 뜻을 왜곡하고 자본주의와 결탁하려 해도 예수가 우리 민중들에게 열어준 천국의 길은 경쟁을 통해 효율을 낳는다는 자본주의의 길이 결코 아니다. 그것은 누구나 함께 갈 수 있고, 누구에게나 그 복을 아끼지 않고 베푸는 '사회'의 길이다.

예수는 그 누구에게도 경쟁에서 뒤처졌다는 이유로 "나가 죽어라"라고 강요하지 않았다. "패자들이 죽어줘야 사회가 더 효율적으로 움직인다"고 강조하지도 않았다. 예수가 꿈꿨던 사회는 결코 자본주의가 아니다. 그래서 우리는 경쟁에서 뒤처진 패자들에게 "나가 죽어라"라고 강요할 게 아니라 "같이 삽시다"라며 손을 내밀어야 한다. 그것이 바로 예수가 민중들에게 열어놓은 천국의 이상이다. 박성수는 죽을 때까지 이 사실을 모르겠지만 말이다.

DL

구글은 자율주행, 욱해는 폭력 주행

노는데 돈 주면 누가 일하냐고?

2021년 초 제목만 보고도 확 깨는 기사가 〈중앙일보〉에 실렸다. 1월 30일자 기사. 제목은 '"놀면서 돈 받는데 누가 일해요" 실업급여 중독자 1만명'.

제목부터 역겹지만 비판을 위해 기사 내용을 좀 살펴보자. 그런데 그 전에 '실업급여 중독자'는 도대체 뭐냐? 실업급여가 마약이냐? 막 중독되고 그러게? 인간에 대한 예의를 쌈 싸먹은 이런 제목은 도대체 누구 머리(대가리라고 쓰려다 참은 거다)에서 나온 건지 심히 궁금하다.

기사의 요지는 실업급여를 의도적으로 반복해서 수급하는 사람이 2020년 엄청 늘었다는 거다. 기사에 따르면 당시 일자리를 구하기 어려워지면서 6개월짜리 단기 일자리를 구한 뒤 그만두고, 구직급여를 받으며 쉬다가, 다시 단기 일자리를 구해 반복해서 타가는 사례가 적지 않다는 것이다.

이거 쓴 기자 이름이 김남X, 손해X 기자다. 나중에 자기들이 쓴 기사를 보면 쪽팔릴까 봐 친절하게 한 글자는 감춰줬다.

실업급여 부정수급 문제는 늘 있어왔다. 어제 오늘 일이 아니라는 이야기다. 그런데 이걸 2020년 취업난과 연결시켜 '실업급여 중독자' 문제로까지 승화시키려면 부정수급자가 2020년에 갑자기 확 늘었어야 했다.

그래서 〈중앙일보〉는 고용노동부가 당시 윤준병 더불어민주당 의원실에 제출한 자료를 인용한다. 이 자료에 따르면 2020년 1월부터 11월까지 적발한 구직급여 부정수급액은 222억 7,100만원2만 3,000건이었다. 〈중앙일보〉는 "지난달2020년 12월 부정수급액을 아직 집계하지 않았는데도 이미 전년의 수급액과 건수를 뛰어넘었다"고 목소리를 높였다.

이 대목만 보면 당시 부정수급이 엄청나게 늘어난 것처럼 보인다. 그런데 〈중앙일보〉는 2016년부터 2020년까지 부정수급 건수와 액수를 친절하게 그래픽으로 삽입했다. 그래픽에 따르면 2016년 부정수급액은 304억 9,100만 원, 수급건수는 2만 9,000건이다. 2017년 부정수급액과 수급건수는 각각 317억 1,900만 원과 3만 4,000건이다.

그런데 2020년 1월부터 11월까지 부정수급액과 수급건수는 222억 7,100만 원과 2만 3,000건이다. 그러면 이게 늘어난 거냐? 엄청 줄어든 거지!

독자 여러분들이 직접 눈으로 확인해보시기 바란다. 이 그림이 〈중앙일보〉가 직접 삽입한 그래픽이다. 이 그래픽을 보고 '와, 정말 2020년에 실업급여 중독자들이 엄청 늘었구나' 이런 생각이 드는가? 뻥을 치려면 이런 그래픽을 그리지 말던가, 머리가 나쁘면 기사를 쓰지를 말던가!

구직급여 부정수급 적발액

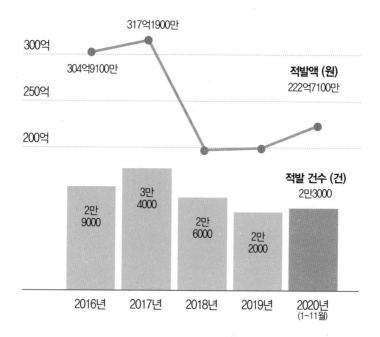

317억1900만

300억

304억9100만

적발액 (원)
222억7100만

250억

200억

적발 건수 (건)
2만3000

2만
9000

3만
4000

2만
6000

2만
2000

2016년　2017년　2018년　2019년　2020년
(1~11월)

자료: 윤준병 의원실

　그런데 이런 사실 왜곡과는 별개로 내가 이 기사에서 진짜로 한심하게 생각하는 대목은 "놀아도 돈 주면 누가 일하냐?"는 논리다. 자, 너희들 말대로 놀아도 돈 주면 아무도 일을 안 하고 열라 게을러진다고 치자.

　그러면 너희 신문 2대 회장 홍석현, 아버지 홍진기를 잘 만나서 회사를 그대로 물려받았다. 맞지? 홍석현이 열심히 노력해서 〈중앙일보〉 창업한 거 아니잖아? 이렇게 놀고먹어도 신문사를 상속해주면 홍석현은 일을 하나도 안 했겠네? 게다가 열라 게을러 터졌겠다?

지금 〈중앙일보〉를 이끄는 홍정도 역시 아버지 홍석현 잘 만나서 회사를 그대로 물려받았다. 왜 일도 안 했는데 회사를 물려주냐고! 너희들 논리대로라면 홍정도도 일은 안 하고 열라 게을러 터졌을 거다. 아니라고 하지 말라. 너희들 기사 제목이 "놀면서 돈 받는데 누가 일해요" 아닌가?

진짜로 웃기다고 생각하는 대목은 내가 50년 넘게 살면서 "펑펑 놀아도 돈을 주면 누가 일하냐?"고 떠드는 자들 중에 상속, 증여세 인상에 찬성하는 자들을 한 명도 못 봤다는 점이다. 상속이나 증여라는 게 자기의 노력이 아니라 부모 잘 만나서 재산을 불리는 대표적 시스템 아닌가?

그러면 상속, 증여세부터 올리자고 목소리를 높여야 하는데 현실은 정반대다. 내가 장담하는데 〈중앙일보〉 애들, 상속세나 증여세 인상이 추진되면 게거품 물고 반대한다. 무식하면 입을 닥치던가, 무식해도 뭘 주장하려면 최소한 일관성이라도 있던가!

이게 제정신인가?

건설업체 대림산업이 2019년 정기인사에서 이해욱 부회장을 회장으로 승진 발령했다. 이로써 이해욱은 아버지 이준용의 뒤를 이어 정식으로 3세 경영에 발을 디뎠다. 국내 건설사 중 처음으로 3세 승계가 이뤄진 셈이다.

'e편한세상'이라는 아파트 브랜드로 유명한 대림산업이라는 기업 이름은 더 이상 존재하지 않는다. 대림그룹이 그룹명을 DL그룹으로 바꿨고, 이에 따라 대림산업도 DL이앤씨로 명칭을 변경했다. 이해욱은 이 DL그룹을 이

홍석현 중앙홀딩스 회장 ⓒ민중의소리

끄는 수장이다.

그런데 이 인간은 건설그룹 회장으로서가 아니라 '뻗치력'으로 자기의 이름을 더 널리 알린 인물이다. 2016년 3월 운전기사에게 쉴 새 없이 주먹을 휘둘러 세간의 관심을 한 몸에 받았기 때문이다.

이해욱의 폭행이 얼마나 심했던지 네티즌들이 그에게 '욱해' 이해욱 선생이라는 별명을 지어줬다. 이와 관련한 내용은 『한국 재벌 흑역사』 2권에서 상세히 다룬 바가 있으니 일단 생략하자. 대신 한 가지 첨언할 것이 있다.

대림산업은 당시 폭행을 당한 운전기사들에게 'VIP 매뉴얼'이라는 것을 배포했다. 〈노컷뉴스〉가 단독으로 보도한 그 매뉴얼을 보면 진짜 가관도 아니다. 독자 여러분들이 판단하시라. 이걸 지키라고 강요하는 자가 과연 제정신인가? 이게 그 매뉴얼 내용 중 일부다.

▲ '시트 포지션은 자신의 신장에 비례해서 차와 한 몸이 될 수 있도록 엉덩이와 어깨를 시트에 밀착해서 착석한 후 양손을 뻗어 핸들을 손목 위치의 거리로 포지션 세팅한다.'
욱해의 차를 운전하려면 운전기사는 차와 한 몸이 돼야 한단다. 사람과 차가 물아일체物我一體의 경지에 이르러야 한다는 이야기다. 졸라 철학적이다. 다음 내용.
▲ '핸들 파지는 왼손 9시 방향, 오른손 3시 방향으로 부드럽게 잡아 좌우로 흔들리지 않게 조작한다.'
운전기사는 손도 마음대로 핸들에 못 놓는다. 10시 방향과 2시 방향은 안 된다. 8시 방향과 4시 방향도 안 된다. 정확하게 9시 방향과 3시 방향이어야 한다. 그것도 꽉 잡으면 안 된다. 부드럽게 잡아야 한다. 졸라 물리학적이다. 다음 내용.
▲ '운전 중 불필요한 행동은 하지 않는다. (에티켓 차원의 비상등을 켜는 등)'
차선을 침범하면 보통 미안하다고 손을 흔들어주거나 비상등을 켠다. 이런 에티켓이 욱해에게는 '불필요한 행동'이다. 욱해는 도로 위 예절도 새로 창조하신다. 졸라 반유교적이다. 다음 내용.

▲ '곡선과 유턴 등 급선회 시 핸들을 감는 속도와 원위치로 오는 속도 동일하게. 곡선구간 시작 지점 속도와 탈출 지점 속도 동일하게 유지.'

와, 이건 도대체 어떻게 하는 거냐? 이게 동일한 속도인지 아닌지를 욱해는 인지할 수 있다는 이야기 아닌가? 이 정도면 슈퍼 감각 보유자인데 그러면 욱해는 왜 건설업을 하고 있냐? 어벤저스에 가입해야지. 졸라 판타지적이다. 다음 내용.

▲ '임원욱해께서 직접 운전할 경우 수행기사는 조수석에서 전방 및 좌우를 고개를 수시로 돌려 살피며 돌발 상황에 대비, 실시간 교통 상황을 체크해 교통 체증이 없는 빠른 길로 안내한다.'

아, 그냥 내비게이션을 처보시라고요. 차에 내비게이션 있었다드만! 그리고 실시간 교통상황을 알고 싶으면 교통방송을 켜. 티맵을 켜던가!

▲ '임원을 잘 모시고자 앞서 생각하며 미리 뭘 챙긴다거나 오버하는 모습을 보이면 안 된다. 그런 모습을 원하지 않는다. 지시 사항만 잘 따르길 요망. 센스와 오버의 경계를 잘 유지하여야 한다. 센스 있는 행동을 좋아하심.'

이건 욱해1과 욱해2의 내적 갈등을 표현한 문학 작품인가? 미리 뭘 챙기거나 임원을 잘 모시려 하면 욱해가 싫어하는데, 또 센스 있는 행동을 하면 욱해가 좋아한단다. 알잘딱깔센이라는 말에서 알 수 있듯이 센스가 있다는 건 '알아서 잘 딱 깔끔하고 센스 있게' 행동하는 거다. 그런데 알아서 하는 건 싫어하시고, 센스 있게 하는 건 또 좋아하신다고? 제발 하나만 좀 해라. 하나만.

▲ '(욱해가) 본의 아니게 여러 이유로 과격한 언어를 사용하더라도 절대 진심으로 받아들이면 안 된다. 수행기사가 잘 안내하면 차후 그 부분에 대해 배려해주신다. (욱해가) 본의 아니게 실언하실 경우 수행기사는 곧이곧대로 스트레스를 받지 말아야 한다. 그렇게 잘 인내하는 수행기사 모습을 지켜보신 임원께서는 며칠 내에 반드시 감사의 뜻을 우회적으로 표현하신다.(잘 인내하여야 한다.)'

나는 이 대목에서 진심으로 빡쳤다. 일단 '본의 아니게'에서 빡쳤고, '진심으로 받아들이거나 스트레스를 받지 말아야 한다'에서 개빡쳤고, '감사의 뜻을 우회적으로 표현하신다'에서 진심으로 빡쳤다.

본의가 아닌데 왜 사람을 패냐고? 그리고 쌍욕을 퍼붓고 사람을 패는데 스트레스를 어떻게 안 받으라는 거냐? 게다가 그걸 잘 참으면 욱해가 나중에 우회적으로 감사의 뜻을 표현한다는데 그걸 왜 '우회적으로' 표현하고 지랄인가? 직접적으로 사과하고 직접적으로 감사해도 모자랄 판에. 당시 〈노컷뉴스〉와 인터뷰한 운전자들의 한결같은 이야기는 욱해가 저런 짓을 벌이고도 한 번도 감사의 뜻을 표현하거나 보상을 한 적이 없단다. 이런 자가 제 정신이냐?

황당한 일이 아직도 남아있다. 2019년 공정거래위원회가 대림산업의 갑질 사실을 적발하고 시정 명령을 내린 적이 있었다. 하도급 3만 건 중 약

운전기사 상습 폭언 및 폭행 등 갑질 논란에 휩싸인 이해욱 대림산업 부회장이 2016년 3월 25일 서울 수송동 본사에서 열린 대림산업 정기주주총회장에서 사과문을 읽는 모습 ⓒ대림산업

3,000건에서 대림산업이 갑질을 했다는 거다.

그런데 갑질을 한 시기가 2015년 4월부터 2018년 4월까지였다. 욱해가 운전기사를 상습적으로 폭행해 물의를 일으킨 것이 2016년 3월이었고. 심지어 욱해는 그해 주주총회에서 주주들에게 고개를 숙이고 사과까지 했다.

이런 일이 있었으면 욱해가 호모사피엔스인 이상 자중하는 게 정상 아니냐? 그런데 대림산업은 그 와중에 하청업체한테 갑질을 남발했단다. 오너는 사람을 패, 기업은 하도급 업체를 패, 환장의 콜라보레이션이다. 이런 자들이 짓는 아파트에 살고 싶은 생각이 조금이라도 드시는가?

편법 승계로 그룹을 장악하다

욱해가 사실상 대림그룹의 경영권을 물려받은 것은 2008년이다. 백미러접고 운전기사 패며 도로를 달리는 멘탈의 소유자인 욱해가 정상적인 방법으로 경영권을 이어받았을 리는 없다. 당연히 경영권 승계 과정도 편법으로 가득했다는 이야기다. 당시 대림그룹의 주력 기업은 대림산업이었고 대림산업의 최대주주는 대림코퍼레이션이었다. 대림코퍼레이션은 2008년 해운회사인 대림H&L과 합병을 했다.

당시 대림H&L은 욱해가 단돈 10억 원을 투자해 지분 100%를 갖고 있던 개인회사였다. 대림그룹은 이 회사에 일감을 몰아주며 순자산 330억 원대의 회사로 덩치를 키웠고, 이후 대림그룹 지배구조의 정점에 있는 대림코퍼레이션과 합병한 것이다.

대림코퍼레이션과 대림H&L의 합병 비율은 1대 0.78이었다. 하지만 당시 대림코퍼레이션의 매출은 대림H&L의 10배나 됐다. 회사 규모면에서 도저히 1대 0.78로 합병을 할 상황이 아니었다. 하지만 대림은 이 합병을 강행했고 대림코퍼레이션 지분이 전혀 없던 욱해는 합병 이후 단숨에 지분 32.1%를 확보하며 2대 주주에 올랐다. 『한국 재벌 흑역사』 1권에서 살펴봤듯 이재용, 정의선 등이 저지른 비상장 계열사 일감몰아주기 스킬을 그대로 시현한 것이다.

이 말은 DL그룹이 욱해가 탱자탱자 놀아도 회사를 물려줬다는 이야기다. 그 결과가 뭔가? 〈중앙일보〉는 "놀아도 돈 받으면 누가 일하냐?"고 투덜대던데, 재벌들은 놀아도 기업을 물려주니까 사람을 팬다. 〈중앙일보〉가

걱정해야 하는 것은 노동자의 정신 상태가 아니라 욱해 같은 재벌의 정신 상태다. 너희 회사 오너 홍정도의 정신 상태나 잘 살피라는 이야기다.

진지하게 조언하는데 욱해는 경영을 잠시 그만두고 정신 감정부터 받는 게 좋겠다. 폭행 사건이 알려졌을 당시 욱해의 나이가 마흔 여덟이었던데, 그 나이가 되도록 운전기사한테 쌍욕하고 폭행하는 습관을 못 고쳤다면 그 건 품성의 문제가 아니라 질병의 문제일 가능성이 높다.

갑질은 전염된다

왜 이런 일이 벌어지느냐? 갑질이 전염되기 때문이다. 욱해가 저 짓을 하면 밑의 간부들도 따라서 저 짓을 한다. 재벌이 저 짓을 하면 중소기업들도 따라서 저 짓을 한다.

심리학과 경영학에서는 이런 현상을 '감정전염'이라는 말로 설명한다. 한 사람의 감정은 다른 사람에게 전염된다는 뜻이다. 감정전염의 중요한 특징 중 하나가 리더의 감정이다. 경영학자들이 연구를 해보면 노동자들은 동료들보다 리더로부터 받는 감정전염의 강도가 훨씬 강하다.

와튼비즈니스스쿨의 시갈 바르세이드Sigal Barsade 교수는 "구성원들은 일반적으로 리더의 감정을 파악하는 데 주의를 기울이고 이에 민감하게 반응하기 때문에, 리더는 구성원들의 감정 형성과 팀 분위기 형성에 큰 영향력을 행사한다"고 지적한다. 리더가 사람을 시도때도없이 패고 앉아 있으니 그놈의 회사도 하청업체에 대한 갑질을 당연히 여긴다는 이야기다.

건설업계에서 시공능력 5위권으로 평가받는 DL그룹이 오너 3세의 정신 상태 탓에 재벌 폭행의 아이콘으로 역사에 기록된다. 구글은 자율주행을 하는데 욱해는 폭행 주행을 한다. 욱해가 운전기사에게 사이드미러를 접고 운전을 시키면서 운전이 마음에 들지 않으면 운전기사 뒤통수를 갈겼다는데 이건 살인 미수다. 실제 매뉴얼에 이런 대목이 있었다.

▲ 차선을 변경할 경우 사이드미러로 확인하는 것보다 몸과 고개를 뒷좌석 유리까지 돌려 사각지대를 확인하고 차선을 변경해야 한다. 사이드미러 접고 주행하는 연습 필요.

나도 운전을 하지만 이게 가능한가? 욱해의 차를 운전한 운전기사는 "서울 외곽에서 이 부회장의 도곡동 자택으로 가는데 출발할 때부터 사이드미러를 접고 운전했다. 고개를 뒤로 돌려 차선을 변경하던 도중 대형트럭이 끼어들어 정말 죽는 줄 알았다. 1초만 늦었어도 가족들을 다시는 못 봤을 것이다"라고 회고했단다.

그런데 욱해야, 그 대형트럭과 부딪혀 운전기사분이 돌아가시면(이런 일이 당연히 벌어지면 안 되지만) 너는 사냐? 너도 죽는 거다. 그래서 나는 진심으로 욱해 목 위에 걸린 게 고급 모자걸이가 아닌지 살펴보고 싶은 사람이다. 만약 그게 모자걸이가 아니고 진정 인간의 뇌라면 그건 정녕 연구 대상이다. 내가 욱해에게 기업을 경영할 게 아니라 당장 정신의학과 진료부터 받아야 한다고 거듭 조언하는 이유다.

운전기사 폭행의 정점에 선 정일선

이 정도면 운전기사 폭행 분야에서 욱해는 단연 최정상 인물이어야 하는데 안타깝게도(응?) 욱해는 1위가 아니다. 현대BNG스틸의 사장 정일선이이 분야에서 정점을 찍었기 때문이다. 욱해 입장에서는 "하늘은 왜 주유를 낳고 제갈량을 또 낳았는가"라고 외쳤던 오٭나라의 책사 주유가 생각날 것이다. 하늘은 왜 욱해를 낳고 정일선을 또 낳았느냐 말이다.

욱해와 비슷한 시기에 행태가 폭로됐던 정일선은 2016년 고용노동부 조사 결과 3년 동안 운전기사를 무려 61명이나 갈아치운 것으로 밝혀졌다. 운전기사 한 사람 당 평균 근속기간이 18일이다. 축하한다 정일선, 니가 짱먹었다. 졸라 콩글레출레이션이다.

『한국 재벌 흑역사』 2권에서도 잠깐 등장하긴 했는데 독자분들이 여전히 "정일선이 누구?" 하실 것 같아 잠깐 소개를 해보겠다. 정일선은 현대차그룹 회장인 정의선과 동갑내기 사촌이다. 정몽구가 큰아버지다.

정일선의 운전기사 갑질이 욱해를 뛰어넘는 이유는 갈아치운 운전기사 숫자도 숫자지만 그가 기록으로 남긴 '갑질 매뉴얼'의 규모가 워낙 방대해서다. 욱해도 매뉴얼을 남겼지만 정일선의 매뉴얼에는 못 미친다. 정일선 매뉴얼의 분량은 A4용지 100장이 넘는다. 〈노컷뉴스〉가 단독 보도한 이 방대한 매뉴얼 내용 중 몇 개를 소개한다.

▲ 모닝콜 방법 : 전화 받을 때까지 '악착같이' 해야 함, 전화 목소리 들고 판단함. "일어났다, 알았다"고 하면 더 이상 안 해도 됨.

▲ 모닝콜 후 '가자'라는 문자가 오면 '번개같이' 뛰어 올라가 일하시는 아주머니에게 문을 열어 달라고 하고 사장님 테이블로 이동함. 서류가방, 신문 등을 주시면 그걸 들고 차량에 이동 후 사장님 옆 좌석에 세팅하면 됨. 신문 깔고 서류가방은 2개의 포켓 주머니가 정면을 향하게 두면 됨.

▲ 빌라 출입 시 초인종 사용 : 초인종 누르지 말고 아주머니께 전화로 문 열어 달라고 요청함. 사모님 기상 이전과 취침 이후에는 취침에 방해되므로 소리가 나지 않게 주의. 사모님 기상 직후 첫 대면은 피해 드릴 것.

▲ 대기 위치 : 출발 30분 전부터 빌라 내 현관 옆 기둥 뒤에 위치할 것.

▲ 세탁물 취급 순서·초벌세탁 진행 : 수행기사가 세탁물을 '1시간 내' 배달하지 못할 경우 운행 가능 기사가 이동 후 초벌 세탁. '세탁물 취급 요령'에 따라 초벌세탁 실시. ※운동복은 반드시 초벌 세탁 후 본 세탁을 실시.

진짜 주옥(!) 같지 않은가? 이런 게 A4용지로 100장이 넘는다는 거다. 운전기사들이 이걸 다 못 지키면 경위서를 쓰고 벌점을 매겨 감봉조치를 당했단다. 그런데 묻고 싶은 게 하나 있다. 정일선 니 대가리로는 저 분량을 다 외우고 지키겠냐?

운전기사들이 경위서를 쓴 이유도 황당하다. 충전이 끝난 휴대전화 배터

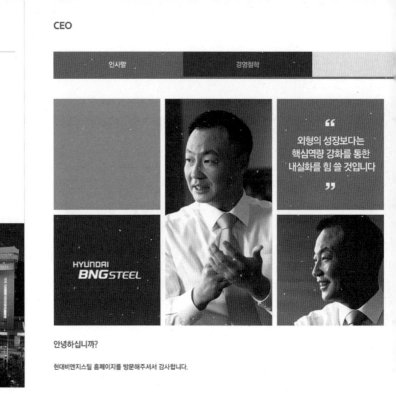

안녕하십니까?

현대비앤지스틸 홈페이지를 방문해주셔서 감사합니다.

정일선 현대비앤지스틸 대표이사 사장 ⓒ현대비앤지스틸 홈페이지 캡쳐

리를 충전선에서 분리하지 않아서, 사장님 방을 나오면서 불을 끄지 않아서, 두부를 사오는데 시간이 오래 걸려서, 물통을 아이스박스에 넣지 않아서 등의 이유로 깊이 반성하고 잘못을 크게 뉘우친다는 경위서를 내야 했다.

심지어 정일선은 상습 교통법규 위반자였다. 매뉴얼에는 빨간색 글씨로 '차량 운행 시 빨리 가자는 말씀이 있을 경우 위험하지 않은 범위 내에서 신호, 차선, 과속카메라, 버스 전용차로 무시하고 목적지 도착이 우선임'이라고 강조돼 있었다. 이 정도면 교통법규를 지킬 생각이 아예 없는 거다. 운전

머리 숙여 사과 드립니다.

오늘
저의 운전기사와 관련하여 보도된 내용으로 인하여
물의를 일으켜 드린 데 대해 진심으로 사과 드립니다.

저의 경솔한 행동으로 인하여 상처를 받은 분들께
깊이 머리 숙여 사죄 드리며, 용서를 구합니다.

가까운 사람, 주위에 있는 사람들에게 더 잘했어야 함에도
젊은 혈기에 자제력이 부족하고 미숙했습니다.
겸허하게 성찰하고 진지하게 스스로를 돌아보겠습니다.

그리고 관계된 분들을 찾아 뵙고 사과를 드리겠습니다.

또한, 많은 질책과 비판을 소중하게 받아 들이겠습니다.

이번 일을 계기로 제 자신을 돌아보고
잘못된 부분은 바로잡는 기회로 삼겠습니다.

심기일전하여, 저 자신 한층 성숙한 사람으로
거듭나는 소중한 가르침으로 여기겠습니다.

특히, 제 개인적인 문제로 주주와 고객사, 회사 임직원들에게
큰 부담을 드린 점에 대해 송구한 마음을 금할 길이 없습니다.

다시 한번
제 자신의 부족하고 사려 깊지 못한 행동으로 인해
물의를 일으킨 점에 대해 여러분들께 진심으로 사과 말씀 올립니다.

2016년 4월 8일

현대비앤지스틸
사장 정 일 선 배상

폭행 사실이 알려진 뒤 정일선이 올린 사과문

기사들에 따르면 유턴까지 200~300미터가 남아도 그 시간이 아깝다는 이유로 항상 중앙선 넘어 불법 유턴을 해야했다. 이게 매뉴얼에도 "유턴(하는 곳)까지 가지 말고 좌우로 확인한 뒤 중앙선 넘어 유턴을 바로 한다"고 적혀 있다.

운전기사들 증언에 따르면 이 불법유턴이 상시적으로 이뤄진 지역이 서울 강남구 삼성역 사거리다. 정일선은 2025년 현재까지도 현대BNG스틸의 회장이다. 제 버릇 개 줬겠나? 아직도 그 짓을 하고 있을 거다. 부디 삼성역 근처에서 운전하시는 분들, 정일선의 불법유턴 차량과 충돌하지 않도록 조심하시기 바란다.

정일선은 운전기사들의 수행이 마음에 안 들 때 주먹으로 머리를 쾅쾅 내리쳤다고 한다. "많이 맞을 때는 20~30대씩 주먹으로 머리를 연속으로 맞았다"는 증언도 나왔다. 그런데 하필이면 정일선의 취미가 권투란다. 맞는 노동자들의 고통이 어땠겠나?

그 동생인 정문선도 비슷한 인간이다. 2015년 10월 정문선 당시 현대BNG스틸 부사장의 운전기사 폭로에 따르면 정문선 또한 운전기사에게 쌍욕을 입에 달고 다녔다.

정문선은 2014년 한 호텔 이발소에서 갈아입을 속옷과 같은 개인 용품을 챙기지 않았다는 이유로 운전기사에게 "언어정신 장애가 있는 게 아니냐?", "귀 검사를 받아봐라 XX" 등의 욕설을 퍼부었다. 욕설 수준이 얼마나 심했는지 나중에 이발소 직원이 운전기사에게 "괜찮냐?"라고 걱정했을 정도였다. 운전기사는 "인간적인 모욕감에 자살 충동이 들었을 정도"라고 고백했다.

더 황당한 것은 이에 대한 정문선의 해명이었다. 그는 이 사실을 보도한 〈미디어오늘〉 기자에게 "욕설의 경우 예를 들면 가까운 사이끼리 '야 임마 열심히 해'라는 것이 욕설이라고 한다면 할 수 있는데 그런 게 아니라면 아닌 것 같다"고 답했다. 가까운 사이라면 그 정도 말을 해도 된다는 뜻 아닌가? 그러면 정일선 너는 운전기사가 너한테 "뇌 검사나 받아봐라 미친 새꺄!"라고 한 뒤 "가까운 사이끼리 이 정도는 욕도 아니죠" 이러면 행복하겠다?

일감 몰아주기로 성장한 주제에

그런데 여기서 한 가지 더 짚고 넘어가야 할 사실이 있다. 정일선 형제는 이런 미친 짓만 하지 않았다면 재벌가 3세 중 동정을 받을 소지가 많은 삶을 살았다. 아버지 정몽우는 1945년 생으로 40대에 현대알루미늄 회장을 맡았지만 경영 현장에 일절 모습을 보이지 않았다. 알려졌기로 그는 고등학교 때 싸움을 하다 머리에 큰 부상을 당해 심한 우울증을 앓았다. 그리고 1990년 4월, 45세의 젊은 나이에 서울 강남의 한 호텔에서 극약을 먹고 스스로 목숨을 끊었다.

이후 정일선 형제는 큰아버지인 정몽구 회장의 보호 아래 자란 것으로 알려졌다. 미친 짓만 하지 않았더라도 그들은 어렸을 때 아버지를 잃고 큰아버지 아래서 힘들게 자란 소년 가장 취급을 받을 수 있었다는 이야기다.

하지만 이들 형제는 그렇게 자라지 않았다. 정몽구의 도움으로 이들 형제

정몽구 회장 ⓒ민중의소리

들은 여느 재벌 3세와 마찬가지로 탄탄대로의 삶을 살았다. 앞에서 언급했듯이 정일선과 정문선이 이끄는 현대BNG스틸은 현대차그룹의 계열사다.

2025년 현재 이 회사의 최대주주는 현대제철로 지분율이 41.12%나 된다. 정일선의 지분율은 고작 2.52%, 정문선의 지분율은 1.74%다. 보통 1%대 혹은 2%대 지분으로는 절대 회사에서 큰 소리를 치지 못한다. 이들의 운명은 현대차그룹에 달려 있다는 이야기다. 이 말은 정몽구가 조카들이 아무리 개차반으로 살아도 다 용인을 해줬다는 이야기이기도 하다. 그러니 그 정도 지분으로도 그 따위로 살지 않았겠나?

현대BNG스틸은 원래 삼미특수강이라는 이름의 회사였다. 애초부터 현대차그룹 계열사였다. 정몽구는 이 회사를 2002년에 BNG스틸이라는 이름으로 개명했다. 당시에도 세간에서는 "정몽구가 직계인 현대차, 기아차, 모비스 등은 아들인 정의선에게 물려주고 삼미특수강은 조카인 정일선 형제 몫으로 분류해 놓았다"는 소문이 자자했다.

이후 현대차그룹은 조카 몫으로 분류한 현대BNG스틸에게 대놓고 일감을 몰아줬다. 이 회사는 원래 냉연강판을 생산하는 업체인데 생산품의 상당 부분을 현대차그룹에서 소화를 해 준 것이다.

또 정일선은 2010년 자기 돈으로 100% 지분을 투자해 현대머티리얼이라는 회사를 만들었다. 이 회사를 10년 만에 50배 규모로 키웠다. 이것도 정몽구의 현대제철이 수천 억 원대의 일감을 몰아준 덕분이다.

정일선과 정문선 아래 막내로 정대선이라는 인물이 또 있다. 일찌감치 독립해 정보기술IT 업체 현대BS&C현재 사명은 HN를 차렸다. 아나운서 노현정 씨의 남편으로도 유명하다.

그런데 이 인간도 비슷한 성장 과정을 거쳤다. 현대BS&C는 정대선이 2008년 부산의 한 벤처 IT기업인 유씨테크를 인수한 것이다. 그런데 정대선이 회사를 인수하자마자 이 회사는 작은아버지 정몽준이 이끄는 현대중공업으로부터 엄청난 규모의 프로젝트를 수주했다.

정몽우의 사촌동생 정몽규가 이끄는 현대산업개발도 이들에게 일감을 몰아줬다. 2015년 현대중공업 노조의 폭로에 따르면 2012년 현대BS&C가 올린 매출의 46%는 현대중공업과의 거래에서 나왔다.

정대선의 경영능력이 형편이 없었는지 이 회사는 현대 가문의 집중적 지원을 받고도 2020년대 들어 자금난에 몰렸다. 회사를 두 개로 분할해 하나는 다른 그룹에 매각했고 다른 하나는 정대선이 붙잡고 있다. 이 과정에서도 정몽준, 정몽진KCC그룹 회장, 정몽원HL그룹 회장, 정몽석현대종합금속 회장 등이 자비로 지분을 사들여 정대선의 경영권 방어에 도움을 줬다. 진짜 눈물겨운 조카 사랑이다. 그런데 정 씨 가문에서 태어났다는 것 빼고 쥐뿔도 자랑할 게 없는 이 무능력한 인간들은 사람을 매뉴얼을 만들어 패고 다닌다.

이 제정신 아닌 자들이 기업을 이끄는 일을 정말 제어해야 할 때가 됐다. "그래도 사유재산을 어떻게 건드리느냐?"는 반론에 대한 우리의 답은 이것이다. 저들이 재산을 불려온 과정을 살펴보라. 저게 저들의 사유재산이기는 하냐?

남양유업

분유를 파는데
엄마를 멸시하는 기업이 있다?

네슬레가 사람을 죽였다

1866년 스위스에서 설립된 네슬레는 분유와 이유식, 우유 등 유제품과 시리얼, 커피, 과자 등을 판매한다. 2025년 초 기준으로 시가총액이 무려 300조 원에 육박하는 거대 기업이다. 세계적인 음료 기업 코카콜라_{시가총액이} _{약 350조 원}나 삼성전자_{시가총액 약 350조 원}와 별 차이도 안 난다.

그런데 유아와 어린이의 건강을 위한 제품을 주로 파는 네슬레는 뜻밖에도 아이들의 죽음에 매우 무관심했다. 아니, 무관심한 것을 넘어 아이들이 죽는 것을 방조하거나 조장하기도 했다.

2021년 2월 네슬레는 아프리카 코트디부아르의 코코아 농장에서 어린이들의 노동을 착취하는 일을 묵인한 혐의로 미국 법원에 고소를 당했다. 그 코코아 농장에는 16세 미만의 청소년과 어린이들이 보호장비도 없이 일을 하고 있었다.

그들은 일의 효율을 높인다는 명목으로 온몸에 살충제와 제초제를 바르고 고된 노동에 내몰렸다. 그 어린이들이 목숨을 걸고 수확한 코코아는 네슬레의 초콜릿 원료로 사용됐다. 어린이의 건강을 위한 제품을 만드는 회사가 그 제품을 만들기 위해 어린이들을 죽음으로 내모는 사실, 이 얼마나 모순적인가?

미국의 출생률은 2차 세계대전 직후인 1946년부터 폭증해 1950년대 최고점을 찍었다. 이때 태어난 사람들을 베이비붐 세대baby boom generation라고 부른다. 1946년부터 1967년 사이에 태어난 베이비부머 숫자는 현재 미국 인구의 30%에 육박한다. 전쟁 후 희망을 발견한 미국인들이 아이를 낳기 시작한 덕분이다. 게다가 이 시기 미국 경제는 대번영기라 불릴 만큼 호황이었다.

그러다가 1970년대 들어 출생률은 다시 폭락했다. 석유파동으로 미국 경제가 흔들렸고 수십 년 동안 지속된 대번영기가 마무리되며 본격적인 불황이 시작된 탓이다.

이때 폭락한 출생률의 직격탄을 맞은 기업이 바로 네슬레였다. 네슬레의 주력 제품이 분유였기 때문이다. 네슬레는 부쩍 줄어든 분유 판매량을 늘릴 새로운 방법을 찾아야 했다. 이때 네슬레가 눈을 돌린 곳이 바로 아프리카였다.

네슬레는 본격적으로 분유를 팔기 위해 무료 분유 샘플을 아프리카 전역에 뿌려댔다. "유럽의 건강하고 통통한 아기들은 모두 모유 대신 분유를 먹는다"는 광고와 함께 말이다. 그렇지 않아도 가난에 찌들었던 아프리카 엄마들은 네슬레가 나눠주는 공짜 분유 샘플을 덥석 받아 아기들에게 먹였다.

그런데 이게 바로 비극의 시작이었다. 분유를 먹은 아기들이 설사와 구토

등 배앓이를 하면서 죽어 나가기 시작한 것이다. 이유는 간단했다. 분유는 기본적으로 젖병을 통해 먹여야 한다. 그리고 위생을 위해 반드시 젖병을 소독해야 한다. 하지만 당시 아프리카에는 젖병을 소독할 주방 시설이 거의 없었다. 물도 안 끓이고 마시는 판에 젖병을 어떻게 소독한다는 말인가?

게다가 더 큰 문제는 네슬레가 무료 판촉을 중단한 다음부터 시작됐다. 엄마의 젖은 아이가 정기적으로 빨지 않으면 말라버린다. 이 말은 분유를 한 번 먹이면 무조건 계속 분유를 먹여야지 분유를 먹이다가 모유로 바꾸는 것은 거의 불가능하다는 뜻이기도 하다. 네슬레가 무료 분유 샘플을 막 뿌리고 다닌 이유가 바로 이것이었다. 한 번 분유를 입에 대면 절대 분유를 끊을 수 없다는 사실을 그들은 너무나 잘 알고 있었다.

하지만 슬프게도 아프리카의 엄마들 중 상당수는 분윳값을 감당할 능력이 없었다. 모유를 먹이려해도 이미 젖은 말라버린 상태였다. 엄마들은 어쩔 수 없이 마른 젖을 억지로 아기들에게 물리거나, 분유에 턱없이 많은 물을 타서 먹였다. 제대로 된 영양을 공급받지 못한 아기들이 영양실조로 죽어나갔다. 네슬레는 분유를 팔았지만 그 대가로 아프리카의 엄마들은 아기를 잃어야만 했다.

이런 사실이 알려지자 미국과 유럽의 뜻 있는 엄마들이 네슬레를 규탄하기 시작했다. 아무리 기업의 목적이 돈을 버는 것이라지만, 분유를 먹일 처지가 안 되는 아프리카 대륙에 대량으로 공짜 분유를 풀어 이런 비극을 초래하는 일까지 참을 수는 없었기 때문이었다.

1974년 영국 시민 단체 '빈곤과의 투쟁War on Want'은 『누가 아기를 죽이는

가?』라는 소책자를 통해 네슬레의 악행을 고발했다. 독일의 시민단체 제3세계행동그룹Third World Action Group도 〈네슬레가 아기들을 죽이고 있다〉라는 문서를 발표했다.

1977년 미국의 엄마들은 국제어린이식품행동IBFA, International Baby Food Action 이라는 시민단체를 만들어 조직적인 저항에 나섰다. 네슬레의 만행에 저항하는 운동이 들불처럼 번져나갔다.

급기야 국제네슬레보이콧위원회International Nestle Boycott Committee라는 단체까지 생겼다. 이들은 분유뿐 아니라 네슬레가 만든 모든 제품을 대상으로 불매운동을 벌였다. 이들은 젖병에 죽어가는 아프리카 아이들을 그려 넣은 포스터를 제작한 뒤 그 위에 "더 베이비 킬러The Baby Killer"라는 문구를 적었다. 네슬레의 분유 판촉이 아기들을 죽이는 행위라는 것을 분명히 한 것이다.

이 뜨거운 연대의 물결은 결국 거대 공룡 기업 네슬레의 무릎을 꿇렸다. 네슬레는 사태 초반 "젖병을 소독 안 하고 먹이는 비위생적 행동까지 우리가 어떻게 책임지라는 말이냐?"라며 버텼지만, 걷잡을 수 없이 확산되는 불매운동을 견디지 못했다.

더 베이비 킬러 포스터 ⓒ국제네슬레보이콧위원회

1984년 네슬레는 결국 "더 이상 빈곤국가에서 공격적인 분유 마케팅을 하지 않겠다"는 약속을 하기에 이른다. 뜻있는 엄마들의 연대가 '더 베이비 킬러' 네슬레를 굴복시킨 것이다.

네슬레 불매운동은 아기들의 생명까지 볼모로 잡고 이윤을 추구했던 거대 식품 기업의 추악한 민낯을 여과 없이 드러냈다. 그리고 그에 맞서는 용맹스러운 소비자들의 연대가 얼마나 위력적인지도 확인시켰다.

기업은 이렇듯 이윤을 위해 때로는 인륜을 거스를 정도의 만행을 저지르곤 한다. 그리고 역사적으로 이를 막을 방법은 단 한 가지, 바로 소비자들의 뜨거운 연대뿐이었다.

브랜드를 감추는 기업

우리나라 우유 시장은 서울우유협동조합, 빙그레, 남양유업, 매일유업 등 4개 회사가 견고한 과점체제를 이루고 있다. 아마 독자분들이 마신 우유도 대부분 이 넷 중 하나일 것이다.

그런데 가만 생각해보면 이상한 점이 있다. 서울우유 하면 생각나는 이미지가 있다. 초록색과 하얀색이 조화를 이룬 포장지에 빨간 글씨로 '서울우유'라고 적혀 있는 그 이미지 말이다. 빙그레우유에도 전형적 이미지가 있다. 항아리를 닮은 통통한 병에 노란색 우유가 들어있고 겉에는 '빙그레 바나나맛 우유'라고 적혀있는 그 이미지 말이다. 매일우유 하면 흰색 바탕에 하늘색 글씨의 이미지가 떠 오른다.

하지만 남양우유는 어떤가? 떠오르는 이미지가 있나? 없다. 이상하지 않은가? 매우 유명한 우유 회사인 것을 알고 있고, 반드시 한 번쯤은 마셔봤을 것인데도 떠오르는 이미지가 없다. 이쯤에서 "'맛있는 우유 GT'가 남양유업 간판 제품입니다"라고 이야기를 하면 대부분 사람들은 "아, 알지. 그거 마셔봤지"라고 답한다. 맞다. 매우 유명한 우유다. 그런데 왜 그 우유가 남양유업 제품인 줄 몰랐을까?

이유가 있다. 다른 우유 브랜드와 달리 '맛있는 우유 GT'에는 남양유업이라는 제조사 이름이 정말 작게 표시돼있기 때문이다. 어디 붙어있는지도 알 수 없을 정도로 말이다. 제조사 이름이 큼지막하게 표시된 다른 우유와 달리 남양유업 제품들 대부분이 이렇다.

왜 이런 일이 벌어졌을까? 남양유업이 하도 삽질을 많이 하는 바람에 사람들 뇌리에 '저 회사 우유는 불매해야 해'라는 생각이 자리를 잡았기 때문이다. 그래서 남양유업은 '남양'이라는 브랜드를 강조할수록 제품이 안 팔린다. 어떻게든 브랜드를 숨겨야 제품을 팔 수 있는 웃지 못할 상황에 처했다.

남양유업 본사는 서울 강남 한복판 도산공원 사거리에 있다. 그런데 이 회사 본사 외벽에는 남양유업이라는 간판이 없다. 소비재를 파는 기업은 어떻게 해서든지 회사 이름을 한 번이라도 더 알려야 한다. 강남 한복판에 자리한 본사의 외벽 간판은 당연히 광고 효과가 크다. 하지만 그들은 간판을 내걸지 않았다. 이유가 뭘까? 남양유업이라는 단어 자체가 소비자들을 불쾌하게 만들기 때문이다. 그런 회사가 본사 위치를 적극적으로 알리고 싶었겠나?

간판도 없는 비열한 남양유업 ⓒ민중의소리

　'브랜드를 감추는 기업.' 이 한 문장은 2013년 남양유업이 대리점에게 상
품을 강매한 이른바 '남양유업 사태' 이후 이 회사를 요약한 가장 적절한 문
장이다.

　'건강한사람들'이라는 음료 브랜드가 있다. 스프라이트와 오란씨 등을 만
드는 회사다. 이 회사 원래 이름은 남양F&B였다. 당연히 남양유업의 계열
사다. 하지만 남양에 대한 소비자들의 반감이 극에 달하면서 2018년 브랜
드에서 '남양'을 떼버렸다. 눈 가리고 아웅인 격이지만 그렇게라도 해야 살
아남을 수 있었기 때문이다.

백미당이라는 매장이 있다. 남양유업이 운영하는 커피와 아이스크림을 전문적으로 파는 매장이다. 그런데 이 매장이 출범한 게 2014년이다. 2013년 남양유업 사태 이후 남양의 브랜드 가치는 땅에 떨어졌다. 결국 남양유업은 브랜드에 '남양'이라는 글자를 완전히 빼고, 마치 남양유업과 아무 상관이 없는 회사처럼 백미당이라는 이름의 브랜드를 출시했다.

하지만 뛰는 놈 위에 나는 분(!)이 있는 법. 남양이 아무리 자사 브랜드를 숨기려 해도 소비자들은 그보다 훨씬 똑똑했다. '건강한사람들'이 생산하는 음료에는 '남양'이라는 글자가 아예 없다. 그렇다고 소비자들이 '건강한사람들은 남양 계열사 제품이야'라고 암기하지도 않는다.

그래서 남양유업 제품 불매운동의 일환으로 한 네티즌이 '남양유없'이라는 사이트를 만들었다. 이 사이트에 자기가 산 유제품이나 음료수의 바코드를 찍으면 그 제품이 남양유업 제품인지 아닌지를 식별해 준다.

"남양유업, 네가 아무리 이름을 감추고 도망가봐라! 우리는 어떤 방법을 써서라도 너를 추적해 불매할 테니!" 소비자들의 결연하고 웅장한 목소리가 들리는 듯하지 않은가?

남양유업 사태

개인적으로 한국 세습 기업 중 국민들로부터 가장 큰 미움을 받은 두 기업을 꼽자면 나는 망설이지 않고 롯데와 남양유업을 꼽는다. 이 둘은 소비자를 기만하고, 노동자를 착취하고, 갑질에 앞장섰다는 공통점을 가지고 있었다.

남양유업대리점협의회 회원들의 항의 장소에서 밟혀 터져버린 남양유업 우유 ⓒ민중의소리

1964년 설립된 남양유업은 수많은 사회적 물의를 일으켰지만 그 중 압권은 2013년 벌어진 대리점에게 상품을 강매한 사건이다. 이 사건을 이해하기 위해서는 우유업체 대리점이 무엇인지 정확히 알 필요가 있다.

유제품은 유통기한이 짧은 식품이다. 하지만 온 국민이 즐기는 음식이기에 대형 할인점은 물론 동네 슈퍼에서도 반드시 유제품이 매대에 올라가 있다.

그런데 여기서 복잡한 문제가 생긴다. 예를 들어 슈퍼 주인이 이번주에는 최소한 100팩 정도의 우유가 판매될 것으로 생각하고 월요일에 100팩을 주문했다고 치자. 그런데 예상외로 80팩밖에 팔리지 않았다. 남은 20팩을 어떻게 처리하나? 콜라처럼 유통기한이 긴 제품은 그냥 쌓아놓고 팔릴 때까지 기다리면 그만이다. 하지만 우유는 그게 안 된다. 유통기한이 지나면 버려야 한다.

그래서 작은 슈퍼나 편의점, 동네 가게에서는 우유를 한꺼번에 100팩씩 절대 주문하지 못한다. 매일 판매량을 체크하고 조금씩 주문해야 한다. 그래야 유통기한이 지난 우유를 버리는 불상사를 막을 수 있기 때문이다.

우유로 대표되는 유제품 주문이 매일 조금씩 이뤄지기 때문에 남양유업 같은 제조업체는 이를 일일이 관리할 수가 없다. 전국에 우유 파는 가게가 몇 곳인데, 여기서 하루에 10팩, 저기서 하루에 다섯 팩씩 주문하는 것을 어찌 체크한단 말인가?

그래서 이 복잡한 과정을 외주로 돌린 시스템의 결과물이 대리점이다. 대리점주들은 동네를 하나씩 맡아 동네 사정에 맞게 미리 우유를 주문한다. 당연히 우유를 잘 보관할 냉장시설을 갖추고 말이다. 그리고 동네 사정에 맞게 이를 배분하고 수수료를 챙긴다. 이 말은 대리점주들이 남양유업 소속 직원이 아니라 각자 사업체를 가진 개인사업자, 즉 자영업자라는 뜻이기도 하다.

문제는 이 과정에서 갑을 관계가 형성된다는 점이다. 상식적으로 남양유업같은 유가공업체는 대리점주들이 유제품을 열심히 잘 팔아주면 고마워해야 한다. 하지만 현실은 그렇지 않다.

예를 들어 대리점에서 하루 1,000팩의 우유가 필요하다고 주문을 했다고 치자. 남양유업이 "싫은데!" 해버리면 이 대리점은 할 수 있는 게 아무 것도 없다. 아무리 간청해도 본사가 "우유가 모자라서 너희한테는 못 줘" 이러면 그냥 장사 접어야 한다.

그걸 대비해서 미리 잔뜩 주문할 수도 없다. 유통기한 때문이다. 다른 우유로 대체도 안 된다. 남양유업 대리점은 남양유업 제품만을 취급한다. 서울우유나 매일우유로 교체가 안 된다는 이야기다. 이 과정이 매일 반복된다. 그래서 말 그대로 대리점주들은 하루살이처럼 매일 본사만 쳐다보고 있어야 한다.

남양유업은 이 갑을 관계를 철저히 악용했다. 대리점이 주문한 유제품이 아니라 잘 안 팔려서 본사에 남아도는 제품을 강제로 대리점에 떠넘긴 것이다. 업계에서 일명 '밀어내기'라 부르는 기술(?)이다.

남양유업은 대리점주가 주문하지도 않은 제품을 대리점에 밀어넣었다. 심지어 100팩을 주문했는데 200팩을 강제로 떠넘기기도 했다. 대리점주들은 울며 겨자 먹기로 1+1 행사로 물량을 소화했다. 유통기한이 지난 유제품과 주스들이 전국 남양유업 대리점에 수북이 쌓였다. 〈YTN〉 보도에 따르면 남양유업 영업사원은 "한 달에 한 1,000만, 1,500만 원은 미는 거 같아요"라고 증언했다. 각 대리점이 한 달에 1,000만 원이 넘는 밀어내기 물량을 떠안아야 했다는 이야기다.

문제는 여기서 끝나지 않았다. 갑의 위치에 있는 남양유업이 대리점에 명절 떡값과 퇴직 격려금까지 뜯어냈다. "우리 물건 잘 팔아줘서 고맙습니다" 하며 명절 선물을 줘도 모자랄 판에 "우리가 물건 줘서 너희가 장사했으니 명절에 돈 좀 내놔" 이랬다는 이야기다.

이 문제가 불거진 것은 한 젊은 남양유업 영업사원이 아버지뻘 되는 대리점주에게 쌍욕을 한 녹음 파일이 유튜브에 공개되면서부터다. 젊은 영업사원의 쌍욕을 직접 확인해 보자. 말투가 너무 건들대서 나는 이 영업사원이 조폭 따까리인 줄 알았다.

"죽기 싫으면 받으라고, 빨리 끊어, 잔인하게 해 줄 테니까."

"('받을 상황이 아니니까'라는 대리점주의 호소에 대해) 망해! 이 XX놈아, 당신은 XX놈아, 대리점장으로서 그게 할 얘기냐 이 개XX야, OOO사장님, XX놈아."

"당신 얼굴 보면 나 죽여버릴 것 같으니까 XX 같은 XX야, 받으라고 XX놈아."

"그렇게 대우 받으려고 네가 그렇게 하잖아. XX아! 네가, 자신 있으면 XX, 들어오던가 XXX야. 맞짱 뜨게 그러면."

이건 사실 직접 들어봐야 하는 게 이 인간의 욕설이 대기업 영업사원이라고 보기에 너무 전문적이기 때문이다. 조폭 영화 같은 곳에서 나오는 전문 욕설의 딕션이 정확하게 구사된다. 우리가 그냥 '개새끼야'라고 발음하는 것과 '야이 개이새끼야'라고 조폭처럼 진득하게 발음하는 것은 다르지 않나? 얘는 완전 후자였다는 거다. 대기업 영업사원이면 조폭 출신일 리는 없고, 평소에 욕을 워낙 많이 남발했으니 이런 전문적인 딕션이 나온다는 게 내 해석이다.

문제는 이 녹취록이 공개되기 전까지 남양유업은 문제를 제기한 대리점

남양유업 사태 당시 국회의원, 시민단체, 중소상공인 등 각계각층이 이에 항의하기 위해 당시 남양유업 본사가 있었던 서울 중구 남대문로 본사 앞에서 집회를 여는 모습 ⓒ민중의소리

주들을 명예훼손으로 고소하는 등 적반하장의 태도로 일관했다는 점이다. 녹취록이 공개되고 여론이 들끓고 검찰이 남양유업을 압수수색하자 남양유업은 사과문을 냈다. 그런데 사과문을 낸 이후에도 남양유업은 대리점주를 상대로 걸었던 명예훼손 소송을 취하하지 않았다. 되레 피해 점주들에게 고압적인 위협을 가했다. 견디다 못한 대리점주들이 집단행동에 나섰다. 대리점주들은 남양유업이 대리점주들에게 떡값을 뜯어간 녹취록과 떡값 송금 내역을 추가로 공개했다.

　보통 사태가 이 정도가 되면 뇌가 우동사리, 빠가사리, 라면사리, 떡사리 수준이 아닌 한 일단 몸을 사리는 게 정상이다. 하지만 갑질이 몸에 밴 남양유업은 항의에 가담한 대리점주들과 계약을 해지해버렸다.

네슬레 사태 때에서도 봤듯이 기업의 횡포에 가장 강력한 브레이크 역할을 하는 것은 분노한 소비자들이다. 소비자들이 본격적으로 남양유업 불매운동에 나섰다. 마트에서 팔리는 남양유업의 매출은 반토막이 났다. 한번 선택한 분유는 웬만해서 바꾸지 않기에 분유야말로 고객 충성도가 높은 제품인데 분유 매출마저 10% 이상 하락했다. 남양유업의 2013년 매출은 10% 줄어들었고, 영업이익은 174억 5,600만 원 적자로 돌아섰다. 남양유업이 영업적자를 본 것은 1994년 이후 19년 만의 일이었다.

엄마를 멸시하는 분유 기업

문제는 여기서 그치지 않았다. 남양유업에 대한 사회적 관심이 높아지면서 이들이 저지른 온갖 만행들이 봇물 터지듯이 터져 나온 것이다. 그해 6월 27일 〈YTN〉은 "남양유업이 대리점뿐만 아니라 본사 직원들에게도 횡포를 부렸다"고 보도했다. 그런데 그 내용이 실로 충격적이었다. 여성 노동자들이 결혼을 하면 회사에서 쫓아낸다는 것이다.

"다른 대기업에서도 흔히 벌어지는 일 아닌가?"라는 질문이 나올까봐 미리 이야기한다. 맞다. 나중에도 자세히 다루겠지만 이런 성차별은 아직도 한국 사회 곳곳에 남아있는 뿌리 깊은 악행이다. 드라마 〈이상한 변호사 우영우〉에서도 이 주제를 다룰 정도로 심각한 문제다.

하지만 남양유업이라는 회사의 특징을 봐야 한다. 남양유업은 우유 사업보다 분유 사업에 먼저 뛰어든 회사다. 그리고 1970년대 엄청나게 인기를 끌었던 '우량아 선발 대회'의 주관 스폰서였다. 즉 남양유업은 엄마를 주요 소비자로 성장한 회사였다는 이야기다.

그런데 그런 회사가 결혼을 하고 엄마가 됐다는 이유로 노동자들을 해고했다. 네슬레는 아기들의 생명을 볼모로 장사를 했지만 적어도 엄마를 멸시하지는 않았다. 엄마에게 물건을 팔면서 엄마를 혐오하는 기업이라니! 분 팔아서 성장한 주제에 "분 바르는 여학생들은 절대 뽑지 말라"던 두산그룹과 쌍으로 정신의학과 감정 좀 받아봐라. 제정신으로는 절대 그 짓을 할 수 없으니 하는 말이다.

당시 남양유업 일반 부서에서 일하던 기혼 여성 노동자 숫자는 고작 6명이었다. 그런데 그나마 모두 계약직이었다. 그러면 원래부터 그들이 계약직이었나? 아니다. 다 정규직이었다. 그런데 왜 계약직이 됐느냐? 결혼을 했다는 이유로 비정규직으로 신분이 바뀐 것이다. 비정규직이 되면서 임금은 10%나 깎였고 각종 수당에서도 제외됐다.

계약 기간은 오직 2년. 2년마다 이들은 해고의 공포에 떨어야 했다. 더 황당한 일은 이들이 임신을 하면 출산 휴가를 보장해주지 않았기 때문에 대부분 회사를 그만둬야 했다는 사실이다. 나는 진짜로 이 빠가사리들한테 묻고 싶다. 엄마들을 다 해고하면 니들이 파는 분유는 누가 사주냐?

나는 인간이 경험을 통해 발전한다고 믿는 편에 속한다. 잘못을 저질렀으면 반성하고 수정하는 능력이 인간에게 있다. 이건 사악한 인물도 마찬가지다. 내가 자주 하는 이야기인데 사악한 것과 멍청한 것은 다른 문제다. 사악할수록 똑똑할 가능성이 높다. 그래서 사악한 자들도 '이짓을 계속하면 나에게 손해다'라는 판단이 서면 그 짓을 멈추거나 최소한 다른 방식으로 하려고 한다. 그게 내 상식이다.

그런데 남양유업은 사악하면서 멍청하다. 사태가 이 지경이 됐고 그로 인해 엄마들로부터 엄청난 손가락질을 받으면서 회사 실적이 박살이 났다. 이 정도면 반성은 아니어도 수정 정도는 해야 하는 것 아닌가?

하지만 이 사태는 불과 2년 뒤인 2015년 다시 반복됐다. 〈SBS〉의 단독 보도^{보도된 시기는 2021년이었다} 내용이 이렇다. 2002년에 광고팀으로 입사한 한 여성 노동자는 입사 6년 만에 최연소 여성 팀장에 오를 정도로 능력을 인정받았다. 그런데 이 노동자가 마흔둘에 첫 아이를 출산하고 2015년 육아휴직을 신청하자 남양유업은 아무런 통보 없이 이 노동자의 보직을 해임해 버렸다. 더 충격적인 사실은 이딴 짓을 하는 일에 남양유업 회장 홍원식이 직접 개입했다는 사실이다. 홍원식이 무슨 이야기를 지껄였는지 확인해 보자.

"빡세게 일을 시키라고, 눈에 보이지 않는 아주 강한 압박을 해서 지금 못 견디게 해. 그걸 활용을 하라고. 어려운 일을 해가지고 말이야 보람도 못 느끼고 하여튼 그런 게 되게. 위법을 하는 건 아니지만 좀 한계선상을 걸으라 그 얘기야. 그게 무슨 문제가 되겠어."

노동법이 있으니 해고는 못 시키겠고, 엄마가 된 노동자는 죽을 정도로 꼴 보기 싫고, 그래서 감당하지 못할 잡일을 잔뜩 시켜서 스스로 그만두는 상황을 만들라는 것이다. 이게 바로 분유를 만드는 회사의 회장 머리(대가리라고 쓰려다 많이 참았다)에 든 생각이다.

육아휴직을 가진 이 노동자가 1년 뒤 복직하자 그의 책상은 택배실과 탕비실 사이에 배치됐다. 일은 그야말로 단순노동이었다. 그 노동자는 "거의 무슨 동물원 원숭이처럼 이렇게…. 일도 자질구레하지만 방대한 일을 주는 거예요. 굉장히 모멸감을 많이 느꼈죠"라고 토로했다.

이 노동자가 2017년 노동위원회에 부당 인사 발령 구제 신청을 내자 남양유업은 그를 경기도 고양 물류센터로 발령 냈다. 그리고 1년이 채 지나지 않아 출퇴근만 꼬박 5시간이 걸리는 천안 물류창고로 다시 발령을 냈다. 홍원식 말대로 노동자를 '한계선상'으로 내몬 것이다.

만병통치약 불가리스?

불가리스라는 요구르트가 있다. 많이들 접해보셨을 것이다. 이게 남양유업의 대표 상품 중 하나다. 그런데 이 제품에 웃긴 역사가 하나 있다.

불가리스가 유럽 동구권 국가 불가리아와 관련이 있다는 사실은 이미 눈치채셨을 것이다. 그런데 이 요구르트가 출시된 시점을 잘 봐야 한다. 1991년이다. 이때는 소련이 망한 해다. 즉 이 시절만 해도 우리나라 국민들은 동구권 국가에 대해 호감도 별로 없었고 지식도 별로 없었다. 체코나 유고, 폴란드처럼 축구를 잘하는 나라도 아니고 인구 1,000만 명도 안 되는 불가리아는 진짜 생소한 나라였다.

그런데 남양유업은 이 불가리아가 엄청난 장수국가이고 그 원인이 요구르트에 있다고 주장했다. 실제로 불가리아는 요구르트 소비가 많은 나라이기도 하고, 요구르트 품질이 우수한 것으로 상당히 유명한 국가이기도 하다. 당시 남양유업은 이런 문구를 앞세워 불가리스를 광고했다.

"수천 년을 이어온 장수국가 불가리아, 그 신비의 나라를 아십니까? 유산균 발효유 불가리스, 불가리스는 불가리아식으로 남양에서 만듭니다. 불가리스~."

이까지는 아무 문제가 없어 보인다. 그런데 진짜 문제는 불가리아가 국영기업을 통해 자국에서 생산되는 요구르트 배양균을 정식으로 외국에 수출하고 있었다는 점이다. 이게 무슨 뜻이냐? 정식 불가리아 방식의 요구르트로 인정받기 위해서는 불가리아 정부와 상표권 계약을 체결해야 한다는 뜻이다.

남양유업이 그렇게 했느냐? 그렇게 하지 않았다. 당연히 남양유업은 요구르트에 절대 '불가리아'라는 말을 쓸 수가 없었다. 그래서 그 안 돌아가는 머리(또 대가리라고 쓰려다 참았다)로 낸 편법이 '불가리아'가 아니라 '불가리스'라는 유사품을 만든 것이다. 한 마디로 불가리스는 짝퉁이라는 이야기다.

나도 짝퉁 많이 경험했고 재미난 짝퉁도 많이 접했다. 라코스테의 악어는 오른쪽을 보고 있고 꼬리는 안쪽으로 말고 있다. 그런데 짝퉁 중에는 왼쪽을 보고 있는 악어, 똑같은 악어인데 꼬리를 편 악어, 혹은 꼬리를 오른쪽으로 말고 있는 악어 같은 게 있다. 아놀드파마의 우산은 오른쪽으로 기울어져 있고 위로부터 빨강, 노랑, 하양, 초록 순서다. 그런데 순서 색깔이 바뀐 짝퉁도 있고, 순서를 잘 맞췄는데 우산이 왼쪽으로 기울어진 것도 봤다.

내가 본 최고의 압권 짝퉁은 정확히 그려진 라코스테의 악어가 역시 정확히 그려진 아놀드파마의 우산을 쓰고 있는 것이었다. 우산을 쓴 악어라니! 이건 정말 웃음을 참기 어렵다.

지금 이런 이야기들은 웃자고 하는 것들이다. 아놀드파머 우산을 쓴 라코스테 악어 짝퉁을 만든 사람 심리가 진짜 정교한 모조품을 만들기 위해서였겠나? 자기도 웃기려고 한 거다.

하지만 불가리스는 진지했다. 정식으로 상표권을 사지도 않았고, 불가리아 요구르트 배양균을 받지도 않았다. 그러면서 불가리아 사람들을 TV에 등장시켜 마치 불가리스가 정통 불가리아 요구르트인 척을 했다. 그런데도 불가리스는 법적인 책임을 교묘히 피했다. 그들의 광고문구가 '불가리아식으로 만든다'였기 때문이다. 불가리아식으로 만든다고 했지 불가리아와 정식으로 계약을 맺었다고는 안 했으니 법적인 문제를 피해갈 수 있었다는 이야기다.

짝퉁 요구르트 이야기를 이렇게 길게 하는 이유가 있다. 남양유업은 창업자 홍두영이 설립한 회사고, 앞에서 엄마가 된 여성 노동자를 가스라이팅했던 홍원식은 그의 아들이다. 그런데 2025년 현재 남양유업은 더 이상 홍 씨 가문의 회사가 아니다. 2021년 한앤컴퍼니라는 사모펀드에 회사를 팔았다. 이후 홍 씨 가문은 일방적으로 "회사를 팔기로 한 계약을 철회할 테니 회사를 다시 내놓아라"라며 구질구질한 모습을 보였다. 하지만 결국 법원의 판결로 회사는 완전히 홍 씨 가문 손을 떠났다.

그런데 홍 씨 가문이 회사를 팔기로 결심한 이유가 바로 이 불가리스 때문이었다. 코로나19가 한창이던 2021년 4월 13일, 남양유업은 '코로나 시대의 항바이러스 식품 개발 심포지엄'이라는 이상한 제목의 회의를 열었다. 그리고 그 심포지엄의 발표가 "불가리스가 코로나19 바이러스의 77.8%를 억제한다"는 것이었다. 심지어 불가리스는 코로나19 바이러스 외에도 인플루엔자 바이러스의 경우 무려 99.999%를 없앴다는 게 그들의 주장이었다.

할렐루야! 이 정도면 만병통치약 아닌가? 당연히 시중에서 불가리스가 불티나게 팔리기 시작했다. 마트마다 '불가리스 매진' 안내문이 걸렸다. 연구 결과가 발표된 당일 남양유업의 주가는 8.6% 상승했고, 다음날에는 무려 28.68%나 올랐다.

하지만 이는 당연히도 사실이 아니었다. 남양유업의 실험은 일단 사람을 대상으로 한 것이 아니었다. 심지어 세포 단계 실험의 검증도 제대로 거치지 않았다. 내가 문과 출신이라 과학 이야기를 길게 할 자신은 없지만 이후 수많은 반론 끝에 남양유업의 발표는 한마디로 멍멍이 소리라는 것이 밝혀졌다. 질병관리청까지 반박에 나섰다. 이성을 되찾은 투자자들이 남양유업 주식을 팔기 시작했고 주가는 폭락했다.

사태가 걷잡을 수 없이 커지자 식약처와 공정위가 남양유업을 조사하기 시작했다. 식약처는 조사 끝에 남양유업이 식품표시광고법을 위반했다고 판단하고 영업정지 2개월의 행정처분을 내렸다. 유제품 회사에 영업정지 2개월은 실로 치명적이다. 유통기한 때문에 만들어 놓은 제품을 다 버려야 하기 때문이다.

사건 3일 뒤 남양유업은 사과문을 발표했다. 하지만 씨알도 먹히지 않은

남양유업 불가리스
식품표시광고법 위반으로 고발

최근 남양유업의 불가리스 제품의 **코로나19 억제 효과 발표**와 관련
긴급 현장조사 결과 순수 학술 목적 외 **제품 홍보를 한 것**으로 판단
식품표시광고법 제8조 위반으로 행정처분 및 고발 조치

식약처는 **식품의 질병 예방, 치료 효능을 표방**하는
표시·광고 행위를 엄격히 **금지**하고 있습니다

허위·과장 광고에 현혹되지 않도록 주의하세요!

 식품의약품안전처

식약처는 남양유업 불가리스를 식품표시광고법 제8조 위반으로 행정처분 및 고발조치 했다. ⓒ식품의약품안전처

사과였다. 코로나19로 국민들의 감정이 극도로 예민해진 상황에서 나름 한
국을 대표하는 유가공 업체가 대국민 사기극을 벌였다는 인식에 분노는 걷
잡을 수 없이 번졌다.

회장 홍원식이 직접 기자회견을 열고 머리를 숙이며 회장직 사퇴를 발표
했지만 소비자들은 과거 남양유업의 악행까지 일일이 소환하면서 분노를
감추지 않았다. 이 사태의 여파로 홍원식이 결국 남양유업을 사모펀드에 넘
기기로 한 것이다.

이렇게 악덕 기업 남양유업을 이끌던 홍 씨 일가는 역사 속으로 사라졌
다. 'The Baby Killer' 짓을 하던 다국적 기업 네슬레를 무릎 꿇린 것도, 갑
질과 성차별로 범벅된 악덕 기업 남양유업 창업주 일가를 퇴출시킨 것도 물
러서지 않았던 소비자들의 연대 투쟁 결과였다.

우리는 무의식 중에 차별을 한다

남양유업 이야기는 아니지만 하나만 덧붙인다. 세스 스티븐스 다비도위
츠Seth Stephens-Davidowitz라는 경제통계학자가 있다. 2017년 출간한 『모두 거
짓말을 한다Everybody Lies』라는 책이 베스트셀러에 오르면서 일약 데이터 분
야의 슈퍼스타가 된 인물이다. 원래는 스탠퍼드 대학교에서 철학을 공부한
후 하버드 대학교에서 경제학 박사 학위를 땄다.

이 사람이 슈퍼스타가 된 계기는 『모두 거짓말을 한다』라는 책의 분석
도구가 구글 검색어였기 때문이다. 현실 세계에서 우리는 "나는 인종차별
을 하지 않아", "나는 성차별을 하지 않아"라고 당당하게 말한다. 그런데 구

불가리스 사태 당시 기자회견장에서 사퇴를
발표하며 눈물을 흘리는 홍원식 당시 남양유
업 회장 ⓒ민중의소리

글 검색어를 분석해보면 전혀 다른 결과가 나온다. 검색어가 무엇인가? 진짜 우리가 알고 싶은 것의 내면이다. 심지어 검색은 나만 보기 때문에 남의 시선을 의식하지 않는다. 입력된 검색어는 거짓을 말하지 않는다는 이야기다.

따라서 수천만, 수억 개의 검색어를 분석해 보면 얼굴 마주 보고 하는 말과 달리 사람들의 속내가 드러난다. 다비도위츠는 이 검색어를 '디지털 자백 약'이라고 부른다. 이 약을 먹고 진실을 검색하는 사람들의 진짜 마음을 지금부터 살펴보자.

2015년에 미국 로스앤젤레스 동쪽 도시 샌 버나디노San Bernardino에서 이슬람 극단주의자 부부가 장애인 재활시설에서 총기를 난사해 14명이 숨지는 사고가 발생했다. 사건 이후 이슬람 포비아, 즉 이슬람교도에 대한 미국인들의 증오가 걷잡을 수 없이 커졌다.

이때 버락 오바마Barack Obama 대통령이 이에 관한 연설을 했다. 전문가들은 "이 연설이야말로 이슬람 포비아를 잠재운 명연설"이었다고 극찬했다. 오바마는 이슬람 테러리스트들에 대한 단호한 대처를 이야기하면서도 미국 총기 규제 문제를 솔직하게 고백했다. 이슬람 테러리스트들과의 전투와는 별개로 이슬람을 증오하는 것이 결코 문제의 해결책이 아니라는 점도 호소했다.

이에 대해 〈LA 타임스〉는 "두려움이 우리의 판단력을 흐리지 못하도록 오바마가 경고를 했다"고 칭찬했다. 〈뉴욕타임스〉는 "오바마의 연설이 강인하면서도 차분했다"고 긍정적으로 평가했다. 포용과 관용을 강조한 그의 진솔한 연설은 사람들의 마음을 움직였다. 적어도 겉으로는 그렇게 보였다.

하지만 이 연설을 들은 미국인들의 속내도 그랬을까? 다비도위츠가 구글 검색 데이터를 뒤져보자 진실이 드러났다. 오바마가 연설에서 "차별 거부는 모든 미국인과 모든 신념의 의무입니다"라고 호소했을 때 구글에서는 '테러리스트 이슬람교도', '나쁜 이슬람교도', '폭력적인 이슬람교도', '사악한 이슬람교도' 등의 검색어가 무려 갑절로 늘어났다.

오바마는 당시 "우리에게는 우리가 이 땅에 발을 들이게 한 사람들에 대한 종교적인 시험을 거부해야 할 책임이 있습니다"라고 연설했다. 이 말은 난민이나 이주민들처럼 미국에 발을 들인 모든 이들에게 "너 종교가 뭐야?"라고 물으며 차별하지 않아야 한다는 호소다.

그런데 이 연설 직후 구글 검색어에서는 시리아 난민에 대한 부정적인 단어들이 무려 65%나 증가했고, 난민을 어떻게 도울 것인지에 관한 검색어는 35%나 감소했다. 오바마가 "자유가 두려움보다 강력하다는 것을 잊지 말자"며 감동적인 연설을 마무리하는 동안 검색창에는 '이슬람교도를 죽이자'는 검색어가 세 배나 늘어났다.

2017년인가? 나는 팟캐스트에서 미국에 남아있는 인종차별에 대해 방송을 한 적이 있었다. 그랬더니 미국 교포 한 분이 "미국에 살지도 않으면서 헛소리하지 말라. 흑인 대통령도 나온 판에 요즘 미국에 인종차별이 어디 있냐? 현실도 모르고 한국에서 헛소리하지 말라"는 장문의 메일을 나에게 보낸 적이 있었다. 나는 그분이 그렇게 주장할 수도 있다고 생각한다. 그리고 아시아인이 미국에서 차별받지 않는다면 그 자체가 매우 바람직한 현상이어서 반가웠다.

그런데 진짜 미국인들의 속내가 그럴까? 다시 다비도위츠의 '디지털 자백 약'을 복용해 보자. 구글 검색어 조사에 따르면 깜둥이nigger 혹은 nigga라는 검색어가 매년 무려 700만 건이나 집계된다. 여기서 니거nigger는 그냥 깜둥이라는 비하적인 뜻이지만, 니가nigga는 니거nigger와 닌자ninja의 합성어다. '흑인들은 문화적으로 절대 우리와 융합할 수 없다'는 뜻을 함축한 더 강력한 비하 용어다.

게다가 '깜둥이 농담'이라는 검색어는 유대인 농담, 동양인 농담, 남미인 농담, 중국인 농담, 게이 농담에 관한 검색어를 모조리 합한 것보다 17배나 많았다. 그리고 이런 검색어가 대부분 언제 등장하느냐? 흑인들이 뉴스에 나올 때 등장한다. 예를 들어 허리케인 카트리나가 상륙한 직후에 흑인들이 살아남기 위해서 고군분투할 때 미국 국민들은 흑인을 비하하는 농담을 검색창에 쓰고 있었다는 거다.

미국은 마틴 루터 킹Martin Luther King Jr. 목사의 생일이 공휴일인 나라다. 킹 목사를 공개적으로 비하하면 미친놈 취급을 받는다. 그런데 정작 디지털 자백을 받아보면, 킹 목사의 생일에 '깜둥이 농담'이라는 검색어가 평소보다 30%나 늘어난다. 수많은 백인들이 겉으로는 "나는 흑인을 차별하지 않아"라고 말하지만 속내는 다르다는 이야기다.

그렇다면 성차별에 대해서는 어떨까? 홍준표처럼 정신이 반쯤 나간 인간이 아니라면 대부분 사람들은 "나는 성차별을 하지 않아"라고 말한다. 나도 당연히 그렇다. 우리 모두 딸을 키우는 부모 아닌가? 어떻게 내 자식인 딸을 차별할 수 있단 말인가?

그런데 이 문제도 디지털 자백을 받아보면 상황이 완전히 달라진다. 서양은 동양에 비해 아들과 딸의 차별이 아예 없는 것처럼 알려져 있다. 그런데 미국인들의 구글 검색어를 조사해 보면 '내 딸이 재능이 있나요?'라는 질문보다 '내 아들이 재능이 있나요?'라는 질문이 2.5배나 많다.

사실 자녀의 재능에 관한 질문은 오프라인에서 대놓고 하기 어려운 주제다. 주변 사람한테 "우리 애가 이런데 우리 애 재능 있지?" 이렇게 묻기 쑥스럽다는 뜻이다. 그래서 사람들은 본심을 구글 검색창에 말한다. 그리고 그 결과 부모는 딸보다 아들의 재능에 대해 두 배 반이나 높은 관심을 가진다. 다비도위츠에 따르면 미국 영재 프로그램에 참여하는 아이들 중 여자아이 숫자가 남자아이 숫자보다 9% 많은데도 말이다.

그러면 부모들은 딸에 대해서는 뭐에 관심이 더 많을까? 외모다. 구글 질문을 보면 '내 딸이 과체중인가요?'라는 질문이 '내 아들이 과체중인가요?'라는 질문보다 두 배 많다. '딸의 체중 줄이는 방법'에 관한 검색어도 '아들의 체중 줄이는 방법'에 관한 검색어보다 갑절이 많다.

이것도 현실과 동떨어진 관심이다. 왜냐하면 다비도위츠에 따르면 미국 여자아이 중 과체중의 비중은 28% 정도인데, 미국 남자아이의 과체중 비율은 35%나 되기 때문이다. 부모가 정말 딸과 아들의 건강을 같은 잣대로 걱정한다면 '우리 아들이 과체중인가요?'라는 질문이 '우리 딸이 과체중인가요?'라는 질문보다 많아야 한다. 그런데 결과는 반대다.

더 나아가 보자. '내 아들이 잘생겼냐?'라는 질문보다 '내 딸이 예쁘냐?' 라는 질문이 1.5배 많다. '내 딸이 못생겼느냐?'라는 질문이 '내 아들이 못 생겼느냐?'는 질문보다 세 배 많다. 아들에 관해 질문할 때 긍정적인 단어 가 훨씬 많이 사용된다. 반면 딸에 대해 질문할 때 부정적인 단어가 더 많이 사용된다.

그렇다면 이런 편견이 부모의 정치 성향과 관련이 있을까? 스스로를 진 보적이라 믿는 나로서는 '아무래도 보수 성향이 강한 지역에서 아들 선호가 더 강할 것 같다'는 선입관이 있었다. 그런데 놀랍게도 성에 대한 편견과 그 지역의 정치색, 혹은 문화적 다양성 등과는 아무 상관관계가 발견되지 않았 다.

지금부터는 참 글로 쓰기가 두려운 이야기인데 우리가 살고 있는 사회의 현실이니 정직하게 마주해 보자. 2015년 기준으로 미국에서 '낙태 시술 병 원'을 검색한 건수가 340만 건이었다. 이게 무슨 이야기냐? 많은 여성들이 원하지 않는 임신을 해서 낙태 시술을 할 병원을 찾았다는 이야기다.

그런데 진짜 놀라운 사실은 자가 낙태, 즉 병원에 가지 않고 혼자서 낙태 하는 방법을 찾은 검색 건수가 무려 70만 건이었다는 사실이다. 예를 들면 '임신중절약 온라인 구입'이나 '무료 임신중절약' 등의 검색어가 무려 16만 건이나 된다. 심지어 '옷걸이로 낙태하는 방법' 검색 건수는 1년에 4,000건 이었다. 자궁에 표백제를 사용하거나, 배 위에 구멍을 뚫어서 낙태하는 방 법을 물은 질문도 수백 건이었다. 이게 우리가 살고 있는 사회의 슬픈 현실 이다. 엄마에게 분유를 팔아 성장한 회사가 엄마부터 대놓고 차별하는 것을 당연히 여긴다. 남양유업의 행태는 이 사회의 뿌리 깊게 자리잡은 성차별이라는 빙산의 일각일지도 모른다.

삼성

이건희의 사회 환원은
대국민 사기극이었다

요즘 삼성은 허접하다

"요즘 늙은이들은 끈기가 없어."

"노오력을 더 했어야징! 세계로 나아가서 막막 노오오오력을 했어야징!"

2017년 2월 반기문 전 UN사무총장이 대선 불출마 선언을 하자 SNS에서 터져 나온 젊은이들의 반응이었다. 정치를 시작하지를 말든가, 시작했으면 끈기를 갖고 노오력을 하든가! 젊은이들에게 끈기가 없다는 둥, 노오력이 부족하다는 둥 꼰대소리를 하던 자들이 정작 스스로는 쉽게 포기하는 모습을 보이자 청년들은 이렇듯 유쾌하게 반발했다.

2020년 10월 삼성전자 상무가 출입기자로 신분을 위조(?)하고 국회를 제멋대로 드나들었던 사건이 있었다. 그 상무가 등록한 언론사 이름이 〈뉴스팩토리〉였다. 그런데 이것들이 보자보자하니까 갈수록 범죄에 성의가 없다? 이왕 사칭할 거면 언론사 이름이라도 좀 근사하게 지어야지 〈뉴스팩토리〉가 뭐냐? 〈뉴스공장〉 따라지냐?

내가 이 기사를 접하고 처음 든 생각은 딱 하나였다. '요즘 삼성것들은 끈기가 없어. 사기를 치는 일에도 노오력을 안해요. 노오력을 더 했어야징! 남들을 속이려고 더 막막 노오오오력을 했어야징!'

나는 한때 삼성이 매우 치밀하고 정교한 조직인 줄 알았다. 그런데 요즘하는 짓들을 보면 이 조직은 허접해도 이렇게 허접할 수가 없다. 이와 관련한 개인적인 경험도 하나 있다.

2018년 4월『한국 재벌 흑역사』1, 2권을 출간했을 때 북콘서트를 연 적이 있었다. 감사하게도 수많은 분들이 그 자리를 채워주셨다. 그런데 무대에서 이런저런 이야기를 하며 청중석을 쳐다보니, 어라? 내가 아는 삼성 부장급 간부미래전략실 소속가 보이는 거다. 내가 장담하는데 이 사람은 절대 개인적인 관심으로 북콘서트에 참석한 게 아니다. 그 사람 하는 일이 원래 삼성에서 자신들에 관한 여론을 모으고 조직을 옹호하는 거다.

이 말인즉슨『한국 재벌 흑역사』1권이 삼성을 집중적으로 다루니 신경이 쓰여서 그가 북콘서트장에 잠입을 했다는 이야기다. 딴에는 다른 사람들이 박수 칠 때 자기도 따라서 박수도 치더라. 잠복근무 티를 내지 않으려고 그랬던 것 같은데 나는 그때 정말로 웃겨서 죽는 줄 알았다.

이 이야기를 꺼내는 이유가 있다. 당시는 이재용이 2심에서 집행유예를 선고 받고 겨우 감옥살이에서 탈출했을 때였다. 삼성은 당연히 여론이 신경이 쓰였을 것이다. 그러니 삼성을 집중적으로 다룬『한국 재벌 흑역사』북콘서트에 부장을 잠입시킨 것이다. 이해하자면 못 할 일은 아니다.

그런데 그렇게 사람을 잠입시킬 거면 내가 모르는 사람을 보냈어야지! 내가 아는 사람을, 그것도 생김새가 독특해 못 알아보는 게 절대 불가능한 사람을 그리로 보내면 어쩌자는 거냐? 하도 웃겨서 당시 무대에서 "거기 계시는 삼성 부장님. 오랜만이에요. 마음에도 없는 박수 치지 마시고 오신 김에 무대에 올라와서 한 말씀 해주세요"라고 부를까도 생각했는데 너무 잔인한 짓 같아서 참았다.

출입기자 사칭 사건도 그렇다. 명색이 삼성전자 상무쯤 되는 사람이 머리를 폼으로 달고 다니는 게 아니라면, 당시 정의당 류호정 의원을 만나면서 〈뉴스팩토리〉 기자증으로 국회에 들어오는 게 말이 되냐는 말이다.

외부인이 국회에 출입할 때에는 방문 목적과 장소 등을 미리 제출해야 하고 국회사무처는 이를 바탕으로 의원실에 확인 절차를 거친다. 그런데 그 상무는 이런 과정 없이 그냥 류호정을 만나러 밀고 들어갔다. 그것도 하루가 아니라 매일같이 찾아갔단다.

류호정이 그걸 이상하게 생각 안 했겠냐? 당연히 이상하게 생각했겠지! 그러면 류호정은 그 상무가 어떻게 사전 약속도 없이 자기 방을 매일같이 찾아올 수 있는지 궁금하게 생각 안 했겠냐? 당연히 했겠지! 그러니까 들통이 난 거다. 그 머리로 상무는 어떻게 된 건지 당최 이해가 안 간다.

더 웃긴 건 그 〈뉴스팩토리〉라는 언론사의 주소지를 따라가 보니 생선구이집이 나왔다는 이야기! 그래, 웃기려고 그랬다면 그건 좀 참신했다. 진짜 궁금해서 물어보는 건데 생선구이집과 언론사의 엽기적인 콜라보는 누구 머리(대가리라고 쓰려다 여러 번 참는다)에서 나온 아이디어냐?

이 일뿐만이 아니다. 2019년 검찰이 삼성바이오로직스 분식회계 사건을 수사하며 회사와 주요 직원들 집을 압수수색한 일이 있었다. 그런데 매우 중요한 증거인 삼성바이오로직스 공용서버는 공장 바닥 아래에서, 자회사인 삼성바이오에피스 공용서버는 직원 집에서 발견됐단다. 진짜 좀 성의 있게 안 숨길래? 최소한 직원 친척 집, 혹은 직원 친구 집쯤에는 숨겨야지, 그냥 직원 집에 숨기는 건 너무 무성의한 거 아니냐고!

내 추정이지만 삼성의 이런 허접함은 사실 그들의 오만함에서 비롯된 것이다. 돈으로 하도 쉽게 세상을 주물럭거리다보니 세상이 만만해 보이는 거다.

현실이 그렇다. 광고 몇 개 찔러주면 오만 언론사들이 자기 앞에 설설 기어요, 언론사 간부들은 장충기전 삼성 미래전략실 사장에게 온갖 아첨 문자를 보내요, 이재용이 사고를 쳐도 언론이 "우리 이재용 살려내라"며 알아서 길길이 뛰어요, 세상이 얼마나 쉬워 보였겠나? 그러니 무려 상무라는 자가 기자를 4년 동안이나 사칭하고 300명의 국민의 대표가 있는 국회를 제집 드나들듯한 거다.

길거리 도둑도 부잣집 담을 넘을 때에는 사전 조사도 하고 장비도 챙긴다. 심지어 2025년 1월 폭도들이 서부지법을 습격할 때에도 폭도들은 사전에 서부지법 도면을 나눠보며 침투 경로를 살폈단다. 그런데 삼성이 국회 담을 넘으려고 생각한 방법은 고작 출입기자 사칭이었다. 세상이 참 만만해 보인다는 이야기인데, 하여간 다시 생각해도 요즘 삼성것들은 정말 버릇이 없다!

장충기 전 삼성 미래전략실 사장 ⓒ민중의소리

범죄 수익으로 사회 환원을?

2020년 10월 25일 이건희가 지병으로 삼성병원에서 숨졌다. 그리고 이 듬해인 2021년 4월 28일 삼성이 이건희의 유산 상속세를 어떻게 처리할 것 인지를 발표했을 때 나는 다시 한 번 심각하게 절망했다. 언론은 온통 삼성 일가를 칭송하기 바빴고 그 칭송의 강도는 상상을 초월했다. 나는 정말 궁금하다. 도대체 이 나라 언론들은 삼성으로부터 뭘 받아 처드셨기에 이토록 말도 안 되는 헛소리로 삼성을 칭송한단 말인가?

많은 언론사들이 통신사인 〈연합뉴스〉의 1보를 참고한다. 그런데 삼성의 발표 직후 〈연합뉴스〉의 기사 제목은 "이건희 13년 전 사재출연 약속 지켰다…1조 원 '의료공헌'"이었다. 나는 이 제목을 보고 실소를 금할 수 없었다. 그런데 다음날 수많은 언론들이 "이건희가 13년 만에 약속을 지켰다"고 떠드는 모습을 보고 더 이상 웃을 수 없었다.

그래서 웃음기 빼고 진지하게 살펴보자. 과연 이건희는 당시 기준으로 13년 전 약속을 지켰는가? 조금만 이성을 갖고 바라보면 이 이야기가 얼마나 심각한 헛소리인지 금방 확인할 수 있다.

삼성은 이건희의 가족들이 12조 원의 상속세를 내고, 1조 원 정도를 사회에 기부하겠다고 밝혔다. 그런데 첫째, 이 사태를 정확히 이해하려면 그 기부한다는 돈 1조 원의 뿌리가 무엇인지 알아야 한다.

기부 이야기가 언제, 어떻게, 왜 나왔을까? 『한국 재벌 흑역사』 1권에서 상세하게 다뤘던 2008년 삼성 비자금 사태가 그 뿌리다. 이건희는 당시 비리 백화점이라 불릴 정도로 엄청난 범죄를 저질렀는데 그 중 하나가 비자금이었다.

당시 조준웅 특별검사팀의 발표에 따르면 이건희는 무려 4조 5,000억 원대의 엄청난 비자금을 957개의 계좌에 분산해 관리했다. 즉 이 돈은 근본적으로 범죄를 저질러 모은 범죄수익이라는 이야기다.

그런데 조준웅 특검이 이건희를 풀어주자 이건희는 여론 악화가 두려웠는지 황급히 이 비자금의 사회 환원을 약속했다. 이건희 사망 이후에 삼성이 기부하겠다고 한 1조 원은 바로 이때 이건희가 했던 이 약속을 실천한 것이다. 기부하겠다는 돈이 원래부터 범죄수익이었다는 이야기다.

삼성그룹 이건희 회장의 퇴진 기자회견을 바라보는 시민 ⓒ민중의소리

　둘째, 〈연합뉴스〉의 제목처럼 과연 이건희가 약속을 지켰는지를 살펴야 한다. 그런데 13년 전에 사회 환원을 약속한 당사자는 2020년에 세상을 떠났다. 사회 환원 발표가 이뤄진 것은 2021년이다. 그러면 세상을 떠난 사람이 무슨 수로 약속을 지켰단 말인가? 이건희가 "2008년에 내가 약속한 사회 환원 꼭 지켜라"라고 유서라도 남겼단 말인가?

　이건희는 약속을 지키지 않았다. 지킬 요량이었으면 훨씬 오래 전에 지켰어야 했다. 2008년부터 13년 동안 수많은 시민단체들이 "그 약속 언제 지킬 겁니까?"라고 물었는데 그때마다 삼성과 이건희는 묵묵부답이었다. 그

삼성

런데 세상을 떠난 고인이 약속을 지켰다고 난리다. 죽은 제갈공명이 살아있는 사마중달을 이긴다, 뭐 이런 취지인가?

셋째, 액수를 잘 봐야 한다. 2008년 특검이 적발한 이건희의 비자금은 무려 4조 5,000억 원이었다. 하지만 2021년에 삼성이 기부하겠다고 발표한 돈은 1조 원이다. 당시 이건희가 '누락된 세금 등을 모두 납부한 후 남는 돈'을 사회 환원 하겠다고 약속했으니 삼성은 아마 3조 5,000억 원을 세금 등으로 썼다고 해명할 것이다.

그런데 이게 얼마나 웃긴 이야기냐면, 차명계좌는 당연히 금융실명제법 위반이다. 실명제법 위반에는 과징금 50%가 따른다. 즉 비자금 4조 5,000억 중 절반은 무조건 과징금으로 걷어야 했던 돈이라는 이야기다.

그런데 2021년에 기부한 액수1조 원는 원래 내야 했던 2조 2,250억 원가량의 과징금의 절반에도 못 미친다. 벌금 낼 돈을 기부했다는 이야기인데, 심지어 기부액이 벌금의 반도 안 된다. 이게 칭송받을 일이냐? 욕을 바가지로 처먹을 일이지.

넷째, 언론이 "13년 만에 약속을 지켰다"고 감격해하던데, 13년이라는 긴 세월이 "헤어진 어머니를 13년 만에 만났어요" 뭐 이런 감동적 기간이 아니지 않나? 범죄수익을 환원한다고 했으면 빨리 하는 게 정상이지 뭘 하다가 13년을 질질 끌었는지 나는 이해가 안 된다.

그런데 이 의아함을 해소해 줄 작은 힌트가 몇 개 있다. 2016년 이건희의 '성매매 의심 동영상'이 유포됐을 때, 성매매가 이뤄진 곳으로 의심받았던 장소가 서울 강남구 논현동에 있는 한 빌라였다. 이곳 전세자금은 13억 원이었고 전세 계약자는 삼성SDS 김인 사장 명의로 돼있었다. 이때 삼성에 따르면 이 전세 계약금 13억 원이 바로 2008년 적발된 비자금 계좌에서 나온 돈이었다. 실로 황당하지 않은가?

또 한 가지, 2017년 경찰이 이건희 일가의 자택 인테리어 공사에 회사 자금이 투입된 혐의를 잡고 한남동 이건희 자택을 압수수색한 일이 있었다. 그런데 당시 삼성 관계자가 〈한겨레신문〉에 밝힌 바에 따르면 "공사 대금으로 준 수표는 이전에 특검으로 밝혀진 계좌에서 나온 것"이라고 설명했단다.

무슨 말이냐 하면 13년 동안 그 비자금 묵혀 놓으면서 그 돈으로 성매매 장소의 전세금을 내고 자기 집 인테리어 공사를 했다는 이야기다. 그러면 생각해보라. 이건희가 정말 이 비자금을 사회에 공헌할 생각을 갖고 있었다고 보는 게 상식적인가? 그런 사람이 그 돈을 중간에 빼서 성매매 장소 전세금을 내고 자기 집 인테리어 공사를 하는 게 말이 되냐 말이다. 나는 그럴 리가 없다고 확신한다.

언론이 퍼뜨리는 더 황당한 헛소리들

이뿐이 아니다. 언론이 퍼뜨리는 황당한 헛소리 중 압권은 이건희가 재산의 60%를 사회에 환원했고 이 규모가 세계 최대라는 것이다. 당시 〈매일경제〉는 '이건희 재산 60% 국민에게…의료·예술 통큰 기부', 〈한국경제신문〉은 '15.5조 통큰 나눔…故 이건희 진짜 기업가 정신 남겼다', 〈뉴시스〉는 '이건희 유산 60% 사회로…"통큰 기부, 역사에 남을 모범"', 〈세계일보〉는 '초일류 경영 발맞춰 기부도 세계 최고…이건희 회장의 노블레스 오블리주' 등을 제목으로 뽑았다.

이건 마치 예수님이 떡 다섯 개와 물고기 두 마리로 수천 명을 먹이시고도 음식이 남았다는 오병이어五餅二魚의 기적 같은 거다. 모르는 사람이 이 기사들 제목을 보면 이건희가 재산의 60%, 15.5조 원을 기부한 줄 알겠지만 그 중 12조 원은 상속세를 낸 것이다. 세금이 기부냐? 세금이 사회 환원이냐고? 기부액에 세금이 더해지는 놀라운 계산법으로 이건희는 단번에 오병이어에 버금가는 기적을 행한 '세계적인 기부자'가 됐다. 진짜 할렐루야다.

게다가 '세계적으로 역대 최고 규모의 상속세 납부액' 운운도 웃긴 이야기다. 12조 원의 상속세가 세계적으로 큰 규모인 것은 맞다. 하지만 서양 사회에서 이건희보다 훨씬 더 많은 돈을 모은 부자들은 그 돈을 그렇게 많이 자식에게 물려주지 않았다. 그러니 상속세나 증여세가 그렇게 많이 안 나온 것이다.

예를 들어 마이크로소프트 창업자 빌 게이츠Bill Gates의 기부액은 70조 원에 육박한다. 이 돈은 순수한 기부금 총액으로 한국 언론들의 표현처럼 '상속세혹은 증여세 포함 70조 원'이 절대 아니다. 게이츠는 세 자녀에게 각각 1,000만 달러씩만 물려주겠다고 공언한 바 있다.

주식으로 세계 최대 부자 중 한 명에 오른 버크셔 해서웨이의 회장 워런 버핏Warren Buffett도 이미 80조 원을 넘게 기부했다. 버핏은 2024년 7월 〈월스트리트저널〉과 인터뷰에서 남은 재산 1,300억 달러약 180조 원도 기부하겠

다고 공언했다. 20세기 초반 석유왕으로 불렸던 존 D. 록펠러John Davison
Rockefeller는 요즘 돈으로 150조 원을 기부했다. "부자로 죽는 것은 수치"라
는 유명한 말을 남긴 철강왕 앤드루 카네기Andrew Carnegi도 재산의 90%를
기부했다.

이건희나 한국의 재벌들에게 "서양 부자들처럼 기부를 하라!"는 말을 하
려는 것이 절대 아니다. 기부는 자발적인 마음으로 하는 것이지 누가 강요
해서 하는 것이 아니다. 기부를 하지 않는다고 그들을 나쁜 사람으로 몰 생
각도 전혀 없다.

내가 하고 싶은 말은 서양 부자들의 저런 사례를 모를 리가 없는 기자들
이 이건희의 상속세를 '역사상 세계 최대'라고 떠드는 그 심보가 가증스럽
다는 거다. 록펠러나 카네기, 버핏이나 게이츠가 작심하고 재산을 자녀들
에게 물려줬다면 이건희보다 상속세 혹은 증여세를 덜 냈겠나?

도대체 삼성이 뭔데, 이쪽 이야기만 나오면 한국 언론들이 죄다 이성을
잃는지 나는 당최 이해를 못 하겠다. 그리고 반복되는 이런 몰이성적 보도
야말로 삼성이 아직도 돈의 힘으로 언론과 여론을 쥐락펴락하고 있다는 반
증이기도 하다. 언론의 감시가 날이 갈수록 약해지니 요즘 삼성것들은 일을
해도 성의가 없다. 노오오력을 안 한다. 시민사회가 이 추악한 삼성-언론
커넥션에 대항해 결연히 싸워야 하는 이유다.

그 미술품 이야기
또 한 가지 지적할 것이 있다. 사회 환원 발표 이후 삼성이 띄우고 언론이

열심히 받아 쓴 것 중 하나가 이건희가 조선 후기 화가 겸재謙齋 정선의 '인왕제색도' 등 개인소장 미술품 2만 3,000여 점을 국가에 기증했다는 것이다. 이른바 '이건희 컬렉션'이다. 이 컬렉션의 추정 가격이 2조 5,000억~3조 원 수준이라는 소문이 돌았다.

그런데 여기서 궁금한 점 첫째, 이건희는 왜 이런 엄청난 규모의 미술품을 사모았냐는 것이다. 삼성은 "선대 회장은 투자 가치 때문이 아니라 한국 미술사를 처음부터 끝까지 정리하겠다는 의도로 작품을 모아 국가에 기부한 것"이라고 주장했다. 그 주장을 듣고 나는 진심으로 실소를 뿜었다.

심지어 삼성은 이 미술품을 진심으로 기부한 것 같지도 않다. 기부를 결정하기 한 달 전인 2021년 3월 8일 〈머니투데이〉는 '단독'을 달고 '현금 없는 이재용…수천 억 신용대출 받아 상속세 낸다'라는 제목의 기사를 냈다. 세상에 할 필요 없는 게 연예인 걱정, 재벌 걱정이라는데 〈머니투데이〉는 이재용이 돈이 없을까봐 걱정을 '단독'으로 한 거다. 진짜 별 걸 다 걱정하고 자빠졌다.

내 경험상 이런 기사는 삼성이 띄운 것이다. 왜냐하면 이게 진짜 〈머니투데이〉 단독이기만 하면 다른 언론사는 이걸 대부분 무시한다. 다른 언론사가 단독을 한 것이 배가 아프기 때문이다.

하지만 이후 유수의 언론사가 이 기사를 그대로 베꼈다. 〈조선일보〉, 〈연합뉴스〉, 〈머니투데이〉 등은 물론 〈한겨레신문〉도 이 기사를 받았다. 그런데 〈머니투데이〉 기사에 보면 이런 대목이 나온다. 돈이 없는 이재용이 상속세 재원을 마련하는 방법으로 미술품을 팔려는 생각이 있었다는 것이다.

삼성 이병철 회장은 자신의 호를 딴 호암미술관을 개장하면서 과거에 수집해 놓았던 정선의 '인왕제색도', 김정희의 '세한도' 등 국보급 미술품들을 호암미술관에 보관했다. ⓒ국립중앙박물관

이게 그 기사 내용이다.

"다른 재원 마련 수단은 미술품 등 삼성 일가가 소유한 자산을 현금화하는 방법이다. 미술계에 따르면 삼성가의 소장 작품은 1만 2,000~1만 3,000점 정도로 감정가만 3조 원에 이를 것으로 추정된다."

그러니까 미술품은 애초 기증 대상이 아니었고 이재용은 그걸 팔아서 돈을 마련할 생각이었다는 이야기다. 그런데 왜 안 팔고 기증했느냐? 이 기사의 다른 대목을 살펴보자.

"미술계 등을 중심으로 '기증설'도 나오지만 국가에 헌납했다가 훗날 예

삼성

기치 못한 오해와 시비에 휘말릴지 모른다는 점에서 재계에서는 회의적인 시각이 적지 않다. (중략) 또 다른 재계 관계자는 '현금이 없어 빚을 내고 여차하면 지분까지 매각해야 할지도 모르는데 기부하라는 일부 여론의 압박 때문에 미술품을 팔지 못한다면 황당한 경우'라고 밝혔다."

이 기사의 포인트는 두 가지다. 첫째, "미술품을 기부하라"는 여론의 압박이 부당하다는 거다. 그런데 나는 묻고 싶다. 도대체 누가 이재용에게 소장 미술품을 기부하라고 압박했나? 『한국 재벌 흑역사』 1권에서 삼성에 대해 엄청난 분량을 할애한 나조차도 그런 주장을 한 적이 한 번도 없다. 그러면 기부하라고 압박한 자는 기사를 쓴 기자 너님이냐? 아니라고? 그러면 나도, 너님도 아닌데 도대체 누가 그런 이야기를 하고 다니는 거냐?

행여 미술계에서 그런 압박을 했다는 헛소리를 할까봐 못 박는다. 삼성 일가는 미술계에서 유명한 큰손이었다. 워낙 미술품을 고가에 잘 사줘서 미술계는 그야말로 삼성 일가에 껌뻑 죽었다. 그런 미술계가 감히 이재용에게 "미술품을 기부하라"고 '압박'을 한다고? 웃기는 소리는 작작들 하자.

'삼성가가 미술품을 기증할 수도 있다'는 이야기가 나온 것은 2021년 초다. 그것도 몇몇 언론이 '단독'마크 붙여가며 떠든 이야기들이다. 다른 언론은 오히려 상속세 물납제, 즉 '미술품으로 상속세를 대신하면 어떤가?'라는 이야기를 흘리고 다녔다. 기부설을 흘리면서 동시에 '그런데 돈 대신 그림으로 세금을 내면 안 될까요?'라고 간을 본 것이다. 자기들이 그렇게 떠들어놓고 그걸 여론의 압박이란다. 아, 니들이 여론 그 자체여서 그런 거냐?

나는 이재용과 그 일가가 저지른 파렴치한 범죄에 대한 대가를 반드시 치

이재용 삼성전자 부회장이 2021년 1월 18일 서울 서초동 서울고등법원에서 열린 국정농단 사건 파기환송심 선고 공판에 출석하는 모습 ⓒ민중의소리

러야 한다고 굳게 믿는 사람이다. 하지만 '죗값을 미술품으로 치렀으면 좋겠어요'라고 생각한 적은 한 번도 없다. 기부하라는 여론의 압박이라는 건 실체가 없었다는 이야기다. 그런데 왜 기부 압박을 받는 피해자 코스프레를 하며 엄살을 떨었을까? 이재용이 실제 그 미술품을 팔아 돈을 챙기고 싶은 마음이 가득했기 때문이다.

저 기사의 두 번째 포인트. '미술품을 국가에 헌납했다가 훗날 예상치 못한 오해와 시비에 휘말릴 수도 있어 기증은 어려울 것이다'라는 대목이다. 얘네들은 진짜 진심으로 사람을 웃기고 자빠졌다.

기부란 정당한 재산을 사회에 환원하는 것을 말한다. 즉 순수한 이재용 일가의 재산을 기부해야 의미가 있다. 자기가 열심히 일해서 번 돈으로 정당하게 구입한 미술품을 국가에 헌납하는데 누가 그걸 비판하나? 당연히 칭찬하지.

심지어 기부를 하지 않아도 괜찮다. 다시 한 번 강조하지만 기부는 누가 강요해서 하는 게 아니다. 따라서 깨끗한 돈으로 구입했다면 주저 말고 구입 자금 출처를 밝힌 뒤 미술품을 팔아 상속세 재원으로 사용하면 된다. 아무도 뭐라고 하지 않는다.

그런데 아무리 그렇게 하라고 해도 이재용 일가는 절대 자금 출처를 밝히지 못한다. 왜냐고? 정당한 경로로 구입한 게 아닐 테니까! 내 추정이지만 3조 원에 이른다는 그 미술품 중 상당수는 비자금으로 구입했을 가능성이 크다.

『한국 재벌 흑역사』 1권에서 자세히 다뤘지만 이해를 돕기 위해 다시 복습을 해보자. 2007년 김용철 변호사의 폭로에 의해 시작된 삼성 비자금 사건 때 이런 일이 있었다. 김용철은 "(이건희 회장의 부인) 홍라희 관장이 홍송원 서미갤러리 대표를 통해 뉴욕 크리스티 경매장에서 800만 달러에 달하는 프랭크 스

삼성 비자금 사건과 연루돼 전 국민의 관심을 끌었던 로이 리히텐슈타인(Roy Lichtenstein)의 행복한 눈물 ⓒ리히텐슈타인 재단

텔라의 '베들레헴 병원'과 716만 달러인 리히텐슈타인의 '행복한 눈물' 등을 구입했다. 모두 삼성 비자금으로 구입한 것"이라고 주장했다.

김용철은 증거로 미술품 리스트와 대금을 어떻게 외화로 지급을 했는지를 정리한 문서를 공개했다. 또 그는 "2002년 리히텐슈타인의 '행복한 눈물'을 이재용이 직접 봤다는 확인이 있었다"고 주장하기도 했다. 하지만 특검은 수사 끝에 "대부분의 미술품을 이건희 일가가 개인 자산으로 구입한 것"이라고 결론지어 버렸다.

문제는 특검 수사가 절대로 면죄부가 될 수 없다는 점에 있다. 에버랜드를 '애벌랜드'로 잘못 발음한 특별검사 조준웅은 이건희에게 면죄부만 왕창 주고 사건을 마무리했다. 그 덕에 이건희는 역사상 전례가 없는 초대형 비리를 저지르고도 집행유예 5년으로 감옥행을 피했다. 당시 수많은 시민단체들이 지적했듯 그 수사는 그야말로 전형적인 이건희 봐주기 수사였다.

미술품에 관한 수사도 그랬다. 특검은 삼성그룹 임원 9명 명의의 차명계좌에서 국제갤러리와 서미갤러리 등으로 140억 원 가량이 흘러들어간 사실을 밝혀냈지만, 그 돈의 출처가 어디였는지는 정작 캐지 않았다. 심지어 이건희 일가에게 미술품을 판 브로커 홍송원 서미갤러리 대표는 각종 재벌들이 미술품으로 비자금을 세탁할 때마다 이름을 올린 인물이었다. 의혹은 널려있는데 특검이 이를 덮은 것이다.

그래서 나는 당시 "기부 안 해도 좋으니 이참에 무슨 돈으로 그것들을 구입했는지 다 까보자"고 주장했다. 하지만 삼성과 이재용은 결국 그 미술품을 기부하는 것으로 마무리했다. 왜일까? 그걸 상속세 재원으로 사용하면 출처를 추궁받을 가능성이 높기 때문이다.

누군가가 훔친 장물을 사회에 기부했다. 그러면 그걸 칭찬해줘야 하나, 절도죄를 물어야 하나? 답은 당연히 후자다. 이게 이해가 안 되면 법치국가의 시민으로 살 권리를 내려놓아야 한다.

삼성 이야기만 나오면 나라의 상식이 모조리 무너진다. 범죄수익을 환원하겠다고 약속한 자가 그 돈으로 성매매 장소를 전세로 빌렸다. 성매매도 범죄고 비자금도 범죄다. 이 두 범죄가 콜라보를 이뤘는데 이 나라 언론은 이재용이 상속세 낼 돈이 부족하다고 '단독'을 붙여가며 걱정을 해준다. 나라꼴이 정말 멍멍이판인데 이 멍멍이판이 도저히 끝날 기미를 보이지 않아 걱정이 태산이다.

세계 3위 악덕기업에 빛났던(!) 삼성전자

2015년을 끝으로 중단됐지만, 2005년부터 2015년까지 11년 동안 매년 세계경제포럼일명 다보스 포럼에서는 흥미로운 시상식이 하나 열렸다. 정식 명칭은 '공공의 눈 시상식Public Eye Awards'인데 '최악의 기업 시상식' 혹은 '악덕기업 시상식'으로 더 잘 알려졌다.

그린피스 등 시민단체들이 연대해 만든 이 상은 말 그대로 1년 동안 가장 개떡 같은 방식으로 경영을 한 기업을 선정한다. 시민단체들이 미리 몇몇 후보를 선정한 뒤 이를 공개하면, 전 세계 네티즌들의 온라인 투표를 통해 그 해의 최악의 기업을 뽑는 방식이다.

그런데 2012년 삼성전자가 최종 투표 결과 악덕기업 3위에 올랐다. 삼성

Hall of Shame

공공의눈 시상식 홈페이지에 실린 '불명예 전당' 화면. 사람들에게 피눈물을 흘리게 한 기업들을 악덕기업으로 선정하는데, 삼성전자는 2012년 이 분야에서 세계 3위에 올랐다. ⓒPublic Eye Award

을 제치고 1위에 오른 영예(웅?)의 악덕기업은 브라질의 광산업체 발레Vale 였다. 발레는 아마존에 댐을 건설하면서 원주민 수만 명을 몰아낸 혐의(!)로 1위를 차지했는데, 이 기업은 이후에도 각종 사건사고로 악명을 떨쳤다.

2위는 우리에게도 친숙한 일본의 도쿄전력이 차지했다. 2011년 후쿠시마 핵발전소 사고의 원인을 제공한 그 기업이다. 생각해보면 여기도 능히 세계 2위의 악덕기업에 오를만했다.

그 뒤를 이어 삼성전자가 3위를 차지했다. 그런데 이 3위 수상은 약간 아쉽다(웅?). 능히 1위나 2위를 차지할 수 있었는데 선정 과정에서 석연치 않은 구석이 발견되며 3위로 밀렸기 때문이다. 아까비! 삼성이 또 세계 1등을 할 수 있었는데!

삼성

석연치 않은 구석은 시상식 공식 석상에서 발표됐다. 2001년 노벨 경제학상을 수상한 조지프 스티글리츠Joseph Stiglitz도 참여했던 시상식에서 프랑소아 마이언베르그 공공의 눈 프로젝트 매니저가 묘한 뉘앙스의 말을 남겼다.

"치열했던 이번 투표에서 우승자가 될 가능성이 있던 네 회사 중 한 곳이 불가사의한 규모의 사람들을 움직였습니다."

불가사의한 규모의 사람들을 움직였다? 짐작하자면 네티즌들의 투표로 결정되는 악덕기업 선정 과정에서 특정 기업이 몰표를 만들어 순위를 조작했다는 이야기일 것이다. 그리고 우리는 경험상 삼성이 이런 일에 매우 능숙한 기업이라는 사실을 잘 안다.

뒤이어 마이언베르그는 "우리는 투표자들의 IP주소를 가지고 있습니다. 투표 기간 중에 점점 많은 한국인들이 참여해서 브라질 발레와 일본 도쿄전력에 표를 몰아준 것을 확인할 수 있었습니다"라고 못을 박았다. 역시 삼성은 우리의 기대를 저버리지 않는다.

주최 측의 이 추정은 매우 일리가 있었다. 왜냐하면 이 해 총 투표수가 직전 해2011년에 비해 무려 60%가량 폭등했기 때문이다. 그리고 주최 측에 따르면 이 몰표의 IP는 한국이었다.

한국 네티즌들이 열렬히 브라질 발레와 일본 도쿄전력에 표를 몰았다는 이야기인데, 솔직히 정상적인 과정으로는 전혀 보이지 않는다. 도쿄전력이야 한국인으로부터 몰표를 받을만한 기업이지만, 브라질 발레는 그런 기업이 있는 줄도 모르는 사람이 대부분이다.

아무튼 삼성전자는 이 미스터리한 몰표 덕에 1위를 피했다. 1위를 피한 것은 매우 큰 의미가 있다. 왜냐하면 이 단체는 매년 1위에 오른 악덕기업을 불명예의 전당Hall of Shame에 올리기 때문이다.

불명예의 전당에는 발레를 비롯해 노동착취로 유명한 월마트, 월트디즈니 등이 이름을 올렸다. 석유기업으로 환경오염 분야에서 큰 족적(?)을 남긴 로열더치쉘은 2005년과 2013년 2회나 이름을 올린 대기록을 가지고 있다.

주최 측이 더 이상의 언급을 삼갔기 때문에 이게 진짜 조작된 투표인지 알 길은 없다. 하지만 이 이야기가 전혀 생소하지 않는 이유는 삼성이 그런 짓을 너무나 잘 할 것 같은 기업이기 때문일 것이다. 떡값으로 검찰도 쥐락펴락했고 중앙일간지 회장까지 동원해 정치권에 돈을 박스로 날랐던 기업인데 인터넷 여론 조작이야 일도 아니지 않나?

아무튼 장하다, 삼성. 진실은 알 수 없지만 공식 시상식에서 '미스터리한 몰표'의 주인공으로 언급됐으니 그 이름이 세계만방에 울려 퍼졌다. 가만, 생각해보니 국가정보원이 댓글 조작을 벌인 해가 바로 2012년 겨울이었다? 악덕기업 투표가 2012년 1~2월이었으니 예행연습 같은 거였나? 에이, 그것까지는 잘 모르겠다.

딩동, 마녀가 죽었다

2013년 4월 8일 노조 파괴와 민영화라는 두 수레바퀴를 통해 영국 최악의 신자유주의를 이끌었던 마가렛 대처Margaret Thatcher가 세상을 떠났다. 그를 열렬히 지지했던 신자유주의자들과 시티오브런던City Of London의 금융자본은 뜨겁게 그를 추모했지만 민중들은 그를 추모할 생각이 조금도 없었다.

영국을 대표하는 영화감독으로 칸 영화제에 무려 14회역대 최다나 초청받은 대기록을 가지고 있는 켄 로치Ken Loach는 대처의 가는 길을 이렇게 저주했다.

"대처의 장례식을 민영화하자. 경쟁 입찰을 도입해 최저가에 낙찰시키자. 장담컨대 대처는 그것을 원했을 것이다."

조양호의 죽음 때에도 이야기했지만 나는 사람의 죽음에 대해 대체적으로 숙연해야 한다고 믿는 사람이다. 그가 아주 나쁜 사람이어도 죽음을 비아냥거리지 말아야 한다는 믿음이 있다.

그런데 그것과는 별개로 이건희가 사망한 이후 언론에 쏟아졌던 '위대한 경영자 이건희'에 대한 칭송은 정말 좀 참기 어려웠다. 한 사람의 죽음 앞에 대체적으로 숙연해야 한다는 평소 생각과, '이건 정말 아니지 않나?'라는 반론이 끝없이 머릿속에서 갈등했다. 그리고 결론을 내렸다. 나는 도저히 그의 죽음을 애도하지 못하겠다.

2012년 악덕기업 시상식에 삼성전자가 후보로 이름을 올린 이유는 삼성전자 반도체 공장에서 수많은 노동자들이 숨졌기 때문이다. 쿠미 나이두Kumi Naidoo 그린피스 사무총장은 시상식에서 "삼성전자는 노동자에게 제대로 된 정보를 주지 않고 금지된 독성 물질에 노출시켜 그들을 보호하지 않았기 때문에 후보로 선정됐다"고 명시했다.

그런데 삼성전자는 숨진 노동자들을 거들떠보지도 않은 채 10년 넘게 버

서울 서초구 서초동 삼성전자 서초사옥 앞에서 1,000일 넘게
노숙농성을 벌인 반올림의 천막 ⓒ민중의소리

텄다. 삼성이 결국 사과하지 않았냐고? 맞다. 그들은 사과했다. 그런데 그건 황유미 노동자가 세상을 떠난 지 무려 11년 만인 2018년의 일이었다. 이들의 죽음에 가장 큰 책임이 있는 자가 누구인가? 나는 아무리 생각해도 이건희 외에 더 큰 책임을 질 사람을 찾지 못하겠다.

사태가 불거진 이후 뜻있는 사람들은 서울 서초동 삼성전자 본관 앞에서 천막농성을 벌였다. 2015년 10월 7일 시작된 이 농성은 2018년 7월 25일까지 무려 1,023일 동안 지속됐다.

나는 이 천막에 가본 적이 있다. 천막에는 삼성전자 공장에서 일하다가 직업병으로 사망한 수십 명 노동자의 사진과 그들의 짧은 생애가 빼곡히 붙어 있었다. 어떤 이들은 얼굴 사진조차도 남아있지 않았다.

이 모든 이들의 이름을 기억할 수는 없어도, 한국 사회가 적어도 이 이름을 한 번은 불러봐야 한다고 믿었다. 그 한 사람 한 사람의 생명이 이건희의 생명보다 가벼울 리가 없다. 그런데 이건희는 한 번도 이들에게 사과하지 않았다. 그리고 이건희의 죽음에는 온 나라 언론이 1주일 동안 영광의 노래를 부르며 그를 추모했다.

이건희를 추모하는 그 노력의 만분의 1이라도 반도체 노동자들에게 기울였다면, 우리는 그들 중 최소한 몇 명은 살릴 수 있었을지도 모른다. 사과를 받기 위해 1,000일이 넘는 천막농성을 벌이지 않아도 됐을지도 모른다.

대처가 사망한 지 나흘 뒤 영국 아이튠스iTunes 차트에서 '딩동, 마녀가 죽었다(Ding-Dong the Witch Is Dead)'라는 노래가 음원 차트 1위를 기록했다고 한다. 민중들이 영화 〈오즈의 마법사〉에 삽입된 노래 '딩동, 마녀가 죽었다'라는 음원의 구매운동을 벌인 덕분이다. 얼마나 많은 민중들이 대처에게 고통을 받았으면 그의 죽음에 이렇게 기뻐했을까?

정서의 차이인지는 몰라도 나는 이건희의 죽음 때 '딩동, 이건희가 죽었다'고 흥얼거리지는 못했다. 하지만 나는 이건희의 죽음보다 아직도 그로부터 아무 사과를 받지 못한 저 노동자들을 추모했다. 그리고 마지막으로 이건희에게 이 말을 꼭 하고 싶다. 하늘나라 어디에서 그들을 마주했다면, 제발 고개 숙여 그들에게 사죄하라. 건성으로 하지 말고 진심을 담아 사죄하라. 그들은 그 억울한 죽음에 대해 아직도 충분히 위로받지 못했다.

미스터피자,
동아제약,
그리고
영남제분

폭행에서 청부 살인까지,
닮지 말아야 할 것을 닮는 '기타 등등'들

진짜 '기타 등등'으로 하려고 했다

이 책 원고 막바지에 〈민중의소리〉 출판팀과 소소하지만 약간 웃긴 토론 (?)을 한 적이 있었다. 『한국 재벌 흑역사』 1권과 2권에는 각각 부제가 붙어 있다. 1권의 부제는 '삼성, 현대 편'이었고 2권의 부제는 '롯데, SK 편'이었 다. 그런데 3권에는 여러 재벌들이 동시에 등장하기에 이 책의 부제를 무엇 으로 할까 논의를 시작했다.

여러 사람이 의견을 냈는데 내가 슬쩍 "부제를 '기타 등등'으로 하자"고 흘렸다. 단톡방이 일순간 침묵에 빠졌다. '과연 저 인간이 진심으로 저런 멍 멍이 소리를 하는 건가?' 하는 기류도 읽혔고 '저 선배가 드디어 미쳤나?' 하는 후배의 마음의 소리도 들리는 듯했다.

사실 내 제안이 실현됐다면 좀 웃기긴 했겠지만 이 책은 기념비적인 제 목을 가진 역사책이 됐을 것이다. 명색이 역사책인데 제목이 『한국 재벌 흑 역사 3 - 기타 등등』이랬다면 독자분들도 피식 웃지 않았겠나? 개인적으 로는 이런 유머 코드를 매우 좋아해서 나는 진짜로 이렇게 하고 싶었다. 하지만 동료들이 단톡방에서 보여준 그 침묵은 '님아, 미치셨어요?'라는 뜻에 가까웠기에 나는 조용히 내 의견을 철회했다.

하지만 나는 아직도 이 '기타 등등'에 매우 큰 애착을 가지고 있다. 왜냐하면 기타 등등이라는 호칭 자체에 이미 우리가 상대에 대해 느끼는 분노를 표출할 수 있기 때문이다. 삼성, 현대, 롯데, SK처럼 비중도 안 되는 주제에 왜 저지르는 악행의 강도는 그들에 못지않느냐는 나 특유의 질타도 담을 수 있다.

이제 이 책의 마지막 장이다. 이번 장에서는 심지어 이 책에서도 한 챕터 분량으로 분류되지 못할 정도로 비중도 낮은 주제에, 벌인 짓은 그 어떤 재벌에 못지않게 엽기적인 진짜 '기타 등등'들이 선을 보인다.

거대 재벌을 닮고 싶은데 파워는 턱도 없이 못 미치는 자들, 그런데 하는 짓은 거대 재벌을 닮고 싶은 자들, 그래서 닮기는 닮았는데 못된 짓만 골라 닮은 자들, 심지어 닮은 걸 넘어 악행의 새 지평을 연 '기타 등등'들의 스토리다. 혹시나 이 '기타 등등'에 오른 인간들이 "와, 나도 다른 재벌들과 같은 반열에 올라섰다"고 기뻐할까봐 다시 한번 강조한다. 내가 너희들을 한 챕터씩 빼서 다루지 않은 이유는 너희들의 악행 강도가 약해서가 아니다. 그냥 너희들의 비중이 기타 등등이기 때문이다. 그러니 부디 주제를 좀 알았으면 하는 작은 소망이 있다.

그래, 너는 폭행꾼이다

먼저 첫 번째 기타 등등의 주인공, 미스터피자 창업주 정우현이다. 참고로 미리 이야기하자면 온갖 물의를 일으켜 여론의 뭇매를 맞았던 정우현은 미스터피자 경영에서 완전히 손을 뗐다. 이 글이 정우현으로부터 말 못 할 고통을 받았던 미스터피자 가맹점주들에게 나쁜 영향을 미치지 않았으면 하는 소망에서 먼저 밝히는 것이다.

정우현은 2016년 4월 2일 오후 서울 서대문구 대신동의 한 건물에 새로 입점한 자기 회사 소속 브랜드 식당 SICTAC식탁에서 저녁을 (처)먹었다. 뭔 저녁을 그렇게 오래 (처)먹었는지는 알 수 없으나 그가 식사를 마치고 건물을 나선 시간은 오후 10시 반경이었다.

그런데 이 건물은 밤 10시가 되면 원래 건물 셔터를 내린다. 그 무렵 여러 차례 도둑이 들었기 때문이었다. 마침 정우현이 저녁을 (처)먹고 나오니 입구 셔터가 닫혀 있었다. 정우현은 SICTAC 노동자들을 불러 건물 경비 노동자를 찾았다. SICTAC 직원들이 경비 노동자를 데리고 오자 경비 노동자는 일단 정우현에게 죄송하다고 공손하게 사과를 했다.

벌써 여기서부터 이상하다. 밤늦게까지 저녁을 (처)먹고 나와서 건물 셔터가 닫혀 있으면 경비 노동자에게 "늦어서 죄송합니다. 저 때문에 고생이 많으시네요"라고 정우현이 사과를 하는 게 상식이다. 하지만 정우현의 위세에 경비 노동자가 먼저 사과를 했다.

사과를 들은 정우현은 다짜고짜 "XX, 사람이 있는데 문을 닫아?"라며 경비 노동자의 턱부위를 주먹으로 강타했다. 놀란 노동자가 몸을 피하려 하자 정우현은 이번에는 그 노동자의 멱살을 잡고 움직이지 못하게 막은 뒤 다시 같은 부위를 주먹으로 후려쳤다. 격투기 팬으로서 기술적 분석을 해 보자면 정우현의 그런 기술을 종합격투기에서는 '더티 복싱클린치 상태에서 상대를 주먹으로 가격하는 기술'이라고 부른다. 매우 전문적인 폭행 기술이었다는 이야기다.

이게 얼마나 황당한 이야기냐면 정우현은 그 건물에 입점한 SICTAC의 소유주였지 그 건물 소유주가 아니었다. 건물 경비 노동자도 당연히 정우현과는 아무 상관 없는 사람이었다. 그런데 그런 사람을 불러 전문적인 격투기술로 구타를 했다는 거다.

이 사건이 〈MBC〉에 보도되면서 파장이 커지자 정우현은 사흘 뒤 무성의하기 짝이 없는 사과문을 올렸다. 그런데 그것도 맞은 경비 노동자에게 직접 사과를 한 것이 아니라 홈페이지를 통해 이런 무성의한 사과문을 올렸다. 사과문의 총 분량이 원고지 기준으로 1매를 넘지 않는다.

사실 이런 비상식적인 폭행을 저지른 사람의 정신상태가 평소에도 정상적일 리가 없다는 추측은 상식에 가깝다. 정우현이 이 무성의한 사과문을 내놓기 하루 전, 미스터피자 가맹점주협의회가 보도자료를 내고 "정우현 회장을 대신해 피해자와 국민여러분께 진심으로 사과드린다"며 고개를 숙였다. 폭행 갑질은 본점 회장이 했는데 피해의 직격탄을 맞는 사람은 바로 미스터피자 가맹점주들이었다. 확산되는 불매운동에 피눈물을 흘려야

Mr.Pizza

진심으로 사과드립니다.

저의 불찰입니다.
피해를 입은 분께 진심으로 사과 말씀 드립니다.

그리고 많은분께도 심려를 끼쳐드려 죄송합니다.
이번 일의 책임을 통감하고 반성합니다.

다시 한번
진심으로 사과 드립니다.
죄송합니다.

정우현

하는 이들이 가맹점주들이었기 때문이다.

협의회는 "경제력을 가졌다는 이유만으로 누군가를 폭행하거나 폭언을 하는 갑질은 더 이상 용납될 수 없고 반드시 근절되어야 한다"고 주장했다. 그리고 그들은 그동안 거의 상시적으로 갑질을 했던 정우현의 행태를 폭로했다. 가맹점주들은 서초구 방배동에 있는 MPK본사_{당시 미스터피자 본사의 이름} 앞에서 시위를 벌였다. "미스터피자 본사는 혼자 살고 있다. 우리도 같이 살고 싶다. 말로만 가족이고 실상은 노예라고 전해라!"라고 외쳤다. 가맹점주들은 이날 삭발 투쟁까지 감행했다.

이들은 왜 이렇게까지 절박했을까? 꼭 폭행 사건을 들먹이지 않더라도 정우현의 갑질은 이미 업계에서 유명했다. 프랜차이즈 업체는 장사가 되려면 본점이 광고를 잘해야 한다. 유명 아이돌 가수들이 치킨 브랜드 광고에 종종 나서는 이유가 이것이다. 광고의 성패에 수많은 가맹점주들의 운명이 걸려있다는 이야기다.

그런데 정우현은 당연히 본사가 상당 부분 부담해야 할 광고비를 무작정 가맹점주들에게 떠넘겼다. 공정거래위원회에 따르면 미스터피자는 2011년 광고비 및 판촉비로 모두 119억 5,091만 원을 지출했다. 그런데 이 가운데 무려 98%에 이르는 117억 5,317만 원이 가맹점 사업자의 주머니에서 나왔다. 본사가 낸 돈은 고작 1억 9,773만 원. 전체 지출금액의 고작 2%도 되지 않았다.

이게 얼마나 황당한 일이냐면 일단 당시 정부 지침이 본사와 가맹점이 절반씩 광고비를 부담하라는 것이었다. 예를 들어 경쟁업체인 도미노피자의 경우 2011년부터 본사와 가맹점이 각 매출액의 평균 4.5%를 함께 광고비로 지출했다. 정부 지침대로 광고비의 절반씩을 나눠 내고 있었다는 이야기다. 심지어 당시 굽네치킨은 광고비용 전액을 본사가 부담했다.

정우현이 당연하다는 듯 광고비를 가맹점주들에게 떠넘기자 가맹점주들의 분노가 치솟았다. 100명이 넘는 가맹점주들이 부당한 광고비에 항의했다. 그런데 이에 대한 정우현의 반응은 항의에 나선 가맹점주협의회 회장과 계약을 해지해 버리는 것이었다.

정우현의 갑질은 이뿐이 아니었다. 당연한 말이지만 피자에는 치즈가 들어간다. 그런데 정우현은 동생의 아내 명의로 치즈 회사를 차린 다음 가맹점주들에게 그 회사 피자를 비싼 가격에 사도록 강요했다. 당시 미스터피자 가맹점주들은 피자에 사용되는 치즈를 정우현 가족 회사로부터 10kg당 9만 4,000원에 사야 했다. 가맹점주들에게는 직거래를 하면 똑같은 제품을 7만 원대에 공급해주겠다는 유가공 업체가 있었다. 하지만 정우현은 이런 직거래를 허락하지 않았다. 을의 위치에 있던 가맹점주들은 울며 겨자 먹기로 비싼 치즈를 구매해야 했다. 당연히 공정거래법 위반이다.

정우현은 식자재 대금을 카드로 결제하겠다는 가맹점주를 "금치산자"라고 불렀다. 그리고 이를 전국 가맹점주가 볼 수 있는 곳에 공지하기도 했다. 말의 의도도 불순하지만 장애인을 비하하는 이 당당한 태도도 실로 기가 막힌다. 사실 2015년 8월 MPK와 가맹점주들은 상생협약을 체결한 뒤 식자재 대금을 카드로 결제하는 것에 이미 합의한 바 있었는데도 말이다.

정우현의 횡포에 견디다 못한 가맹점주가 미스터피자와의 계약을 해지

정우현 ⓒ민중의소리

하고 다른 브랜드의 피자집을 차리면 정우현은 찌질한 방식으로 보복에 나
섰다. 탈퇴한 자영업자들의 피자집 옆에 본사가 직접 운영하는 미스터피자
직영점을 만들어 이들을 죽이려 한 것이다. 심지어 이 본사 직영점은 손해
를 보더라도 탈퇴한 점주들을 반드시 망하게 할 작정이라는 듯 할인 행사를
끝없이 이어갔다. 이런 횡포를 견디다 못한 20대 탈퇴 점주가 2015년 스스
로 목숨을 끊기도 했다.

  검찰이 수사에 나섰다. 정우현은 그룹 회장직에서 사퇴했고 법정에 섰지
만, 재벌에 관대한 한국 법원은 정우현에게 징역 3년에 집행유예 5년을 선

고하며 그를 풀어줬다.

아직 이야기가 더 남아있다. 정우현이 2012년 『나는 꾼이다』라는 제목의 책을 출간한 일이 있었다. 이 책은 발간된 이후 3주 연속으로 경영 분야 베스트셀러에 이름을 올렸다. 그런데 황당한 것은 이 책이 베스트셀러가 되는 과정에서도 정우현의 갑질이 사용됐다는 점이다.

가맹점주협의회에 따르면 정우현은 가맹점이 낸 광고비로 자신의 자서전을 구매해 고객에게 대여했다. 또 "내 책을 베스트셀러를 만들어야 한다"며 가맹점주들에게 수백 권씩 책을 강매했다. 정우현의 책 『나는 꾼이다』 판매 사이트에는 분노한 네티즌들의 댓글이 쏟아졌다.

'경비원 아저씨를 때려누피자', 『나는 폭행꾼이다』가 아니고?', '이 책 사면 싸움 잘 할 수 있나요?', '이 책은 곧 경영 분야가 아니라 격투기 분야로 옮긴답니다' 등등. '기타 등등' 주제에 악행의 도는 재벌 뺨친다. 그래, 인정한다. 너는 꾼이다. 아주 질 낮은 폭행꾼에 사기꾼이다.

트리플 더블 강정석

농구에는 트리플 더블이라는 기록이 있다. 득점, 리바운드, 어시스트, 블록, 스틸 등 다섯 가지 항목 중 세 항목에서 한 게임에 두 자릿수 기록을 달성하는 것을 말한다. 매우 달성하기 어려운 기록이다. 일단 블록과 스틸은 한 게임에서 두 자릿수를 기록하는 것 자체가 매우 힘들다.

그래서 트리플 더블을 하려면 득점, 리바운드, 어시스트 이 세 항목에서 승부를 봐야 한다. 그런데 득점과 리바운드는 키 크고 덩치 좋은 센터면 한 게임에서 두 자릿수를 동시에 달성할 수 있다. 이걸 더블-더블이라고 부른다. 하지만 이런 선수가 센스 있게 10개 이상 어시스트를 하기는 무척 어렵다.

득점과 어시스트도 센스가 넘치는 포인트 가드라면 한 게임에 두 자릿수를 동시에 기록할 수 있다. 하지만 이런 선수가 덩치 큰 센터들 사이에서 리바운드를 10개 이상 잡는 것은 역시 무척 어렵다. 그래서 트리플 더블이 어려운 기록이라는 것이다.

이제 '기타 등등'에서 두 번째를 살펴볼 차례다. 주인공은 동아제약 그룹의 강정석 회장. 박카스 만드는 그 동아제약 회사의 총수다. 그런데 강정석이 세간에 이름을 날린 계기가 진짜 코미디다. 이른바 '노트북 박살 사건'이라는 것이다. '기타 등등' 수준에 맞게 사건도 얼마나 찌질한지 기록하는 내가 다 민망할 정도다.

2015년 강정석은 서울 강남에 있는 한 회원제 병원에 주차를 했다. 강정석이 자주 다니는 병원이었단다. 그런데 강정석이 주차 등록을 하지 않은 차량을 타고 주차를 했다가 차에 경고 스티커가 붙었다. 이에 열이 받은 강정석이 주차 관리실을 찾았다. 하필이면 관리실에는 사람이 없었다.

자, 여기까지 읽은 독자분들의 생각은 어떠신가? 나는 일단 주차 위반 스티커가 붙어도 화를 내지 않는다. 내가 주차 위반을 했으니까 스티커가 붙었겠지! 그런데 사람에 따라 화를 낼 수도 있다고 본다. 강정석이 화가 났다는 데까지는 어떻게든 이해를 해보겠다.

분노한 상태에서 관리실을 찾았는데 그곳에 사람이 없었으니 강정석이 누구를 패지는 않았을 것이다. 분노한 강정석은 과연 이 화를 어떻게 풀었을까? 그는 관리실에 있던 노트북을 냅다 집어던져 박살을 내는 방식으로 화를 풀었다. 그리고 씩씩대며 그 자리를 떠났다는 거다.

아무리 강정석이 '기타 등등'에 속한다지만 기자 생활 27년에 이런 찌질한 짓을 하는 재벌을 나는 정말 처음 봤다. 동아제약의 간판 상품 박카스는 광고를 잘하기로 유명한 회사다. 2015년 동아제약은 '회복' 시리즈로 광고 시장에 선풍을 일으켰다. 그 가운데 '대화 회복'이라는 제목의 광고가 있다.

아빠는 딸과 대화를 하고 싶은데 딸은 계속 엄마만 찾는다. 실망한 아빠가 베란다에서 외롭게 빨래를 너는데 딸이 마침내 "아빠"하고 다정한 목소리로 자신을 찾는다. 행복한 아빠가 활짝 웃으며 "어!"하고 돌아서자 딸이 하는 말. "엄마 못 봤어?" 그러고는 박카스의 광고 문구가 나온다. "투명 아빠들 피곤하시죠? 대화 회복은 피로 회복부터!"

나는 이 광고를 꼭 강정석한테 보여주고 싶다. 피로하고 외로우면 박카스를 마셔라. 아무도 없는 남의 사무실에서 남의 노트북을 집어던지는 찌질한 짓 좀 그만하고.

'찌질하긴 해도 다른 재벌들의 악행에 비해 약한데?'라고 생각하시는 독자분들이 있으실 수 있다. 동의한다. 이 정도로는 이 책 '기타 등등'에 기록되기는 살짝 약하다. 그런데 강정석은 매우 다양한 방식으로 '기타 등등'의 자격을 입증했다.

우선 '형제의 난'이다. 강정석은 2004년 형 강문석과 그룹 경영권을 다툰 '형제의 난'의 주인공이다. 그런데 이 사건에는 〈선데이 서울〉에서나 다룰 법한 막장 가족 드라마가 나온다. 나는 재벌들의 이혼 경력이나 이성 편력에 별 관심이 없어서 이 가문의 막장 드라마는 상세히 소개하지 않을 작정이다.

하지만 한 가지 짚고 넘어가지 않을 수 없는 것이 있다. 『한국 재벌 흑역사』 2권 롯데 편에서도 밝혔듯이 현대그룹 창업주 정주영의 사생활도 몹시 문란했고, 롯데그룹 창업주 신격호에게도 '셋째 부인'이 있었다. 그건 그들의 이부자리 이야기이니 그러려니 하는데, 도대체 21세기 선진 한국 사회에서 '둘째 부인'이니 '셋째 부인'이니 하는 게 말이 되냐? 니들이 그렇게 사는 건 시비를 안 걸겠는데 엄연한 일부일처제 국가, 그리고 성평등이 시대의 상식이 된 선진 사회에서 중세시대에서나 나올법한 본처니 후처니 하는 이야기는 제발 우리들 귀에 좀 안 들리도록 살면 어디가 덧나냐?

동아제약 그룹의 형제의 난은 강정석과 그의 형 강문석 사이에서 벌어진 일이다. 그런데 이 사태는 이들의 아버지이자 동아제약 그룹 2대 회장이었던 강신호의 복잡한 가정사에서 비롯됐다. 강신호는 2006년 79세의 나이에 이혼을 했다. 이건 아무 문제가 아니고 내 관심사도 아니다.

문제는 이혼 직전까지 강신호가 본처와 후처로 불리는 두 명의 부인을 뒀다는 점이다. 강신호는 본처로부터 2004년 이혼 소송을 처음 당했는데 강문석과 강정석이 경영권을 두고 치고받기 시작한 게 이 무렵이다.

강정석은 아버지 강신호의 4남이다. 4형제 가운데 장남과 차남이 본처 아들이고 3남과 4남이 후처 아들이었다. 아버지 강신호가 젊었을 때부터 의사였던 본처를 외면하고 후처와 사실혼 관계를 맺으면서 벌어진 일이다.

형제가 모두 넷인데 공교롭게도 본처와의 사이에서 태어난 장남과, 후처와의 사이에서 태어난 3남은 모두 몸이 안 좋았다. 그래서 동아제약의 경영권 분쟁은 본처 아들인 차남 강문석과 후처 아들인 4남 강정석 사이에서 벌어졌다.

2000년대 초반까지만 해도 형인 강문석이 앞서 나가는 듯 보였다. 당시 업계에서는 강문석이 아버지의 눈에 들기 위해 피나는 노력을 했다는 이야기가 돌았다. 그럴 법도 한 것이 아버지가 본처인 어머니를 거들떠보지도 않는 상황에서 강문석이 살아남을 방법은 아버지의 눈에 드는 길밖에 없었기 때문이다.

하지만 그의 피나는 노력에도 불구하고 2003년 동아제약의 간판 상품 박카스의 매출이 폭락하는 일이 벌어졌다. 광동제약의 비타500이 돌풍을 일으키며 박카스가 출시 이후 최대 위기를 맞은 것이다.

아버지 강신호는 박카스 매출 부진의 책임을 강문석에게 물어 그를 위스키를 수입하는 작은 계열사로 쫓아냈다. 그리고 이 기회를 틈타 강정석이 일약 후계구도의 전면에 등장했다.

모든 것을 잃을 위기에 빠진 강문석은 사비를 들여 동아제약 주식을 사모으기 시작했다. 아버지와 동생으로부터 그룹 경영권을 통째로 빼앗아 오겠다는 일종의 선전포고였다. 동아제약은 삽시간에 강문석 파와 강정석 파로 나뉘어 난장판으로 돌변했다.

동생 강정석이 먼저 형을 횡령과 배임 혐의로 고소하자 충격을 받은 형은 본사 로비에서 쓰러지기까지 했다. 또 강정석은 "형이 집을 수리할 때 회삿

강신호 동아제약 회장 ⓒKBS 화면 캡처

돈을 유용했다"며 사소한 일까지 폭로했다. 형 강문석은 "동생이 내 사무실도 빼앗았다"며 아이들 싸움하듯 맞받아쳤다. 결국 두 차례 주주총회에서의 결전 끝에 형이 패배해 그룹에서 쫓겨났고 강정석은 그룹을 장악했다.

웃긴 것은 2005년 초 아버지 강신호가 검찰 수사를 받는 과정에서 "경영권을 반드시 자식에게 물려주지 않고, 실력 있는 전문경영인에게 맡겨 더욱 좋은 기업으로 키우는 것도 기업이 사회에 이바지하는 길이다"라고 말한 적이 있다는 사실이다. 말이나 하지를 말든가, 했으면 지키려고 노력이라도 하든가.

아버지가 그렇게 말한 그 그룹의 경영권은 주차 위반 딱지가 붙었다고 남의 노트북을 집어 던지고 회삿돈 700억 원을 횡령한 후처의 아들에게 돌아갔다. 가정사를 제대로 정리 못 해 이 난리가 벌어졌다는 이야기인데 아무튼 이 이야기는 〈선데이 서울〉에서나 자세히 다룰 이야기이므로 여기서 그치겠다. 어쨌든 강정석은 재물손괴에 이어 형제의 난까지 더블-더블을 완성했다.

그리고 강정석은 2017년 7월 횡령과 약사법 위반 혐의로 구속됐다. 2007년부터 2017년까지 회사 자금 736억 원을 횡령하고 병원 21곳에 979차례에 걸쳐 의약품 리베이트 62억 원을 제공한 혐의였다. 재물손괴에 형제의 난, 그리고 횡령 및 약사법 위반으로 마침내 트리플 더블을 달성한 것이다. 하나도 힘든데 셋이나 달성하다니! 이 정도면 강정석도 충분히 '기타 등등'에 이름을 올릴 만하지 않은가?

재벌 폭주를 용서하면 우리가 마주해야 하는 참혹한 결과

이제 마지막이다. 이 사건은 사실 내용 자체가 너무 참혹해 나로서는 세상에 알리고 싶은 마음조차 들지 않을 정도다. 그리고 '기타 등등'이라는 표현으로 절대 분류할 수 없는 처참한 사건이기도 하다. 하지만 이는 엄연히 한국 사회가 겪었던 현실이었고, 재벌이라는 작자들이 도대체 어떤 짓까지 벌였는지 우리가 반드시 직면해야 하는 사건이기도 하다. 고통스럽지만 진실을 마주해 보자.

이 사건의 이름은 '여대생 청부 살인 사건'이다. 2002년 3월 6일 이화여자대학교 법과대학 4학년에 재학 중이던 한 학생이 영남제분 회장 부인의 지시를 받은 살인 청부업자들에게 목숨을 잃은 것이 이 사건의 요지다.

당시 만 21세였던 여대생은 사법시험을 준비하고 있었다. 그리고 범행을 저지른 파렴치범 윤길자당시 58세는 영남제분 류원기 회장의 부인이었다. 족보가 좀 복잡한데 여기서 살짝 집중이 필요하다. 윤길자는 그 여대생의 이종사촌 오빠인 김현철 판사당시 29세의 장모였다. 즉 그 여대생은 윤길자에게 사돈이었던 셈이다.

그런데 윤길자가 느닷없이 1999년부터 사위가 그 여대생과 불륜을 저질렀다고 의심하기 시작했다. 이종사촌 간의 불륜이라니, 한 마디로 웃기는 이야기인데 윤길자는 부정선거가 횡행하고 중국 간첩이 대한민국을 장악했다고 믿는 20대 대통령 윤석열급 망상장애에서 벗어나지 못했다.

윤길자는 사위를 감시하기 위해 딸과 사위의 방에 도청 장치를 설치했고, 흥신소 직원 등 무려 25명을 동원해 여대생을 이중삼중으로 미행하도록 지시했다. 심지어 이 미친 짓에 현직 경찰관까지 동원됐다. 이것도 불안했는지 윤길자 본인도 동네 아줌마로 변장해 직접 감시에 나섰다. 여대생과 사위가 같은 건물로 들어가는 사진을 찍어오면 현상금 3억 원을 주겠다는 황당한 약속도 내걸었다.

그런데 생각을 해 보라. 이종사촌 불륜이 말이 되나? 사법고시를 준비하던 여대생은 집과 학교, 도서관 외에 다니는 곳조차 없었다. 25명이 아니라 250명이 미행을 해도 이종사촌 불륜은 애초부터 입증할 수 없는 망상이었다는 이야기다. 그러자 윤길자는 "도서관 지하에 비밀 출입구가 있고 그 여대생이 비밀 출입구로 사위와 바람을 피우는데 왜 그걸 못 찾냐?"며 난리를 부렸다.

이 사실을 알게 된 여대생의 가족들이 2001년 윤길자를 명예훼손 혐의로 고소했고 접근 금지 가처분도 신청했다. 당연히 가족들은 승소했다. 윤길자는 물론 미행인들도 더 이상 법적으로 여대생을 따라다닐 수 없었다.

지금까지도 엽기적이지만 이쯤에서라도 멈췄어야 했다. 하지만 윤길자는 여기서 눈이 뒤집혔다. 그리고 조카인 윤남신에게 여대생을 죽여달라고 청부했다. 경제적으로 힘든 처지였던 윤남신은 고등학교 동창이자 친구인 사채업자 김용기를 끌어들였다. 둘은 범행의 대가로 1억 7,500만 원을 받기로 하고 2002년 3월 6일 여대생을 납치했다.

이 둘은 여대생을 마구잡이로 구타한 뒤 청테이프로 입을 막고 미리 준비한 공기총으로 머리에 총 여섯 발을 쐈다. 여대생의 시체를 쌀 포대에 넣고 산에 묻었다. 이들은 이 사실을 윤길자에게 보고했고 윤길자는 약속한 돈을

류원기 영남제분 회장은 여대생 청부살해범인 아내 윤길자 씨가 형집행정지를 받을 수 있도록 담당 주치의와 공모하고, 회삿돈 63억 원을 빼돌린 혐의로 징역 2년을 선고받았다. ⓒMBC 화면 캡처

이들에게 지불했다. 범행이 들통날까봐 윤길자는 김용기에게 성형수술을 받으라고 시켰고 두사람에게 북한으로 넘어가라고 지시했다.

하지만 지금까지의 이야기는 전부 윤남신과 김용기의 진술 내용이다. 부검 결과 여대생의 시신 곳곳에서 골절과 자상의 흔적이 발견됐다. 단순히 공기총으로 살해한 것이 아니라 훨씬 가혹한 방법으로 목숨을 빼앗았을 가능성도 있다는 이야기다.

나중에 붙잡혔지만 사건 직후 윤남신과 김용기는 베트남과 홍콩으로 도주했다. 경찰은 이 사건의 배후에 윤길자가 있다는 사실을 전혀 눈치채지 못했다.

하지만 죽은 여대생의 아버지는 진범 검거에 대한 희망을 결코 포기하지 않았다. 아버지는 직접 베트남까지 날아가 사비로 현상금을 내걸고 필사적으로 범인을 쫓았다. 결국 그는 제보 전화를 토대로 중국 경찰과 함께 윤남신과 김용기를 붙잡는 데 성공했다. 이 둘이 사건 전말을 자백하면서 마침내 배후 윤길자가 세상에 모습을 드러냈다. 재판 결과 윤길자, 윤남신, 김용기 모두에게 무기징역형이 내려졌다.

나는 왜 이런 끔찍한 사건이 이 사회에서 벌어졌는지 정말 궁금하다. 윤길자 한 명을 망상장애에 시달리는 미친 인간으로 몰면 사건 해석은 간단해진다. 그런데 과연 그런가?

지금까지 『한국 재벌 흑역사』 1, 2, 3권을 통해 숱하게 내가 토로한 것은 한국 사회가 재벌들의 만행에 너무 관대했다는 것이다. 법 집행이 관대하다 보니 이들은 범죄를 저지르는 것에 죄책감이 없다. 상식을 조금이라도 가졌다면, 뇌에 뉴런이라는 것이 한 스푼이라도 들어있다면 윤길자 같은 사고를 할 수가 없다. 그런데 이 자들은 이 짓을 한다.

윤길자는 감옥에서도 반성을 전혀 하지 않았다. 반성은커녕 병을 핑계로 무려 4년 동안이나 형집행정지를 받았고 셀 수 없을 정도로 외출을 했다. 이 황제 옥살이의 뒤를 봐준 것이 남편 류원기다. 이 자들은 지금 자기가 무슨 죄를 지었는지 인지조차 못 한다. 재벌의 삶이 그랬기 때문이다.

윤길자 남편 류원기가 2016년 〈노컷뉴스〉와 인터뷰를 한 적이 있다. 이 인터뷰 내용을 보라. 이들에게는 피해자 가족의 슬픔보다 자기 가족의 안위가 훨씬 중요하다. 윤길자가 저런 참혹한 짓을 저질렀는데 남편 입에서 '가해자 가족들이 입은 피해' 이야기가 나온다. 이게 류원기의 입에서 터져 나온 말이다.

"(피해자 가족에게 한 번도 사과한 적이 없다는 질문에 대해) 2002년 사건이 일어난 후에 내가 4차례 찾아갔다. 우리 애들 엄마는 죄인이다. 형사 처벌을 달게 받아야 한다. 그건 사법부에서 알아서 할 일이고 민사적인 문제는 나하고 합의하자는 마음에 찾아갔다. 당시 경기 하남시 근처에서 여대생 아버지와 만나 여러 제안을 했지만 모두 거절하고 내 재산을 압류하고 손해배상 청구 소송을 했다. 이후 여대생 아버지가 현재 사는 강원 평창까지 지인을 몇 번을 보냈지만 받아주지 않았다. 이렇게 내 역량 안에서 할 수 있는 모든 것을 했는데….

아까 말했듯이 가해자 가족들도 피해를 보았는데 우리가 어디까지 무슨 책임을 져야 하나. 나는 법률이 허락하는 데까지 (피해자 가족에게 할 수 있는 만큼) 했다. 나도 자살하고 죽어야 하나. 내 자식이 죽어야 하나. 피해자 오빠가 지금 1인 시위하고 다니는 게 맞는 일인가. 내가 볼 땐 아니다.

그 미친 여자_{윤길자} 하나 때문에 피해자 가족이 딸을 잃었다. 안타깝지만 이제는 자기들이 안고 가야 한다. 이를 사회에 전가하면 안 된다. 언론을 이용해 사람을 몰아넣으면 안 된다. 연좌제 없는 우리나라에서 책임을 어디까지 져야 하나. 하고 있던 사업을 접어야 하나. 실제로 우리는 이 상황에 기업 운영하고 싶겠나."

자기 입으로 피해자 가족을 고작 네 번 찾아갔다면서 "할 만큼 했다"고 한다. 그리고는 지는 적극적으로 윤길자의 옥바라지를 했다. 피해자 가족은 피를 토하는데 윤길자는 감옥에서 류원기의 지원으로 황제 옥살이를 했다. 그런데 류원기는 "안타깝지만 이제는 자기들이 안고 가야 한다. 이를 사회에 전가하면 안 된다"고 떠벌인다. 진짜 미친 인간들이 아닌가 싶다. 그런 말을 하고 싶어도 피해자 가족들의 아픔을 생각하면 닥치고 있는 게 정상 아닌가? 하지만 황제의 삶을 살았던 이들에게는 그냥 이 상황이 성가신 거다. 피해자의 아픔에 1도 공감하는 능력이 없다. 그러니 언론에 대고 저런 미친 소리를 씨불이고 다니는 거다.

마지막으로 하나만 덧붙이고 이제 이 책을 마무리하려 한다. 내가 존경하는 경북대학교 경제통상학부 최정규 교수가 2017년 〈한겨레신문〉에 '공감의 법칙…배우고 투쟁하고 노력하라'라는 칼럼을 쓴 적이 있다. 그 칼럼의 일부분을 독자분들에게 공유하고자 한다. 우리는 어떻게 공감이라는 과정을 얻게 될까? 천천히 나를 대입해서 한 번 읽어봐주셨으면 좋겠다.

"나와 생면부지의 누군가가 느끼게 되는 고통이 나에게 전달되기까지는 매우 복잡한 과정을 거친다. 그 과정은 엄마의 우는 모습을 보고 같이 울기 시작하는 아이나 다른 사람들이 행복한 모습을 보고 괜히 즐거워지는 식의 감정의 전이를 넘어서는 것이기 때문이다. 감정의 전이를 넘어 공감에 이르기 위해서는 ①상대방도 나와 동일한 인격이라는 전제가 필요하고, ②나를 상대방의 처지에 놓으려는 상상력이 필요하며, 마지막으로 ③상대방이 그 상황에서 느끼게 될 고통이 내가 그 처지에 있을 때 느끼게 될 고통과 다르지 않 다고 여겨야 한다. 그리고 여기에 하나를 더 추가하자면 ④나 역시 그 자리에 있을 수 있다는, 그가 그 자리에 있게 된 것은 우연의 결 과일 뿐이라는 인식이 필요하다.”

잠깐 멈추겠다. 이어지는 칼럼의 나머지 부분을 공유할 텐데 이 내용을 이해하기 위해 약간의 사전 지식이 필요하기 때문이다. 2015년에 터키 휴 양지 해변에서 세 살짜리 시리아 난민 알란 쿠르디Ailan Kurdi 군이 숨진 채 발 견이 됐다. 〈한겨레신문〉은 그 아이를 ‘인형처럼 작은 남자아이’라고 표현 했다. 가족 모두 내전 중이었던 시리아에서 탈출하려고 한 난민이었다. 그 런데 쿠르디 가족이 탔던 고무보트가 뒤집혔고 이 인형처럼 작은 세 살짜리 아이가 목숨을 잃었다.

그 장면을 기자가 사진으로 찍었다. 그 사진 한 장이 전 세계를 충격에 빠 뜨렸다. 나는 차마 이 사진을 이 책에 옮길 용기가 없다. 사진을 보는 것이 너무 힘들기 때문이다. 이제 최정규 교수의 칼럼 나머지를 함께 읽어보자.

“공감이 발동되고 연민에 멈추지 않고 행동으로 나아가는 마지막 단계는 우리를 그들의 처지에 놓고 우리와 전혀 다르지 않은 그들 이 단지 그곳에 있다는 이유만으로 겪어야 하는 고통을 상상해내는 일이다. 나는 우연히 그곳에서 태어나지 않았다는 이유로 살아남은 자임을 자각하고, 우연히 그곳에 태어났다는 이유만으로 죽어가는 이들의 고통을 공감할 때 우리는 행동할 수 있을 것이다. 그리고 불편부당성을 갖출 때 우리의 공감은 제도적 토대로 기능할 수 있을 것이다. 타인의 자리에 쿠르디를 놓든, 강남역에서 살해당한 20대 여성을 놓든, 아니면 구의역에서 생을 마감한 청년을 놓든 마찬가지다."

그렇다. 우리는 재벌들의 손에 목숨을 잃은 수많은 민중의 고통에 공감해야 한다. 살아남은 자들의 의무이기도 하다. 누군가가 어려운 처지에 있다면 그건 그 사람에게 우연히 그 일이 벌어졌고, 우리에게는 우연히 그 일이 벌어지지 않은 것이다. 그 사람이 쿠르디건, 강남역에서 살해당한 20대 여성이건, 구의역에서 생을 마감한 청년이건, 2015년 2월 금호타이어에서 회사 측의 도급화에 반대해 분신으로 목숨을 끊었던 김재기 열사건, 정우현의 갑질 횡포에 스스로 목숨을 끊은 전직 미스터피자 가맹점주건, 윤길자의 미친 피해망상에 세상을 떠난 그 여대생이건 모두 마찬가지다.

다시 한 번 강조하지만 나는 이 사건이 절대 우연히 일어났다고 보지 않는다. 이 참혹한 사건은 범죄에 대해 아무 경각심이 없는 재벌 사회의 극단적인 한 단면일 뿐이다. 이걸 어찌 그냥 놔둘 수 있나? 이 처참한 일이 반복되지 않기 위해서는 우리가 재벌들의 모든 악행에 대해 단호히 단죄할 수 있는 굳건한 사회적 시스템을 갖춰야 한다. 그것이 재벌의 횡포로부터 살아남은 자들의 사명이라 나는 믿는다.

재벌 해체, 결국 정치의 문제다

재벌의 사전적 의미는 "거대 자본을 가진 동족으로 이루어진 혈연적 기업체"다. 이는 비단 우리말 사전뿐 아니라 옥스퍼드 사전과 영어 위키백과에도 나오는 정의다. "와, 우리나라 기업 형태가 당당히 옥스퍼드 사전에 등재돼 있다니 참 자랑스러워요"라며 기뻐할 일이 아니다. 이게 불고기나 비빔밥처럼 한국을 상징하는 자랑스러운 특산품이 아니기 때문이다.

모든 사전이 지적하는 재벌의 두 가지 특징은 ①수십 가지 일을 하는 거대기업인데 ②가족이 몇 대째 세습을 한다는 것이다. 물론 다른 나라에도 수십 가지 일을 하는 기업은 있다. 하지만 이런 경우 경영은 수십 명의 전문경영인이 나눠 맡는다.

다른 나라에도 몇 대째 세습을 하는 기업이 있다. 하지만 이런 기업은 보통 한 가지 일만 한다. 즉 다른 나라에서는 수십 가지 일을 하는 거대기업을 한 가문이 소유해 몇 대째 세습하는 지배구조를 비정상적이라고 생각한다는 뜻이다.

그렇다면 온 세상이 비정상적이라고 생각하는 이 해괴한 지배구조를 우리가 붙들고 있을 이유가 도대체 뭔가? 그것도 법질서와 사회적 정의를 파괴하면서까지 말이다. 재벌을 해체하는 일에 진심으로 진지해져야 하는 이유다.

이 거대한 괴물을 해체하기 위한 방도를 찾아야 하는데, 다행히 인류에게는 재벌을 해체한 두 번의 전례가 있었다. 정확히 말하면 한 번은 재벌을 해체한 것이고 다른 한 번은 유사재벌을 해체한 것이지만, 재벌이라는 존재가 워낙 희귀하다보니 이 두 사례 모두 우리가 참고할 만한 소중한 기록들이다.

첫 번째 사례는 2차 세계대전 직후 일본에 주둔했던 미군정의 일본 재벌 해체다. 사실 재벌의 뿌리는 일본이다. 한자로는 우리와 똑같이 財閥이라고 쓰고 '자이바츠'라고 읽는다. 미쓰이, 미쓰비시, 스미토모가 일본을 휘어잡았던 3대 자이바츠다.

이들의 역사는 우리와 비교가 되지 않을 정도로 깊다. 미쓰이는 1673년, 미쓰비시는 1870년, 스미토모는 1919년 각각 설립됐다. 미쓰이는 사실상 중세 시대에 설립된 기업이다. 아무튼 후진 거 발전시키는 데에는 일본도 참 한가락 하는 나라다.

그런데 2차 세계대전 직후 미군정은 3대 자이바츠 가문이 소유한 주식을 강제로 매각해 분산시킨 뒤 이들의 기업 경영을 원천적으로 금지했다. 독점금지법, 카르텔해체법, 경제력분산법 딱 세 가지 법으로 신속하게 자이바츠를 박살낸 것이다.

일본의 사례가 군정이라는 특수한 상황에서 이뤄졌다면 2012년 단행된 이스라엘의 유사재벌 해체는 그보다 훨씬 민주적인 방식으로 이뤄졌다. 이스라엘의 개혁 대상을 '유사재벌'이라고 부른 이유는, 당시 이스라엘의 주요 기업들이 엄밀히 말해 재벌은 아니었기 때문이다.

앞에서 말했듯 재벌은 ①수십 가지 일을 하면서 ②한 가문이 이를 세습한다는 두 가지 특징이 있어야 한다. 그런데 당시 이스라엘 기업들은 수십 가지 일을 하기는 했지만 세습은 하지 않았다. 다른 서구 사회의 복합대기업과 비슷한 형태를 지녔던 셈이다.

이런데도 이들이 '유사재벌'로 묶이는 이유는 2000년대 들어 이들이 세습을 진지하게 고민했기 때문이다. 특히 이들은 원활한 세습을 위해 한국 재벌들의 사례를 집중적으로 연구하기도 했다. 만약 이들의 의지대로 세습이 됐다면 이스라엘은 일본, 한국에 이어 역사상 세 번째로 재벌을 보유한 국가가 됐을 것이다.

당시 Nochi Dankner, Bino, Tshuva, Ofer, Lev Leviev, Azrieli 등 6대 유사재벌의 매출은 이스라엘 전체 국내총생산의 25%를 차지했다. 이들이 민중들의 일상생활에 미치는 영향이 얼마나 컸던지 이스라엘 언론에 이런 표현이 나올 정도였다.

"최근 교외에 아파트 한 채를 마련한 이스라엘의 일반 가정을 예로 들어
보자. 이 집과 이웃집 모두 같은 대기업에서 지은 것이고, 보험이나 휴대폰
과 인터넷 서비스도 다 같은 회사가 제공한다. 냉장고에는 역시 같은 회사
가 운영하는 슈퍼마켓에서 사온 제품들로 가득 차 있다.

옷장에 들어있는 옷들이나 구두도 같은 회사에 속하는 상점들에서 구입
한 것이다. 이 집에서 보는 신문도, 재테크를 위해 이용하는 금융업체도 다
같은 복합대기업의 계열사다. 아버지는 이스라엘 최대의 화학 공장에서 일
하고 어머니는 신생 바이오텍 기업에서 일한다. 그런데 이 회사들도 같은
복합대기업 소유다."

실로 우리나라와 비슷하다. 래미안 아파트에서 살면서 삼성전자 TV를
보고 갤럭시 핸드폰을 쓰는데, 자동차보험은 삼성화재가, 도난방지시스템
은 에스원이 각각 담당하고, 휴가는 호텔신라에서 보낸다. 이것들을 하나
씩 다른 재벌 제품으로 교체(TV는 LG, 자동차보험은 현대해상, 통신사는
SK, 휴가는 롯데호텔)할 수는 있지만, 민중들의 삶이 5대 재벌에 장악된 것
은 우리 역시 마찬가지다.

그렇다면 이스라엘은 이 유사재벌들을 어떻게 해체했을까? 사실 이 과정
이 너무나 간단해서 보는 내가 다 허탈할 정도였다. 이스라엘 의회와 정부
가 그냥 법으로 재벌을 해체해버린 것이다.

실제 동원된 법안은 여러 개였고 그 내용도 꽤나 복잡했지만 요지는 하나
다. 유사 재벌이 더 이상 경제적 독점을 누리지 못하도록, 그리고 세습을 하
지 못하도록 법을 바꿔버린 것이다. 미군정이 단 세 개의 법안으로 자이바

츠를 해체한 것과 마찬가지로 말이다.

그래서 결국 재벌 해체는 정치의 문제다. 역사적으로 두 번의 재벌 해체 모두 강력한 집권세력에 의해 이뤄졌기 때문이다. 재벌 해체는 재벌을 해체할 의지를 가진 세력이 집권할 수 있느냐의 문제라는 이야기다.

한 가지 덧붙이고 싶은 것이 있다. 자본주의가 시작된 이후 어느 나라이건 늘 자본은 정치를 장악해 왔다. 이스라엘도 예외가 아니었을 터인데 어떻게 이스라엘 의회와 정부는 6대 유사재벌 해체에 발 벗고 나섰을까?

그들이 유사재벌 개혁에 나선 것은 2011년 말부터였다. 그런데 이 해 7월 이스라엘에서는 건국 이래 최대 규모의 민중시위가 벌어졌다. 6대 유사재벌이 장악한 신자유주의 30년 동안 불평등은 극에 달했고 민중들은 이를 견디다 못해 가두로 쏟아져 나왔다.

특히 유사재벌의 세습 시도에 대한 민중들의 반감은 상상을 초월했다. 6주 동안 무려 30만 명이 텔아비브 중심가에서 텐트를 치고 시위를 벌였다. 의회는 민중들의 투쟁에 놀라 허겁지겁 개혁안을 만들었지만 불충분한 개혁안에 민중들의 분노는 가라앉지 않았다.

그리고 이듬해 총선에서 유사재벌 해체와 불평등 완화를 공약으로 내세운 후보들이 대거 당선됐다. 이 신진 세력이 민중들의 열망을 등에 업고 2013년 유사재벌 해체를 완성하는 법안을 통과시킨 것이다.

이 사례가 무엇을 뜻할까? 재벌 해체는 정치의 문제이지만, 한 발 더 들어가면 결국 민중들의 의지의 문제라는 이야기다. 단언컨대 이스라엘 유사재벌 해체의 동력은 민중들의 투쟁이었다.

이스라엘 민중들은 6주 동안 30만 명이 텔아비브 거리를 누비며 싸웠다. 이스라엘 인구가 우리의 7분의 1가량이라는 점을 감안하면, 우리로 치면 6주 동안 약 200만 명이 투쟁에 나섰다는 이야기다.

그런데 대한민국은 6주 동안 200만 명이 아니라 하루에도 200만 명이 투쟁에 나선 경험이 있는 나라다. 이스라엘의 민중 투쟁이 아무리 대단했다 한들, 우리 민중들의 투쟁에 비할 바가 아니다.

그래서 재벌 해체는 결코 불가능한 꿈이 아니다. 이 꿈의 실현 여부는 우리 민중들이 지닌 꿈과 의지의 크기에 따라 결정될 것이다. 그리고 나는 이 원대한 꿈을 결코 포기하지 않을 것이다. 진정으로 공정한 나라, 법 앞에 만인이 평등한 나라를 위해 우리는 다시 또 다시 긴 투쟁의 여정에 나서야 한다.

이제 이 책을 마쳐야 할 때다. 무엇보다 이 책을 끝까지 읽어주신 모든 분들에게 진심으로 고개를 숙인다. 오래전부터 〈민중의소리〉에 따뜻한 연대의 손길을 보내주신 분들이 적지 않음을 알고 있다. 그 고마움을 결코 잊지 않겠다. 다시 한 번 고개 숙여 감사드린다.

이완배 올림

2025년 봄, 안국동에서